故宫

博物院藏文物珍品大系

故宫博物院藏文物珍品大系

清宫西洋仪器

主编：刘 潞

上海科学技术出版社
商务印书馆（香港）

清宫西洋仪器
Scientific and Technical Instruments of the Qing Dynasty

故宫博物院藏文物珍品大系
The Complete Collection of the Treasures of the Palace Museum

主　　编	刘　潞
编　　委	刘宝健、毛宪民、王　蕙、郭福祥、 关雪玲、恽丽梅、梅　雪、陆成兰
摄　　影	刘志岗、胡　锤、赵　山
出 版 人	陈万雄　　吴智仁
编辑统筹	张倩仪　　胡大卫
编辑顾问	吴　空
责任编辑	苏　荣　张贞洁　田　村　周祖贻　王占军
装帧设计	三易设计有限公司
出　　版	上海世纪出版股份有限公司 上海科学技术出版社 上海钦州南路71号 商务印书馆（香港）有限公司 香港筲箕湾耀兴道3号东汇广场8楼
制　　版	奇峰分色制版有限公司 香港鲗鱼涌华兰路16号万邦工业大厦21楼A座
印　　刷	深圳中华商务联合印刷有限公司 深圳市龙岗区平湖镇春湖工业区中华商务印刷大厦
版　　次	1999年 9 月第1版第1次印刷 2011年 7 月第1版第2次印刷 © 1998 商务印书馆（香港）有限公司 © 1999 上海科学技术出版社 　　　　商务印书馆（香港）有限公司
规　　格	大16开 (210×286mm) 320面
国际书号	ISBN 978-7-5323-5196-1/J·19

版权所有，不准以任何方式，在世界任何地区，以中文或任何文字翻印、仿制或转载本书图版和文字之一部分或全部。

All rights reserved. No part of this publication may be reproduced, stored in a retrieval system, or transmitted in any form or by any means, electronic, mechanical, photocopying, recording and/or otherwise without the prior written permission of the publishers.

本版图书仅在中国大陆地区发行。

Condition of sale
This book is sold subject to the condition that it shall, by way of trade or otherwise, be distributed in Mainland China only.

故宫博物院藏文物珍品大系

特邀顾问：（以姓氏笔画为序）
　　　　　王世襄　　王　尧　　李学勤
　　　　　启　功　　张政烺　　金维诺
　　　　　宿　白

总编委：（以姓氏笔画为序）
　　　　　于倬云　　王树卿　　朱家溍
　　　　　刘九庵　　许爱仙　　杜乃松
　　　　　李辉柄　　杨伯达　　杨　新
　　　　　张忠培　　邵长波　　郑珉中
　　　　　单士元　　单国强　　胡　锤
　　　　　耿宝昌　　聂崇正　　徐邦达
　　　　　徐启宪　　高　和

主　编：　杨　新

编委办公室：
主　任：　徐启宪
成　员：　冯乃恩　　杜乃松　　李辉柄
　　　　　邵长波　　郑珉中　　单国强
　　　　　胡　锤　　姜舜源　　秦凤京
　　　　　聂崇正　　高　和　　郭福祥

总摄影：　胡　锤

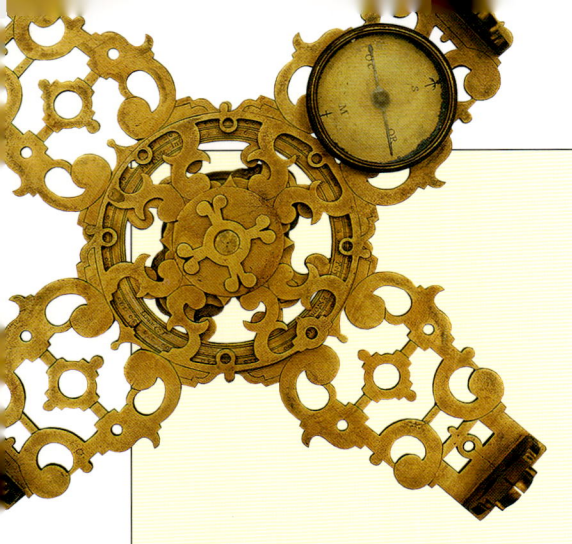

总序

杨新

故宫博物院是在明、清两代皇宫的基础上建立起来的国家博物馆,位于北京市中心,占地72万平方米,收藏文物近百万件。

公元1406年,明代永乐皇帝朱棣下诏将北平升为北京,翌年即在元代旧宫的基址上,开始大规模营造新的宫殿。公元1420年宫殿落成,称紫禁城,正式迁都北京。公元1644年,清王朝取代明帝国统治,仍建都北京,居住在紫禁城内。按古老的礼制,紫禁城内分前朝、后寝两大部分。前朝包括太和、中和、保和三大殿,辅以文华、武英两殿。后寝包括乾清、交泰、坤宁三宫及东、西六宫等,总称内廷。明、清两代,从永乐皇帝朱棣至末代皇帝溥仪,共有24位皇帝及其后妃都居住在这里。1911年孙中山领导的"辛亥革命",推翻了清王朝统治,结束了两千余年的封建帝制。1914年,北洋政府将沈阳故宫和承德避暑山庄的部分文物移来,在紫禁城内前朝部分成立古物陈列所。1924年,溥仪被逐出内廷,紫禁城后半部分于1925年建成故宫博物院。

历代以来,皇帝们都自称为"天子"。"普天之下,莫非王土;率土之滨,莫非王臣"(《诗经·小雅·北山》),他们把全国的土地和人民视作自己的财产。因此在宫廷内,不但汇集了从全国各地进贡来的各种历史文化艺术精品和奇珍异宝,而且也集中了全国最优秀的艺术家和匠师,创造新的文化艺术品。中间虽屡经改朝换代,宫廷中的收藏损失无法估计,但是,由于中国的国土辽阔,历史悠久,人民富于创造,文物散而复聚。清代继承明代宫廷遗产,到乾隆时期,宫廷中收藏之富,超过了以往任何时代。到清代末年,英法联军、八国联军两度侵入北京,横烧劫掠,文物损失散佚殆不少。溥仪居内廷时,以赏赐、送礼等名义将文物盗出宫外,手下人亦效其尤,至1923年中正殿大火,清宫文物再次遭到严重损失。尽管如此,清宫的收藏仍然可观。在故宫博物院筹备建立时,由"办理清室善后委员会"对其所藏进行了清点，事竣后整理刊印出《故宫物品点查报告》共六编28册，计有文物117万余件（套）。1947年底，古物陈列所并入故宫博物院，其文物同时亦归故宫博物院收藏管理。

二次大战期间，为了保护故宫文物不至遭到日本侵略者的掠夺和战火的毁灭，故宫博物院从大量的藏品中检选出器物、书画、图书、档案共计13427箱又64包，分五批运至上海和南京，后又辗转流散到川、黔各地。抗日战争胜利以后，文物复又运回南京。随着国内政治形势的变化，在南京的文物又有2972箱于1948年底至1949年被运往台湾，50年代南京文物大部分运返北京，尚有2211箱至今仍存放在故宫博物院于南京建造的库房中。
中华人民共和国成立以后，故宫博物院的体制有所变化，根据当时上级的有关指令，原宫廷中收藏图书中的一部分，被调拨到北京图书馆，而档案文献，则另成立了"中国第一历史档案馆"负责收藏保管。

50至60年代，故宫博物院对北京本院的文物重新进行了清理核对，按新的观念，把过去划分"器物"和书画类的才被编入文物的范畴，凡属于清宫旧藏的，均给予"故"字编号，计有711338件，其中从过去未被登记的"物品"堆中发现1200余件。作为国家最大博物馆，故宫博物院肩负有搜藏保护流散在社会上珍贵文物的责任。1949年以后，通过收购、调拨、交换和接受捐赠等渠道以丰富馆藏。凡属新入藏的，均给予"新"字编号，截至1994年底，计有222920件。

这近百万件文物，蕴藏着中华民族文化艺术极其丰富的史料。其远自原始社会、商、周、秦、汉，经魏、晋、南北朝、隋、唐，历五代两宋、元、明，而至于清代和近世。历朝历代，均有佳品，从未有间断。其文物品类，一应俱有，有青铜、玉器、陶瓷、碑刻造像、法书名画、印玺、漆器、珐琅、丝织刺绣、竹木牙骨雕刻、金银器皿、文房珍玩、钟表、珠翠首饰、家具以及其他历史文物等等。每一品种，又自成历史系列。可以说这是一座巨大的东方文化艺术宝库，不但集中反映了中华民族数千年文化艺术的历史发展，凝聚着中国人民巨大的精神力量，同时它也是人类文明进步不可缺少的组成元素。

开发这座宝库，弘扬民族文化传统，为社会提供了解和研究这一传统的可信史料，是故宫博物院的重要任务之一。过去我院曾经通过编辑出版各种图书、画册、刊物，为提供这方面资料作了不少工作，在社会上产生了广泛的影响，对于推动各科学术的深入研究起到了良好的作用。但是，一种全面而系统地介绍故宫文物以一窥全豹的出版物，由于种种原因，尚未来得及进行。今天,随着社会的物质生活的提高,和中外文化交流的频繁往来,无论是中国还是西方,人们越来越多地注意到故宫。学者专家们,无论是专门研究中国的文化历史,还是从事于东、西方文化的对比研究,也都希望从故宫的藏品中发掘资料,以探索人类文明发展的奥秘。因此,我们决定与香港商务印书馆共同努力,合作出版一套全面系统地反映故宫文物收藏的大型图册。

要想无一遗漏将近百万件文物全都出版,我想在近数十年内是不可能的。因此我们在考虑到社会需要的同时,不能不采取精选的办法,百里挑一,将那些最具典型和代表性的文物集中起来,约有一万二千余件,分成六十卷出版,故名《故宫博物院藏文物珍品大系》。这需要八至十年时间才能完成,可以说是一项跨世纪的工程。六十卷的体例,我们采取按文物分类的方法进行编排,但是不囿于这一方法。例如其中一些与宫廷历史、典章制度及日常生活有直接关系的文物,则采用特定主题的编辑方法。这部分是最具有宫廷特色的文物,以往常被人们所忽视,而在学术研究深入发展的今天,却越来越显示出其重要历史价值。另外,对某一类数量较多的文物,例如绘画和陶瓷,则采用每一卷或几卷具有相对独立和完整的编排方法,以便于读者的需要和选购。

如此浩大的工程,其任务是艰巨的。为此我们动员了全院的文物研究者一道工作。由院内老一辈专家和聘请院外若干著名学者为顾问作指导,使这套大型图册的科学性、资料性和观赏性相结合得尽可能地完善完美。但是,由于我们的力量有限,主要任务由中、青年人承担,其中的错误和不足在所难免,因此当我们刚刚开始进行这一工作时,诚恳地希望得到各方面的批评指正和建设性意见,使以后的各卷,能达到更理想之目的。

感谢香港商务印书馆的忠诚合作!感谢所有支持和鼓励我们进行这一事业的人们!

1995年8月30日于灯下

目 录

总 序	6
文物目录	10
导 言	16

图版

天文类	1
数学类	61
地学测量类	107
钟表类	185
医疗类	261
名词解释	278
清帝在位年表	281
清宫西洋仪器简表	282

文物目录

天文类

1
铁錽金天体仪
清顺治　4

2
铜镀金天体仪
清晚期　6

3
纸制天体仪
清光绪　7

4
银镀金南怀仁款浑天仪
清康熙　8

5
铜镀金月象演示仪
18世纪　10

6
铜镀金浑天合七政仪
18世纪　11

7
铜镀金七政仪
18世纪　12

8
铜镀金乾隆甲子年款三辰公晷仪
清乾隆　14

9
铜镀金乾隆戊戌年款三辰公晷仪
清乾隆　15

10
铜镀金乾隆庚子年款三辰公晷仪
清乾隆　16

11
铜镀金乾隆丙寅年款三辰仪
清乾隆　17

12
铜镀金万寿天常仪
清乾隆　18

13
汤若望款新法地平式日晷
清顺治　19

14
铜镀金八角形地平公晷仪
18世纪　21

15
御制铜镀金半圆地平日晷
清康熙　22

16
铜镀金方形地平公晷仪
18世纪　23

17
铜镀金定南针指时刻日晷仪
18世纪　24

18
嵌珐琅地平式日晷仪
清中期　25

19
嵌珐琅孔雀尾形地平式日晷仪
清乾隆　26

20
嵌珐琅带铅垂线地平式日晷仪
清中期　27

21
纸制圆形地平式日晷仪
19世纪　28

22
铜镀金巴黎款提环赤道公晷仪
18世纪　29

23
铜镀金刻世界名城提环赤道公晷仪
18世纪　31

24
铜镀金巴黎款提环公晷仪
18世纪　32

25
铜镀金计分式提环赤道公晷仪
18世纪　33

26
铜圆形时刻盘赤道公晷仪
18世纪　34

27
铜镀金测分时赤道公晷仪
18世纪　35

28
铜镀金八角立表赤道式公晷仪
18世纪　36

29
铜镀金八角形赤道公晷仪
18世纪　37

30
铜镀金八角立表赤道公晷仪
18世纪　38

31
铜镀金腰果形赤道公晷仪
清乾隆　39

32
铜镀金提环赤道式日晷仪
18世纪　40

33
铜镀金赤道式日晷仪
18世纪　41

34
铜镀金方赤道式日晷仪
18世纪　42

35
铜镀金经纬赤道公晷仪
18世纪 43

36
地平经纬赤道公晷仪
18世纪 44

37
铜圆盘日月星晷仪
16世纪 45

38
御制铜镀金星晷仪
清康熙 46

39
铜镀金方月晷仪
清乾隆 47

40
铜镀金日月晷仪
清乾隆 49

41
铜镀金圆形月晷仪
清乾隆 50

42
铜镀金月晷仪
清乾隆 51

43
铜镀金赤道圭表合璧仪
18世纪 52

44
铜镀金测时圭表合璧仪
18世纪 53

45
磁青纸制简平仪
清康熙 54

46
御制铜镀金简平仪
清康熙 55

47
御制银镀金简平地平合璧仪
清康熙 56

48
看朔望入交仪
清乾隆 58

49
铜镀金星象插屏
清道光 59

50
铜镀金星象插屏
清道光 60

数学类

51
竹比例尺
清康熙 64

52
玉比例尺
清康熙 64

53
象牙分厘尺
清康熙 66

54
铜镀金分厘尺
清康熙 67

55
铜镀金雕镂空纹分厘尺
清康熙 68

56
铜镀金综合算尺
清康熙 68

57
铜镀金摺叠矩尺
17世纪 70

58
铜镀金摺叠矩尺
清康熙 72

59
铜镀金平行尺
清康熙 73

60
银质康熙角尺
清康熙 74

61
银镀金康熙角尺
清康熙 75

62
铜镀金半圆仪
17世纪 76

63
游标卡尺
清康熙 77

64
伽俐略比例规
17世纪 78

65
铜镀金刻平分线比例规
清康熙 79

66
铜镀金刻五金线比例规
清康熙 80

67
铜镀金刻分体线比例规
清康熙 81

68
铜镀金带半圆仪比例规
清康熙 82

69
铜镀金比例规
17世纪 83

70
铜镀金尖脚比例规
17世纪 84

71
铜镀金刻几何体比例规
清康熙 85

72
铜镀金刻比重表比例规
18世纪 86

73
黑漆木匣测算套尺
清康熙 87

74
象牙假数尺
清康熙 88

75
象牙刻正弦切线假数尺
清康熙 88

76
铜镀金摺叠假数尺
清康熙 90

77
包银带滑标假数尺
清中期 91

78
虬角质纳白尔算筹
清康熙 92

79
象牙质纳白尔算筹
清康熙 93

80
象牙质竖式斜格算筹
清康熙 94

81
象牙质半圆格式算筹
清康熙 95

82
铜镀金盘式手摇计算机
清康熙 96

83
铜镀金十位盘式手摇计算机
清康熙 97

84
铜镀金十二位盘式手摇计算机
清康熙 98

85
纸筹式手摇计算机
清康熙 99

86
铜镀金纳白尔筹式手摇计算机
清康熙 100

87
铜镀金筹式手摇计算机
清康熙　101

88
铜镀金带游标筹式手摇计算机
清康熙　102

89
几何多面体模型
清康熙　103

90
楠木雕花框镶银刻比例表炕桌
清康熙　104

91
康熙用数学用表
清康熙　106

地学测量类

92
顺治朝地球仪
清顺治　110

93
康熙朝地球仪
清康熙　111

94
光绪朝地球仪
清光绪　113

95
乾隆内府舆图铜版
清乾隆　114

96
木象限仪
清康熙　115

97
御制矩度象限仪
清康熙　116

98
御制方矩象限仪
清康熙　117

99
康熙御制款铜镀金象限仪
清康熙　118

100
铜镀金象限仪
18世纪　119

101
铜制测高弧象限仪
清康熙　120

102
铜镀金双千里镜象限仪
18世纪　121

103
铜千里镜象限仪
清乾隆　122

104
测炮象限仪
清乾隆　123

105
木质单游标半圆仪
清康熙　124

106
四游标半圆仪
清康熙　125

107
银质单游标半圆仪
清康熙　126

108
铜单游标半圆仪
清康熙　127

109
铜镀金单游标半圆仪
18世纪　128

110
铜镀金巴黎款单游标半圆仪
18世纪　129

111
铜镀金单游标女神像半圆仪
18世纪　130

112
铜镀金单游标半圆仪
18世纪　131

113
四游千里镜半圆仪
18世纪　132

114
铜镀金全圆仪
18世纪　133

115
铜镀金四定标全圆仪
18世纪　134

116
铜镀金矩度全圆仪
18世纪　135

117
铜镀金双千里镜全圆仪
18世纪　137

118
铜镀金单千里镜全圆仪
18世纪　138

119
铜镀金小花全圆仪
清乾隆　139

120
绘图平板仪
18世纪　140

121
三角形测量仪
清康熙　141

122
铜镀金定南针水平盘
18世纪　142

123
铜镀金象限罗盘仪
18世纪　143

124
铜圆盒指南针
18世纪　144

125
象牙椭圆盘指南针
清乾隆　145

126
银烧蓝珐琅蝉形指南针
清乾隆　146

127
银烧蓝珐琅鱼形指南针
清乾隆　147

128
珐琅桃心形指南针
清乾隆　147

129
铜镀金盘指南针
清晚期　148

130
黑漆盒绘图仪器
清康熙　149

131
黄云缎匣绘图仪器
清康熙　150

132
木盒套十五件绘图仪器
清康熙　151

133
木盒套十一件绘图仪器
清康熙　152

134
牛皮套绘图仪器
清康熙　153

135
银盒套绘图仪器
清康熙　154

136
黑漆木胎盒绘图仪器
18世纪　155

137
木盒套绘图仪器
18世纪　156

138
巴黎款绘图仪器
18世纪　157

139
鲨鱼皮套银质绘图仪器
18世纪　158

140 绿漆木质描金花望远镜 清初期	159

140 绿漆木质描金花望远镜 清初期 159

141 棕漆木质描金花望远镜 清初期 160

142 红木二节望远镜 清中期 160

143 纸质象牙口望远镜 清中期 162

144 黑漆描金花七节望远镜 清中期 162

145 棕漆描金花五节望远镜 清中期 164

146 红棕漆铜镀金六节望远镜 18世纪 164

147 棕漆皮铜镀金六节望远镜 18世纪 166

148 紫漆镀铬望远镜 18世纪 167

149 绿漆皮四节望远镜 18世纪 168

150 橙漆铜镀金四节望远镜 18世纪 169

151 铜镀金条纹望远镜 18世纪 170

152 铜镀金嵌珐琅望远镜 18世纪 171

153 银质条纹望远镜 18世纪 172

154 银嵌珐琅二节望远镜 18世纪 173

155 铜镀金嵌玻璃珠望远镜 清中期 174

156 银质三节望远镜 18世纪 175

157 木制六棱形天文望远镜 18世纪 176

158 铜镀金反射望远镜 18世纪 177

159 棕漆铜镀金反射望远镜 18世纪 179

160 紫漆描金花反射望远镜 清中期 180

161 铜镀金天文望远镜 19世纪 181

162 铜镀金香港款天文望远镜 19世纪 182

163 铜聚光镜 18世纪 183

164 傅科摆模型 19世纪 184

钟表类

165 铜镀金人指时刻分钟 18世纪 188

166 铜镀金象驮转蛇转花乐表 18世纪 189

167 铜镀金月球顶人打乐钟 18世纪 190

168 铜镀金四象驮乐箱跑人犀牛表 18世纪 191

169 铜镀金少年牵羊钟 18世纪 192

170 铜镀金象拉战车表 18世纪 193

171 铜镀金少年园丁钟 18世纪 194

172 铜镀金三人打乐钟 18世纪 195

173 铜镀金印度乐师击乐钟 18世纪 196

174 铜镀金山子座站人小座钟 18世纪 197

175 铜镀金亭式番人进宝钟 18世纪 198

176 铜镀金转人钟 18世纪 199

177 铜镀金转人亭式大钟 18世纪 200

178 铜镀金规矩箱表 18世纪 202

179 玳瑁楼嵌料石银花乐钟 18世纪 203

180 木楼嵌铜纹木哨乐钟 18世纪 204

181 瓷雕飞仙人座钟 18世纪 205

182 铜镀金马驮水法钟 18世纪 206

183 铜镀金山子鹦鹉钟 18世纪 208

184 铜镀金四象驮跑人日历表 18世纪 209

185 铜镀金孔雀开屏钟 18世纪 210

186 铜镀金嵌玛瑙水法规矩箱表 18世纪 211

187 铜镀金转花转人水法钟 18世纪 212

188 铜镀金嵌料石升降塔钟 18世纪 213

189 铜镀金转花翻伞钟 18世纪 214

190 铜镀金水法机动座钟 18世纪 215

191 铜镀金四象驮八方转花乐钟 18世纪 216

192
铜镀金嵌珐琅人物亭式水法钟
18世纪　　　　217

193
铜镀金塔式吐球水法钟
1775年　　　　218

194
铜镀金自开门蝙蝠钟
18世纪　　　　220

195
铜镀金滚钟
19世纪　　　　221

196
铜镀金滚球压力钟
19世纪　　　　222

197
铜镀金轮船模型表
19世纪末　　　223

198
铜镀金活塞风轮机器模型表
19世纪末　　　224

199
铜镀金汽车式风雨寒暑表
19世纪末　　　225

200
铜火车头风雨表
19世纪末　　　226

201
铜镀金灯塔式座表
19世纪末　　　227

202
铁质转机风雨寒暑表
20世纪初　　　228

203
铜镀金珐琅瓶式三面表
20世纪初　　　229

204
气球式钟
19世纪末　　　230

205
紫檀嵌珐琅重檐楼阁更钟
清乾隆　　　　231

206
木楼嵌珐琅转八仙钟
清乾隆　　　　232

207
皇极殿大自鸣钟
清乾隆　　　　233

208
铜镀金嵌料石荷花缸表
清乾隆　　　　234

209
黑漆描金亭式钟
清乾隆　　　　235

210
铜镀金嵌料石迎手钟
清乾隆　　　　236

211
黑漆描金楼式钟
清中期　　　　237

212
硬木转八仙塔式乐钟
清中期　　　　238

213
金漆木楼嵌珐琅盘二针钟
清乾隆　　　　239

214
铜镀金冠架钟
清乾隆　　　　240

215
铜镀金转八宝亭式表
清乾隆　　　　241

216
童托漆画玻璃门座柜表
清乾隆　　　　242

217
铜镀金珐琅水法仙人钟
清乾隆　　　　243

218
铜镀金珐琅楼倒球卷帘钟
清中期　　　　244

219
铜镀金嵌珐琅内置升降塔钟
清乾隆　　　　245

220
铜镀金嵌珐琅葫芦顶渔樵耕读钟
清中期　　　　246

221
铜镀金水法白猿献寿乐钟
清乾隆　　　　247

222
铜镀金嵌珐琅群仙祝寿钟
清乾隆　　　　249

223
铜镀金三猿献宝钟
清中期　　　　250

224
紫檀嵌螺甸群仙祝寿钟
清晚期　　　　251

225
紫檀木北极恒星图节气时辰钟
清晚期　　　　252

226
铜镀金自开门变戏法水法钟
清光绪　　　　253

227
珐琅珠花表
19世纪　　　　254

228
镀金嵌珠仕女图怀表
19世纪　　　　255

229
铜镀金壳动画怀表（一对）
19世纪　　　　256

230
铜镀金扇形表
19世纪末　　　257

231
画珐琅双鹅图怀表
19世纪　　　　258

232
铜镀金珐琅钻石怀表
19世纪　　　　259

233
珐琅镶钻石石榴别针表
19世纪末　　　260

医疗类

234
银质制药器具（一盒）
清康熙　　　　264

235
铜蒸馏器
清中期　　　　265

236
银蒸馏器
清中期　　　　266

237
体温计
19世纪末　　　267

238
血压计
19世纪末　　　268

239
医用开口器　　269
医用开鼻器　　269
铁耳镜
19世纪末　　　269

240
医用反光镜
19世纪末　　　270

241
眼科手术器械（一套）
20世纪初　　　271

242
医牙用具（一套）
20世纪初　　272

243
男性人体解剖模型
19世纪末　　273

244
女性人体解剖模型
19世纪末　　274

245
妊娠模型
19世纪末　　275

246
子宫外孕模型
19世纪末　　276

247
显微镜
19世纪末至
20世纪初　　277

拓片

天文类部分

1
铜镀金巴黎款提环赤道公晷仪　　30

2
铜镀金刻世界名城提环赤道公晷仪　　31

3
铜镀金巴黎款提环公晷仪　　32

4
铜圆形时刻盘赤道公晷仪　　34

5
铜镀金八角立表赤道式公晷仪　　36

6
铜镀金赤道式日晷仪　　41

7
铜镀金赤道圭表合璧仪　　52

8
铜镀金测时圭表合璧仪　　53

数学类部分

10
铜镀金折叠矩尺　　70

11
铜镀金折叠矩尺　　71

12
铜镀金尖脚比例规　　84

13
楠木雕花镶银刻比例表炕桌　　105

地学测量类部分

14
铜镀金双千里镜象限仪　　121

15
铜镀金巴黎款单游标半圆仪　　129

16
四游千里镜半圆仪　　132

17
铜镀金全圆仪　　133

18
铜镀金矩度全圆仪　　136

19
铜镀金单千里镜全圆仪　　138

20
绘图平板仪　　140

21
鲨鱼皮套银质绘图仪器　　158

22
棕漆皮铜镀金六节望远镜　　166

23
绿漆皮四节望远镜　　168

24
铜镀金条纹望远镜　　170

25
铜镀金反射望远镜　　178

清宫西洋科技仪器的命运

导言

刘潞

明清之际，传教士的东来，揭开了中西文化互相冲击与交流的序幕。清代宫廷是当时文化交流的重要舞台，而科学技术又是交流中重要的一环。由此，故宫博物院得以珍藏了一大批反映西学东渐的科技文物。尽管它们的出现距今已经很久远了，但因某些仪器是我们今天大都曾使用过的，在考察时，便倍觉亲切。而围绕这批仪器所发生的中西文化间的冲突、比较和融合又似曾相识，好像刚刚在昨天发生。由于种种原因，清宫西洋科技仪器没有流失到海外而成为国内尚未整体面世过的一批最完整的科技遗存。研究它们，并不止于文物欣赏，更多的还是从中认识中外文化交流中镜鉴的意义。基于此，我们从故宫珍藏的大批科技仪器中选出二百余件，编成这本《清宫西洋仪器》，奉献给读者。

清宫科技仪器的特点

故宫博物院收藏的与西学相关的科技文物约二千多件，其中属中国传统的主要有石制日晷、铜壶滴漏、时辰香、升、斗、权等度量衡器及中医器具；与西学相关的，品类较为繁杂，大致可分为天文学、数学、物理学、地理学、机械钟表及医学等六大类，每一类中又可分为若干小类，如天文学类中就有天体仪、浑仪与晷仪的区别，数学类中又有计算工具与度量仪器的区别，甚至在计算工具中又可分出计算尺、算筹、计算机等等。这样繁多的种类，分散产生于清代各朝，且随着时间的推移逐渐增多。如顺治年间，仅有天球仪、浑仪、日晷、地球仪、望远镜几种；到了康熙年间，增加了数学、测绘学、光学等类仪器；至乾隆年间，机械钟表的数量和种类激增，形成历史上"前无古人，后无来者"的壮观局面。乾隆以后，宫廷科技仪器的来源基本枯竭，除光绪末年增添了一些西医药类器具外，再未出现其他反映西方科技水平的器物。

从这些仪器进入清宫的时间差别上，可以想见它们带有很强的时代色彩。事实也确乎如此。

比如16、17世纪时,欧洲盛行依几何圆锥截面知识制作(下同)的地平式日晷,明末清初时,这种日晷便出现在中国宫廷,其中突出的代表是德国传教士汤若望(Jeam Adam Schall von Bell)于顺治元年(1644)为清廷特制的"新法地平日晷"。

又如意大利科学家伽俐略(Galibeq Galilei)将望远镜用于天文活动,观测到月球上的"山脉"和"海洋",又在1610年发现了木星的四颗卫星,明天启六年(1626),汤若望著《远镜说》,将望远镜介绍给中国,并于明崇祯年间和清顺治年间数次为宫廷制作望远镜。尽管故宫现存的望远镜尚不能确定何者为汤若望所进,但数十架清初的望远镜,却无疑是以双凸透镜为物镜、双凹透镜为目镜的伽俐略望远镜的翻版。这些望远镜在清宫出现,距伽俐略时代也不过半个世纪。

再如,英国数学家纳白尔(Neper Napier)于1617年发明了用于计算的"纳白尔算筹";1628年,意大利传教士罗雅谷(Jacobus Rho)即在《筹算》一书中将它介绍到中国,清宫最晚至康熙朝中期(1680年前后)也出现了这种筹式计算工具。故宫收藏刻有"康熙御制"字样的计算尺,在数学史上称为"甘特式计算尺",距离英国数学家埃德蒙·甘特(Edmund Gunder)于1630年发明这种尺子最多也不过五十年左右,便在清宫中出现。在数学仪器中,多年来一直为外间瞩目的当属康熙年间清宫自制的手摇计算机。世界上第一台可计算加减法的手摇计算机,是由法国数学家巴斯柯(Blaise Pascal)于1642年在巴黎研制成功,仅半个世纪左右,手摇计算机就进入清宫,并被加以改造:在阿拉伯数字旁附加汉文数字,将加减二法增至加减乘除四法,又独创横排筹式计算机等等。

地理学是一门综合性的科学,它大量汲取天文学、气象学、地质学诸学科已取得的成果。随着哥伦布(Christopher Columber)航海发现美洲新大陆,16、17世纪的地理学呈现一派色彩缤纷的景象,地球仪的制作、地图的测绘、各地风物勘察等,都得以迅速发展。这些发端于欧洲的新地理学成就,不久即在清宫中得到回响。以对全球地理状况的认识为例:中国自古对天地的认识是以"天圆地方"观念为主流的(故历代皇帝分别以青璧和黄琮作为祭天地礼器,直至以圜丘与方泽祭祀天地),但自传教士利玛窦(Matteq Ricci)将地圆说介绍到中国后,中国宫廷很快便出现了地球仪;故宫现在保存的最早及最完好的一个地球仪,约于康熙中期制作,这件地球仪在大洋洲上已标明了一些海湾和岛屿,反映了欧洲各国在地理大发现后对大洋洲探索的一些成果。

波兰天文学家哥白尼（Nikolaus Copernicus）在16世纪提出日心说理论，遭到罗马教皇长达三百多年的禁锢，但在17世纪初罗雅谷所著《五纬历指》中，就已向中国读者作了介绍；在教廷承认了这一理论后，英国制作的演示日心说的"七政仪"即奉献到乾隆皇帝面前。七政仪在清宫的出现，对于日心说理论的传播当然没有太大意义，因为这在欧洲早已成为科技界的常识，然而，它的产生，却是教廷公开承认自己谬误的折射，是欧洲科技蓬勃发展的时代反映。

半个多世纪，在交通与通讯完全现代化的今天，不可不说漫长。但在仅靠航船与马车的三百多年前，尤其是在欧亚两大洲、东西两大文化背景下，科技成果的长距离的递传，半个世纪就不能不说是个较短的时段了。正在这个意义上，我们看到了这批科技仪器所具有的时代色彩。

西学东渐是清宫科技仪器产生的基本原因

清宫出现上述品类丰富、数量众多的科技仪器并非偶然，首先是由于明清之际西学东渐的背景。自从早期到达中国的意大利传教士利玛窦用自鸣钟、望远镜等"西洋奇器"敲开了明代宫廷的大门后，西方科技仪器便与中国宫廷结下了不解之缘。

耶稣会士们远涉重洋来到中国，为的是在欧洲以外寻求人们对天主教的信仰。他们对在中国传教充满了信心，认为"中国拥有一大批杰出的有识之士和学问渊博的学者。在中国，教育和学问享有很高的荣誉。我们对上帝充满了希望和信心，我相信基督的名字总有一天会在中国深入人心。"[1] 他们完全没有想到，被他们高度赞扬的中国文明却为他们的传教带来了难以想象的重重困难。

明朝末年的中国，是一个被儒学传统滋养培育了二千多年，具有高度成熟文明的国家。自官方到民间，从贵族至平民，人们的观念、心态、行为方式，少有不被纳入儒学框架的，与传教士所宣教的理论处处抵牾。以宗法人伦为本位的儒家思想，强调的是以血亲关系为亲和力，注重建立以三纲五常为基本秩序的封建宗法制度；但基督教却要求信仰者以上帝的平等子民身份彼此相爱，这在儒家看来，是对中国等级社会秩序的巨大破坏；"天人合一"、"万物一体"，是儒家对充满矛盾的物质世界的基本认识，而基督教却信奉绝对真理，这些对传统儒学是十分生疏且难以接受的。

不难想象，在丰厚的儒学土壤上生长起来的明末知识分子，听到来自地中海国家的异样说教时，是何等的惊异与怀疑！直接用这种"异端邪说"几乎无法开启中国人，特别是儒家士大夫的心灵大门。面对如此坚实的文化隔膜，中西文化杰出的沟通者利玛窦审时度势，选择了一条非正宗的特殊传教路线——利用西洋科技在学者官宦中活动的上层传教路线。他向与之交往的文人展示了他所携带的新奇之物，如西洋纸、西洋琴、天文算学诸仪器等，以期引起观者的兴趣。"余见西域欧罗巴人利玛窦，出示彼中书籍，其纸白色如茧，薄而坚好，两面皆字，不相映夺，赠余十番，受墨不渗，井水不濡，甚异之。"[2] 正是这些散发着异国文化气息的物品激发了明末知识分子的好奇心，缩短了他们与利玛窦之间的距离，在开始接受利氏所展示的器物的同时，也开始思索他宣传的异教。明廷高层官员、南礼部尚书王弘诲就是因为这些西洋"奇器"开始注意利玛窦的活动的，而利氏也正以当时颇受士宦人士稀奇的三棱镜作为与之相见的见面礼。王弘诲认为三棱镜是无价之宝，可以作为利玛窦到北京后入阁的"台石"。万历二十八年（1600），利玛窦果然用这些西洋奇器，如天主像、圣母像、大小自鸣钟、三棱镜、西洋琴等敲开了明代宫廷大门，赢得万历皇帝的青睐，据说万历皇帝还特别为大自鸣钟在御花园内建钟亭。自鸣钟为利玛窦进京扫清了障碍，此后伴随他在京传教而开始的修历，则为西洋科技仪器进入中国宫廷开通了道路。

实际需求是清宫出现科技仪器的直接动力

利玛窦所做的这些努力，应该说只是为科技仪器进入中国宫廷提供了一个有利的外在条件，还需要内在条件来呼应。此时的内在条件就是明清宫廷对科技仪器的实际需求。

明朝末年，由于《大统历》年久失实，崇祯皇帝批准朝中已接受西方科技的有识之士关于修历的请求。当时，主持修历的礼部尚书徐光启在首善书院开历局，聘请利玛窦参与。利玛窦死后，又有德国传教士汤若望等入局供职。开历局以后，传教士们名正言顺地制造了多件望远镜、天球仪、象限仪等，这是西方科技仪器正式进入明宫廷的开始。

清朝对科技仪器的需求，首先反映在明清易代，需重颁历法、确立正朔这一重大问题上。

在中国历史上，一向有认为天象与王朝政治密切相关的传统。天象的变化，从来都是对人间万象的警示，历法的颁布随之成为历代帝王的一项特权。奉谁家的历法为正朔，也就成为尊谁为正统，臣服谁家王朝的象征。以明朝为宿敌的清朝入主中原，势必要改换旧朝许多具象征意义的符号，如服饰、发型等，历法当然也在其中。新朝对历法的需求为西方科技进入清宫廷提供了一个难得的机遇。

早在崇祯年间，利玛窦、汤若望等为明廷修历时，尽管对天文实测有过八次西洋"新法密合"、《大统历》失实的记录，但崇祯皇帝仍不能下决心颁行依西洋新法编制的《崇祯历书》，这完全是由于他对废弃明朝正朔《大统历》而改奉新历怀有恐惧心理所致。历法的更替，在政治层面上有改朝换代的意味，处在风雨飘摇中的崇祯皇帝当然十分敏感。然而，明亡清兴的政治风暴对前来中国传教的汤若望不仅无消极影响，反而提供了有利机会。他抓住顺治元年（1644）八月初一日将发生日蚀而《大统历》预报失实一事，向清帝提出以新法仪器测算的申请，为西洋仪器进入清宫打开了大门。本书中收入的"新法地平式日晷仪"就是汤若望在顺治元年（1644）第一次奉命为清廷制作的诸种天文仪器之一。

康熙初年，再次出现因政治变故导致科技仪器入宫的情形。当时，清钦天监内爆发了一场因奉行不同天文理论而发生著名的"历法之争"。使用阿拉伯历的吴明煊、杨光先等人攻击使用西洋新法的汤若望等传教士图谋不轨，受到辅政大臣鳌拜的支持，使汤若望等身陷囹圄。当吴明煊等预测天象再次失误时，汤的助手、比利时传教士南怀仁（Ferdinand Verbiest）依据其前辈利玛窦在中国宫廷积累的经验，利用皇帝与辅臣间的矛盾，上疏参劾受鳌拜支持的吴明煊、杨光先。而手无实权的康熙皇帝亦想利用这机会与鳌拜较量。他命九卿大学士率钦天监一干人马，先于午门前验日影，又至观象台用象限仪、纪限仪、赤道经纬仪、黄道经纬仪等西洋仪器测当年立春日时，结果"南怀仁所言皆符，吴明煊所指不实。"[3] 西洋科技仪器准确的预测功能，为康熙废黜鳌拜起到投石问路的作用。鳌拜被黜后，南怀仁重被起用，封钦天监监正，成为当时清廷科技仪器制造的主要设计者和主持者。康熙朝前期许多仪器都是在南怀仁指导下制成的，本书收录的"南怀仁制浑天仪"就是他返钦天监后为皇帝制造的第一架天文仪。

清中晚期后，社会剧变。无论天象发生什么吉凶征兆，都无可挽回国势衰微的趋势，王朝国运与天象变化密不可分的古老观念已无市场，宫廷天文学走向末路。与此相关的科技仪器当然也很难再出现什么先进的品种。清宫科技仪器此时发生了转向，从前期的天文数学类为主转到医学类为主。西洋医学是随着坚船利炮轰开国门而进入中国的。时事的变迁，令时人感到西方医学才是当时西方科技水平的代表，梁启超的一段话很有代表性："凡世界文明之极轨，唯有医学。……医者，纯乎民事者也，故言保民必自医学始。"[4] 在这种思潮影响下，医学维新也成为清末宣传改良的主要内容，随后亦被光绪皇帝列入新政之一。正是在维新变法的政治需求推动下，晚清宫廷才可能存留下人体解剖模型等西医药器具。

皇帝兴趣的差异是清宫科技仪器变化的重要原因　清宫科技仪器在不同时代呈现不同的状况，而变化原因又与当朝皇帝个人的态度或兴味直接相关。

康熙皇帝对西方科学抱有极大的热忱。当时在宫中为他传授科技知识的传教士，对他执着的追求和在学习中表现的顽强精神有过翔实生动的记录：

"康熙这样学了四五年，他始终很勤奋，对于政务也丝毫不懈怠，没有一天误了上朝。他并不只认死理，总是把所学的知识付诸实践，他学习得很开心，对于给他上的课程理解得很好。例如，给他讲固体的成分时，他就会拿起一个球，精确地称出它的重量，测出它的直径。然后，他就会算出同样材料、直径不同的另一个球的重量，或者算出另一个比较大的或比较小的球的直径该是多少。……有时候打算用几何方法测量距离、山的高度、河流和池塘的宽度。他自己定位，调整各种形式的仪器，精确地计算。然后他再让别人测量距离，当他看到自己计算的结果和别人测量的数据相符合，他就十分高兴。"[5] 本书收录多件伽俐略式的比例规、各式几何体及测绘仪等正是对这些见闻的有力印证。

康熙对数理化的兴趣，当然不是凭空产生的，而是他少年时成功地处理了那场历法之争所带来的效应。多少年后，他曾感慨地谈到他学习历算的动力："尔等惟知朕算术之精，却不知我学算之故。朕幼时，钦天监汉官与西洋人不睦，互相参劾，几至大辟。杨光先、汤若望于午门外九卿前当面睹测日影，奈九卿中无一知其法者。朕思己不能知，焉能断人之是非，因自愤而学焉。"[6]

康熙对自然科学的浓厚兴趣，使他有眼光注意到这一领域的状况，从而提出一些只有最高统治者出面才易成行的举措。他受当时欧洲主要国家建立科学社团风潮的影响，在宫内也设立了类似的机构，称"蒙养斋算学馆"，旨在培养高级数理人才。传教士白晋（Joachim Bouvet）说："中国皇帝仿此范例（指建立科学社团——笔者注），开始在他自己的宫殿里建立起绘画、雕刻、雕塑以及为制作时钟和其他计算工具的铜、铁器工匠之类的'科学院'。皇帝还经常提出要以欧洲的，其中包括巴黎制造的各种作品为样品，鼓励工匠与之竞赛。"[7] 对此，与康熙同时代的德国启蒙思想家莱布尼茨（Gottfried Wilhelm Leibniz）评价说："我以为，康熙帝一个人比他所有的臣僚都更具远见卓识。我之所以视他为英明的伟人，因为他把欧洲的东西与中国的东西结合起来了。……他以其广博的知识和先见之明，远远超过所有汉人和满人，仿佛在埃及金字塔上又添加了一层欧洲的塔楼。"[8]

透过这些珍贵的历史文献，我们对清宫中遗留下大量的康熙时期科技仪器，如清宫制御用数学用桌、清宫制手摇计算机等，有了真切的理解。

清中期时，宫内天文数学等科技仪器减少，精美绝伦的机械钟表、玩具大量出现，其直接原因是乾隆皇帝个人爱好的推动。清宫档案中有很多关于乾隆帝要求传教士制作机械玩具的记载。如乾隆十八年（1753），命传教士席澄源、杨自新设计一种新式的"有法子（条）自行、鳌山、陈设三件"；同年又下令"将自行虎著交如意馆西洋人收拾"；乾隆二十年（1755），命席澄源做成一具自行人；乾隆二十七年（1762），又命席澄源照先前做过的自行人再做双自行人一件；乾隆三十年（1765），"命照含经堂时乐钟样式，要如意馆另配做一件，里面安转盘活动人物"等等[9]。

由于乾隆皇帝的权威及个人兴趣，宫廷制钟的技术水平较前大大提高。康熙时，宫廷仅生产单一实用性钟表，而此时生产发展为集走时、报时、音乐、活动景观等多功能于一体的观赏性钟表，甚至外国进献的钟表也要迎合乾隆这一口味。如英国为中国特制可用毛笔书写"八方向化，九土来王"的写字人钟、"天文地理钟"、"象拉战车表"等，这些器物装饰的华贵，功能的繁复，以及所嵌钟表与整个器物尺寸大小的强烈反差都告诉我们，乾隆皇帝关心的，并非技术本身，而在于用先进技术制出的机械玩具。这一点，连当时在宫中服务的传教士也看得很清楚："杨自新教士在狮子体内装置了许多弹簧使它能走动。他把最先进的机械制造技术都用到了他的机器人上，令人惊叹不已。"[10]

乾隆皇帝拥有大批将机械技术、金属、珐琅、玻璃工艺以及音乐、绘画、雕塑艺术集一身的钟表，亦是他生逢其时的反映。18世纪的欧洲是科学技术大发展的时期，机械制造业十分活跃，特别是英国，其钟表制造水平已居欧洲之冠。乾隆凭借清初近百年积累起来的财富，经广州海关购进大量英国钟表，一时间，英国钟表不仅充斥于宫内各个殿堂，也成了后宫妃嫔、王公大臣向往的时尚享受。对此，身为宗室的昭梿十分感慨："近日泰西氏所造自鸣钟钟表，制造奇邪，来自粤东，士大夫争购，家置一座，以为玩具。"(11)

显然，由于贸易手段，中西间交流的渠道较清初大为拓宽了，欧洲科技进入中国似乎具备了更好的条件，但情况却适得其反。

乾隆本人对数学物理等自然科学一窍不通，也毫无兴趣，他曾写诗自嘲："皇祖精明沟股弦，惜吾未习值髫年。而今老固难为学，自画追思每愧旃。"(12) 对科学技术茫然无知的状况及妄自尊大的心态，使乾隆对18世纪传入中国的西方先进科技仪器，口头上也承认"精巧愈古"，实际上却十分排斥。当英国马戛尔尼（Sir Macartney）使团将显示欧洲工业和科技实力的机械、数理仪器、枪炮等作为礼品携来中国时，在乾隆眼中，那些精密的仪器就仅为"效法天地转运，测量日月星辰度数，在西洋为上等器物，要亦不过张大其词而已。现今内府所制作仪器，精巧高大者，尽有此类，其所称奇异之物，只觉视等平常耳。"(13) 在这种思想支配下，清宫科技仪器的数量只会日益减少，且水平与世界相比也愈见低下。

历史的回声

故宫保存的清代西方科技仪器，在向我们展示了中国科技史与中西文化交流史上灿烂一页的同时，也给我们留下不少思索的空间。

鸦片战争之前，清王朝一直实行闭关锁国政策，一切外来文化欲在中国求得立足之地，不知要付出多少艰辛代价。可谁曾想到，在制订并大力推行这一政策的清朝皇帝的深宫宝库中，竟珍藏一大批熠熠生辉的西洋科技仪器，其中有许多在今天的欧洲人眼中也是稀世珍宝。这似乎是难以想象、不可思议的，但仔细梳理，仍可找到其中潜含的道理。这并非因康、乾诸帝早已明白"师夷之长技"、"中体西用"等晚清知识分子面对西方挑战时提出的种种回应办法，应该说首先是由文化传播的规律决定的。

西洋科技仪器无疑是西方文明的产物，属物质文明范畴。这些物化了的文明，居于表层的是它们的工具价值，隐含在深层的则是其内在价值。如"南怀仁制浑天仪"，其工具价值在于对太阳、地球、月亮等天体运行的演示，同时，因制作依据是地心说，这架仪器就成为17世纪时西方普遍持有的宇宙观的生动体现。再如"康熙朝地球仪"，在它向人们展示全球地理风貌这一工具价值背后，蕴含的是自古希腊时就形成的大地球形说观念，反映的是17世纪前后殖民主义的扩张行为以及地理大发现的史实。

人对事物的认识总是由表及里，从具体到抽象。这一认识规律决定了文化传播通常先从器物开始，逐渐才会深入到影响器物产生的社会结构、制度、观念形态等。当中国人经受西方文明撞击时，面对眼花缭乱的西洋布、西洋纸、西洋琴、西洋仪器、圣母像、哥德式教堂以及成千上万卷阐述西学义理的书籍，自然会首先选择实用价值突出的科技仪器，再考虑基督教教义。当然，这些包含有西方文化理念的仪器，如果不具备突出的工具性，而仅是一种文化象征（如与宗教直接相关的教堂、管风琴等），具务实传统的中国人接受起来恐怕还要经历更长的时间。正因如此，对于集务实心理、儒家三纲五常义理等中国文化多方面特征于一身的清朝皇帝来说，在对西方文化的选择上，则更强调其工具价值，而排斥或摒弃其与中国传统观念相异的内涵。

从本书所收录的文物可以看出，这批科技仪器有一个突出的特点，就是属清前期的基本保留了它们传入时的原貌，即保持了形式与内容的完整统一。如望远镜、地球仪、测绘仪等，几乎都是原封不动地照传或仿制。只是有些文字标示，将西文改为中文，如伽俐略比例规，上面的文字为汉字，但造型和刻度都一如西式。仅有个别仪器，制作者出于强调某种目的，将其添加了一些中国文化的表征。如汤若望在顺治元年（1644）所进的新法地平日晷仪刻上了龙纹，南怀仁在康熙十二年（1673）为观象台制作的几架大型天文仪铸造了龙架等等。清中期以后，情况有变化，出现了一些为科技仪器添加中国文化表征的情况，如书中收录的"万寿天常仪"、"三辰公晷仪"等。但就整体情况而言，这一时期的科技仪器基本还是保持了传入时的面貌。几件标有产自伦敦的仪器被堂而皇之地收入皇家钦定的清代典制器物总汇《皇朝礼器图式》一书中，就是当时从朝中到民间对西方仪器认可的反映。

何以科技仪器没有象基督教那样，遇到若不作一番适应中国国情的改造便不能在异乡生存的命运呢？其原因仍与它们的实用功能，即工具价值相关。当实用性需求强烈时，仪器的工具价值就格外突出。试想，汤若望制作的"新法地平式日晷"，如果不能起到准确预测日蚀时间的作用，在清廷亟需时，它能被呈送到皇帝面前吗？康熙时期，传教士制作的一些数学、测绘学仪器也一样，其主要价值在于用来测算距离、比重、体积，如不能胜任这些作用，它们也就不可能在康熙皇帝组织全国大地测量时于宫廷出现。可见，在工具价值突出时，所谓中国化的问题就还提不到日程上。然而，当实用性的需求减弱，观念性的需求突出时，其内在价值便上升了，仪器是否需"中国化"的问题也就摆到人们的面前了。

对当时的西方科技仪器而言，内在价值中很重要的一方面体现在思想史中的科学体系上。爱因斯坦说过："西方科学的发展，是以两个伟大成就为基础的，那就是：希腊哲学家发明的形式逻辑体系（在欧几里德几何学中），以及通过系统的实验发现，可以找出因果关系（在文艺复兴时期）。"[14] 由于中国古代缺乏不讲实用，专为理论的实验科学的体系，科技仪器在思想史上的这一价值几乎丧失殆尽，仅余下中国文化赋予它们（主要是天文仪器）的特殊内涵，即天文学是皇权重要组成部分，天文仪器是皇权的象征。这一内在价值，至今我们在故宫还能看到：只要是皇帝的正殿，都必设日晷——尽管机械钟表在殿内已随处可见。日晷早已转化为皇权的象征而非测时工具了。

这种变化没有出现在清初而发生在清中期，是由清统治者出身于满族的特殊状况所致。

英国科学家李约瑟说："一种概念传入后，到底发生什么样的反映，这取决于当地文化的特征。"[15] 作为满族贵族建立的清王朝，从入主中原至清中期，经历了一个从生活方式、语言文字、社会制度、价值观念等全方位吸收汉文化的过程。乾隆年间，清廷最后确立了朝中诸项制度。在体现与维护社会等级秩序的"礼"制中，列入天文、数学、地理等学科及相关仪器，并以皇帝敕命绘制《皇朝礼器图式》一书的形式公布于世。制度的最后完善是清王朝完成吸收汉文化过程的标志。在传统汉文化中，天文学从来就是帝王的"专利"，如尧帝"乃命羲和，钦若昊天，历象日月星辰，敬授民时"[16]，舜帝"乃在睿玑玉衡，以齐七政"，[17] 古代帝王通过控制对天象的阐释权来体现并强化皇权。当现实的科技需求减弱，且清王朝又全面完成了汉化过程后，天文仪器包含的这一内在价值上升为清帝关注的要点。因而，此时才能制造出在技术上并无多大改进，在体现内在价值方面则有些独到之处的"万寿天常仪"等。正因为科技仪器内在价值在此时的转换，才使清王朝能够不论产地，仅以内在价值为唯一标准，将产自英法等国的仪器也列入清朝典制巨著——《大清会典图》与《皇朝礼器图式》中。在这种情况下，仪器属于中式还是西式，在中国人眼中就没有太大的意义了。可以说，这是西方科技仪器没有绝对中国化的重要原因。

科技仪器是社会生产力水平与科技水平的综合产物，发展与变化应是其基本特征。乾隆将科技仪器制度化则与仪器本身潜含的动态趋势相矛盾，直接导致阻碍科学技术发展的恶果。当科技仪器成为某一文化的象征，成为等级制度的体现时，它的作用便凝固了，生命力也就停止了。清宫西洋科技仪器的命运，也可视为清王朝从兴盛至衰亡的历史缩影。

注释：

(1) 〈沙勿略致耶稣会创始人罗耀拉的信〉，转引自朱维铮编《基督教与近代文化》，上海，人民出版社，1994年版，页33。

(2) 王肯堂：《郁冈斋笔尘》卷4，北平图书馆，1930年版。

(3) 《清圣祖实录》，卷18。

(4) 梁启超：〈医学善会序〉，载于中国史学会编《戊戌变法》第四册，神州国光社出版，1953年，页449。

(5) 〈法国传教士洪若翰致拉雪兹神父信〉，转引自《洋教士看中国宫廷》，上海，人民出版社，1996年版，页41。

(6) 《清圣祖实录》，卷23。

(7) 同注(5)。

(8) 【德】夏瑞清编：《德国思想家论中国》，南京，江苏人民出版社，1995年版，页6。

(9) 鞠德源：〈清代耶稣会士与西洋奇器〉，载于《故宫博物院院刊》，1989年第2期。

(10) 《传教士汪洪的信》，书同注(5)，页65。

(11) 《啸亭杂录》，卷3。

(12) 【清】弘历：〈题宋版周髀算经〉，《清高宗御制诗四集》，卷93。

(13) 【清】弘历：〈红毛英吉利国王差使臣马戛尔尼奉表贡至，诗以志事〉，《清高宗御制诗五集》，清内府刻本，卷84。

(14) 《爱因斯坦文集》，北京，科学出版社，1985年版，卷1，页574。

(15) 【英】李约瑟：《中国科学技术史》，卷1，页566。

(16) 〈尚书·尧典〉，载于《阮刻十三经注疏》。

(17) 同上书，〈舜典〉。

图版

天文类
Instruments for Astronomy

故宫博物院收藏的清代天文仪器，绝大部分是清宫自制，或由传教士或外国使团由欧洲携来进献清宫的，按类别分为以下几种：

天体仪

天体仪是将天体表现为球形的天体模型，球面列布星名与星宿，并设有赤道经纬圈等装置，以便确定星宿的位置。清廷在不同时期制作过数架天体仪，这些天体仪的坐标多采用黄道坐标，与中国历代以赤经、赤纬为天体坐标不同。这是由于欧洲直到17世纪时尚在使用黄道坐标，传教士将这一传统原封不动地搬到了中国；清宫受其影响，制作了这些黄道坐标的天体仪。

浑仪

浑仪是一种球形观测仪，由子午圈、地平圈、赤道圈、黄道圈等对应于天球诸带刻度的圆圈及窥管构成。如果借助窥管观测天体，即可由大圈的刻度上读出任何一颗星所在的方位。在17世纪望远镜发明之前，它是天文学家在测定天体方位时不可缺少的仪器。在清宫小型浑仪中，有传统的由外、中、内三层构成的"六合、三辰、四游"仪（见康熙朝制浑天仪）。"六合"即指外层地平、子午、赤道三环；"三辰"是指中层可绕轴旋转的黄道、赤道、白道三环；"四游"则是内层带窥管的四游环。有简化传统结构的浑仪（见乾隆朝制三辰公晷仪），也有来自西方制作的七政仪等。这些仪器与观象台上大型实测浑仪相比，只能用于演示日、月、五星等天体运行现象，非实测之器。

日月晷仪

日晷，是利用日影测定时刻的计时器。"晷"字，古义是太阳的影子。

清宫中的日晷，因设计原理的差别，大致分为地平式与赤道式两类。地平式是指晷针与晷盘面之夹角度数等于测时当地的纬度，即使用时晷盘面与当地水平面平行，再由晷针投在晷盘的日影求得时刻。这类日晷是17世纪传教士从欧洲携入中国后才开始广为制作的。赤道式，则要求晷盘与地球赤道面平行，晷针与地球的地轴方向相一致，通过晷针投在晷面日影位置的变化来测定时间。赤道式日晷是中国传统日晷。但清宫收藏的这类日晷在时刻刻度上已采用了西法，即由传统的"百刻制"改为西方的"九十六时刻制"。在清宫收藏的日晷中，有些还附有测方位角、求测太阳高度等功能。

日晷之外，还有月晷、星晷，它们分别是通过测月或测星而求时刻的计时器。

清宫天文仪器的一个特点，就是使用西方天文仪器的同时，对中国传统仪器进行了研究改造，如分圆周为360°，分一日为96刻的度量单位以及部分采用黄道坐标等。但是，由于没有将望远镜引进天文仪器中，清宫的天文仪器还处在"前望远镜"时代，并无多少先进性可言。

1 铁鋄金天体仪

清顺治十四年（1657）
通高31厘米　地平圈直径31厘米
清宫钦天监
清宫旧藏

Gold-damascened iron celestial globe
Made by the Workshops of Qing Court
14th year of Shunzhi's reign,
Qing Dynasty (1657)
Overall height: 31cm
Horizontal circle diameter: 31cm
Qing Court Collection

《皇朝礼器图式·卷三》

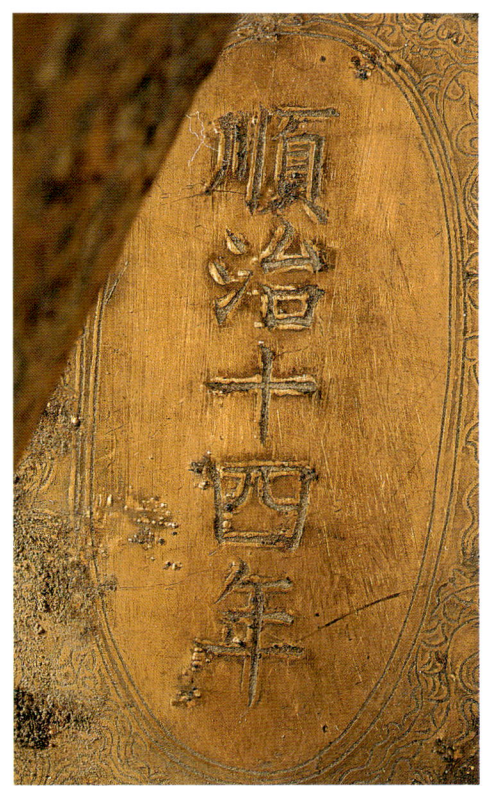

这是清宫所藏的最早一件天体仪。

球体由铁轴贯穿球的中心,球体绕轴旋转一周圈,代表天球的周日视运动过程。天体仪上有地平圈、子午圈等若干圆圈,环绕天球中腰的为地平圈,与之正立相交的为子午圈,子午圈上设有天顶、北天极、时刻盘、游标。球体采用17世纪时欧洲常用的黄道坐标,在天球上刻南、北黄极、黄赤二道、黄经、黄纬线、星象等,星象按星等标注。

天体仪的用途主要是通过黄道坐标、赤道坐标、地平坐标三者进行换算以及测求时刻。由于这件天体仪地平圈为缕空刻花圆盘,球体黄道上也未刻二十四节气,星象图也不标准,无法进行实际求测,只是一件天体模型。

天体仪镌刻"顺治十四年制"和"星等一、二、三、四、五、六"铭文。

2 铜镀金天体仪

清晚期
通高100厘米　天球直径50厘米
清宫造办处
清宫旧藏

Gilt-copper celestial globe
Made by the Workshops of Qing Court
The late Qing Dynasty
Overall height: 100cm
Globe diameter: 50cm
Qing Court Collection

这件铜镀金天体仪的地平圈内有刻度和方位，上置游标；子午圈上刻有四象限。天球上刻有赤道、黄道，沿黄道刻二十四节气，球体上还刻有星象，所有星按一至六星等标注。北极处设时刻表盘（现已丢失），天体仪采用的是黄道坐标。

这件天体仪具备求某节气时某星中天时刻的功能。操作法是先把球面上所载某节气转到正对着子午圈下面，再使时盘上游标对正南北方向，最后把某星转到正对子午圈下面，时刻盘所指时刻就是所求某星中天时刻。

3 纸制天体仪

清光绪
通高52.2厘米　地平圈直径31厘米
中国湖南
清宫旧藏

Paper-made celestial globe
Made in Hunan Province, China
Guangxu period, Qing Dynasty
Overall height: 52.2cm
Horizontal circle diameter: 31cm
Qing Court Collection

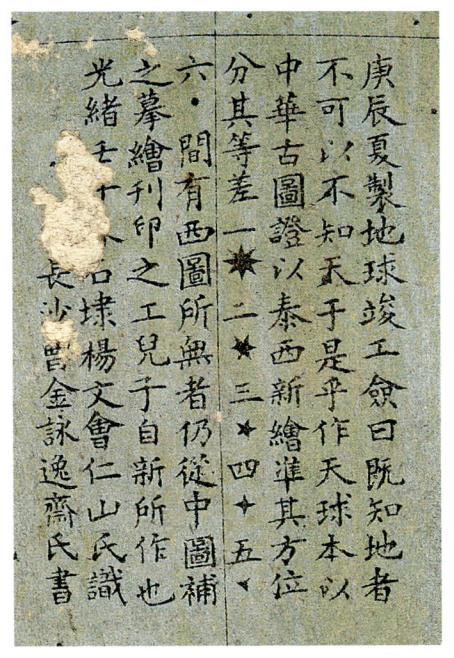

这件天体仪上有用黑漆绘画的星象及其名称。这些星辰均按其等级标注（一至六等），并注有三垣二十八宿名称。

此天体仪是湖南长沙的杨仁山制作的。设计中采用赤道坐标，并配有方形木座。这反映出至清代晚期"天圆地方"的传统宇宙观在朝野中仍占有一席之地，可见近代西学"地圆说"在中国深入普及是何等艰难。

天球仪赤道以南的部位上绘有制造天球仪的说明文字。

4 银镀金南怀仁款浑天仪

清康熙八年（1669）
通高37.3厘米　座边长35.8厘米
清钦天监
清宫旧藏

Gilt-silver armillary sphere with the mark "Ferdinand Verbiest"
Made by the Directorate of Astronomy
8th year of Kangxi's reign,
Qing Dynasty (1669)
Overall height: 37.3cm
Side length of pedestal: 35.8cm
Qing Court Collection

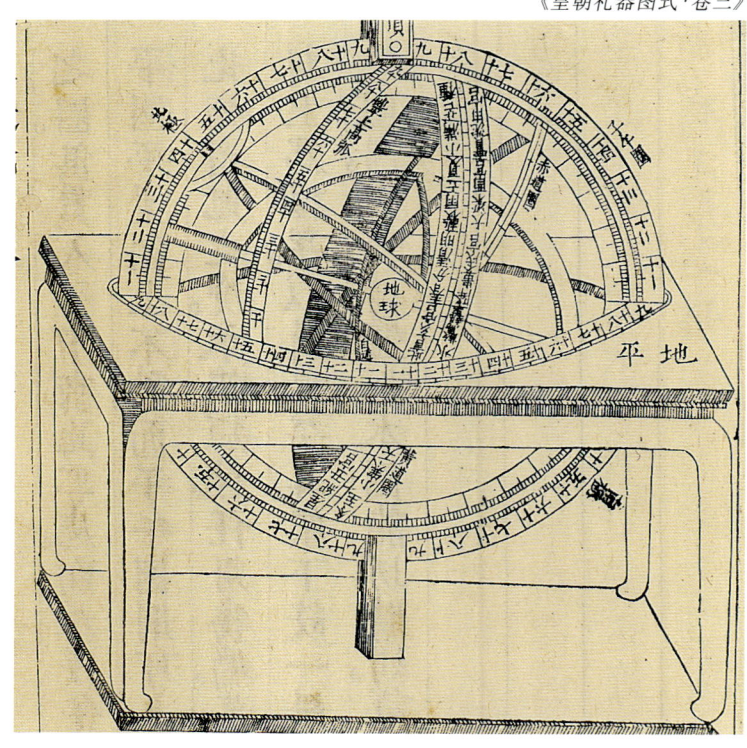

《皇朝礼器图式·卷三》

浑天仪是用于演示或观测天体运动的球形仪器，由对应于天球诸大圆的带刻度的圆环构成。

这件浑天仪安设在紫檀木方形框架中。仪器上的水平圆圈为地平圈，刻有度分。与地平圈垂直相交的为子午圈，刻有四象限。子午圈以内的各环分别为黄道带、黄道圈、赤道、白道，皆刻有度数。地球安设于通轴的中心，上刻有"亚细亚"、"欧罗巴"、"阿美利加"、"利未亚"等当时五大洲的名称。

旋转浑天仪可以演示太阳、月亮围绕地球转动的情况，并可表现出日、月蚀现象。

这件浑天仪是清钦天监官员、比利时传教士南怀仁（Ferdinand Verbiest）于康熙八年（1669）制作的，采用的是中国传统的"六合、三辰、四游"的结构设计法和托勒密"地心说"的理论。

黄道带上镌刻满汉文字，汉文为"康熙八年仲夏臣南怀仁等制"。

5 铜镀金月象演示仪

18世纪
通高49.5厘米 地平圈直径30厘米
法国巴黎
清宫旧藏

Gilt-copper instrument for demonstration of lunar phase
Made in Paris, France
18th century
Overall height: 49.5cm
Horizontal circle diameter: 30cm
Qing Court Collection

月象仪是演示月球在一个月内周期变化的浑仪。其构造除有地平圈、子午圈外，在子午圈内横向置有五个圆环，自上而下分别代表天球的北天极、北回归线、赤道、南回归线、南天极，另在赤道圈处又设有黄道带，上标有黄道十二宫名称及符号，在五环内还设银圈，上标刻太阴历的1日—29日。这件仪器各环最中心处小球为地球，地球一侧空间设有外表黑白参半的小球，代表月球（黑色半球表示背着太阳的一面，白色半球则是朝向太阳的一面）。演示仪下端有摇把和支架。

当用摇把操作月象仪时，由于齿轮系统的作用，地球在自转公转的同时，带动旁边的小月球也转动，并出现朔、望、上弦、下弦等月相。

月象仪上端镶有银圆标盘，上刻1721—1744年，说明此仪器适用的年代范围。此仪器制成于法国巴黎，其制作时间应早于康熙六十年（1721），疑为康熙朝传教士多次往返巴黎与北京时携入清宫的。

6 铜镀金浑天合七政仪

18世纪
上盘直径36.8厘米 下盘直径31.1厘米
英国
清宫旧藏

Gilt-copper armillary orrery
Made in England
18th century
Upper dial diameter: 36.8cm
Lower dial diameter: 31.1cm
Qing Court Collection

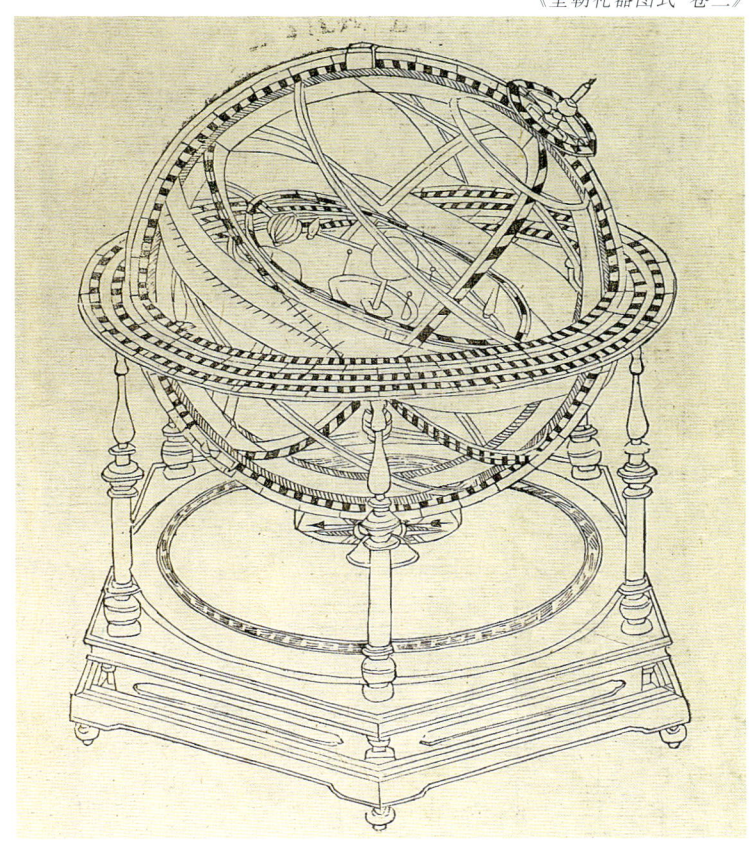

《皇朝礼器图式·卷三》

浑天合七政仪是用于演示太阳系中金、木、水、火、土、地球、太阳七星（即"七政"）运转的仪器。

18世纪是哥白尼"日心说"理论与实践在欧洲都取得长足进展的时期。在此期间，欧洲的仪器制造家制作出一些反映太阳系星球运转的仪器，以表现哥白尼的"日心说"。

乾隆朝初期，宫廷中曾有此类仪器："浑天合七政仪"与"七政仪"。这是"日心说"在中国传播的一个重要反映。

浑天合七政仪同七政仪中的星体运行是一致的，所不同的是前者未设齿轮装置，在人工拨动中仪器演示出天体行星运行的情景。

7 铜镀金七政仪

18世纪
高71.3厘米　上盘直径54.6厘米
下盘直径28.4厘米
英国
清宫旧藏

Gilt-copper orrery
Made in England
18th century
Height: 71.3cm
Upper dial diameter: 54.6cm
Lower dial diameter: 28.4cm
Qing Court Collection

《皇朝礼器图式·卷三》

七政仪上诸圆环的排列顺序最外是黄道圈，上刻有四象限和黄道十二宫，与黄道圈相倚的为赤道圈，正立的为子午圈，与之十字相交的为卯酉圈，最内为七政盘。七政盘又分三层，外层设置火、木、土三颗行星，其中木星带有四颗卫星，土星带有五颗卫星。中层设地球和月亮，内层设金星和水星，内层的最中心才是太阳。这种结构与康熙初年南怀仁制作的浑天仪将地球安放在仪器最中心就截然不同了。

七政盘上的月球为黑白二色，以代表朝向地面与背向地面的状况。在太阳的一旁设一铜瓶，铜瓶背着太阳的一面有指南针，它指向黄道圈的位置即从地球上看到太阳所在的位置，而铜瓶对着太阳的这面内镶凸透镜，将铜瓶点上灯，凸透镜则可射出平行光，代表太阳光。仪器在表演时，开启发条后，卫星绕着行星转，行星绕着太阳转，月亮绕着地球转并地球自转，在"太阳光"下随着地球、月球的运转又出现了月球"朔、望、上弦、下弦"的月相变化及日蚀、月蚀的天象。

七政仪下端装置一时刻盘，随着齿轮的带动，指针旋转一周代表一日，恰好也是上端地球自转了一周。

七政仪的圆形地平盘上镌刻仪器制作者的名款"Rich GInne Feeit"（黎奇·格里尼制）。

8

铜镀金乾隆甲子年款三辰公晷仪
清乾隆九年（1744）
通高71.8厘米　子午圈直径36.7厘米
清宫造办处
清宫旧藏

Gilt-copper universal sun-moon-stars dial with the mark "Qianlong Jiazi Nian Zhi"
Made by the Workshops of Qing Court
9th year of Qianlong's reign,
Qing Dynasty (1744)
Overall height: 71.8cm
Meridian circle diameter: 36.7cm
Qing Court Collection

三辰公晷仪是通过测日、月、星求得时刻的仪器，它可随观测点所处的地理纬度进行调整，故名"公晷仪"。这件仪器的特殊之处是用西洋方法，将中国传统的"六合、三辰、四游"的环架结构简化。

清宫廷于乾隆九年（1744）至乾隆四十五年（1780），共制作过四件"三辰公晷仪"，这是其中第一件。在它的子午圈外壁上镌刻"大清乾隆甲子年制"铭文。这件仪器是清代观象台上大型实测仪——玑衡抚辰仪的最初模型。

三辰公晷仪由花梨木精雕西洋蔓草纹支架承接，圆盘底座的小抽屉内放有清宫廷天文学家何国宗书写的磁青纸烫金字说明书，在盘底座中心处置一指南针，以定方向。

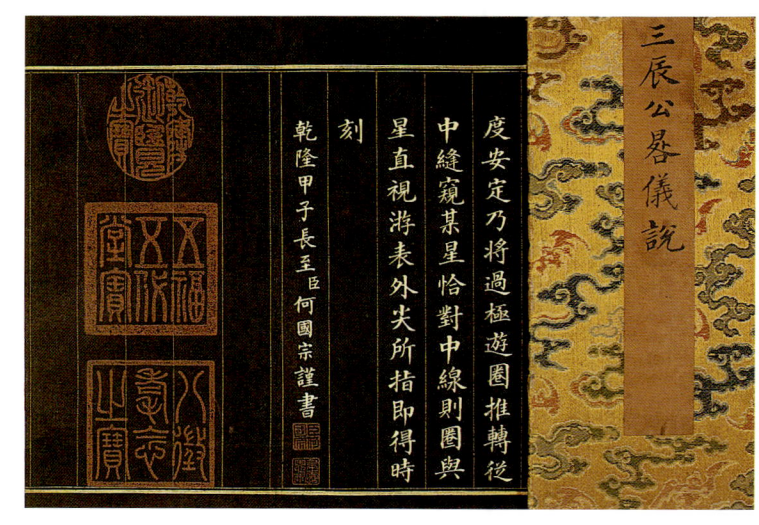

9

铜镀金乾隆戊戌年款三辰公晷仪
清乾隆四十三年（1778）
通高68.4厘米　子午圈直径36.7厘米
清宫造办处
清宫旧藏

Gilt-copper universal sun-moon-stars dial with the mark "Qianlong Wuxu Nian Zhi"
Made by the Workshops of Qing Court
13th year of Qianlong's reign,
Qing Dynasty (1748)
Overall height: 68.4cm
Meridian circle diameter: 36.7cm
Qing Court Collection

仪器的子午圈上刻周天360°，与子午圈十字相交的有三重圆圈，外重的天常赤道圈上分初、正二级，刻十二时辰，中重的游旋赤道圈上，刻赤道十二宫，最内的过极游圈上一边开中缝，对应的另一边留中线，可作为游标观测三辰。

三辰公晷仪子午圈上镌刻"大清乾隆戊戌年制"铭文。

10

铜镀金乾隆庚子年款三辰公晷仪

清乾隆四十五年（1780）
通高68厘米 子午圈直径36.7厘米
清宫造办处
清宫旧藏

Gilt-copper universal sun-moon-stars dial
with the mark "Qianlong Gengzi Nian Zhi"
Made by the Workshops of Qing Court
45th year of Qianlong's reign,
Qing Dynasty (1780)
Overall height: 68cm
Meridian circle diameter: 36.7cm
Qing Court Collection

这是乾隆朝宫廷制作的最后一件三辰公晷仪。使用前先定仪器的南北方位和水平。

定南北方向用指南针，定水平则要先根据观测者所在的地理纬度，将子午圈上相应刻度正对准座心圆孔，再使天顶挂坠线下垂对准地心，此时仪器处于水平状态。

如通过太阳求时刻，先将游标内尖对准过极游圈中线（即起准星作用），再将过极游圈与游旋赤道圈同时推转，当过极游圈中线正对太阳时，太阳、游圈中线、游标内尖在同一直线上，此时游标外尖所指即所求时刻。

通过测月、五星以求时刻的方法与通过太阳的方法大同小异，所不同的是要先查《七政赤道经度表》上标明的此时月、星所在某宫的刻度，根据表中提示，将过极游圈中线对准游旋赤道上的刻度，再将过极游圈连同游旋赤道圈推转，当从过极游圈中缝窥到的月、星恰对中线时，中线游旋赤道上刻度与月、星同在一直线上，此时游标外尖所指即是所求时刻。

三辰公晷仪子午圈外壁上刻"大清乾隆庚子年制"铭文。

11

铜镀金乾隆丙寅年款三辰仪
清乾隆十一年（1746）
通高72厘米 最大环直径39厘米
清宫造办处
清宫旧藏

Gilt-copper sun-moon-stars dial with the mark "Qianlong Bingyin Nian Zhi"
Made by the Workshops of Qing Court
11th year of Qianlong's reign,
Qing Dynasty (1746)
Overall height: 72cm
The maximum circle diameter: 39cm
Qing Court Collection

《皇朝礼器图式·卷三》

三辰仪与三辰公晷仪的区别是仅能在限定的地理纬度内使用而不能随地理纬度调整。它由三重圈构成，外重固定不动的是天常赤道圈，中重是可以左右旋转的游旋赤道圈，内重是能绕极轴转动的过极游圈，游圈中心是极轴和游标。三辰仪由七根铜支柱承托，支柱下为有水槽相通的十字底座，盛水后底座成为一个名副其实的水平仪。

此仪子午圈侧面铭刻："大清乾隆丙寅年制"款。

12

铜镀金万寿天常仪

清乾隆十五年（1750）
通高37.5厘米
清宫造办处
清宫旧藏

Gilt-copper celestial equator projector engraved with characters of "Shou" (longevity)
Made by the Workshops of Qing Court
15th year of Qianlong's reign,
Qing Dynasty (1750)
Overall height: 37.5cm
Qing Court Collection

《皇朝礼器图式·卷三》

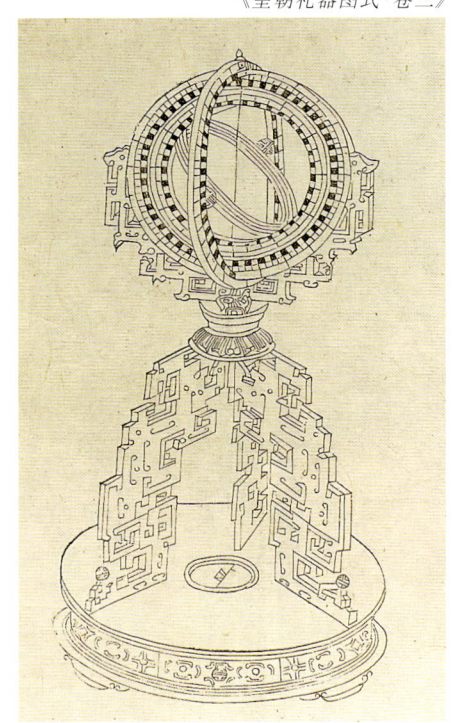

万寿天常仪的结构同于三辰公晷仪，其功能与用法也与三辰公晷仪同，只是因镀金支架上精雕有各式"寿"字而被称为"万寿天常仪"。从此仪器小巧的体积看，应是一件陈设在宫内殿堂之中的演示仪。

13 汤若望款新法地平式日晷

清顺治
晷盘长23.1厘米 宽14.7厘米 通高17厘米
中国
清宫旧藏

Gilt-silver sundial in horizontal style with the mark "Jean Adam Schall von Bell"
Made in China
Shunzhi period, Qing Dynasty
Length of sundial: 23.1cm   Width: 14.7cm
Overall height: 17cm
Qing Court Collection

新法地平式日晷为银镀金质，安设在一方形框架内。晷盘上刻有时刻线与节气线，晷针设计成三角形，晷仪底部錾双龙花卉纹，并刻有竖向铭文"顺治元年七月吉日恭进修改历法远臣臣汤若望制"。

使用新法地平日晷时，先用指南针定南北，后使晷针直立，当阳光至晷针缺口处被遮蔽时，便在晷面上投下日影，顺其节气线找到相应的时刻线，即是所求时刻。

这件仪器引人注目的是晷盘边缘所刻的"新法地平日晷"数字。所谓新法，意指此日晷的制作采用了欧洲流行的地平式日晷的设计原理，并在刻度上将中国传统的一日百刻和等分刻度法改为一日九十六刻，并以不等分形式标注时刻线。

这件新法地平式日晷是德国传教士汤若望于顺治元年（1644）七月九日特别向摄政王多尔衮和顺治皇帝呈上的献礼，也是这位著名的中德文化交流者留给中国的带有自己名款的珍贵科技作品。

14 铜镀金八角形地平公晷仪

18世纪
晷盘长6.2厘米 宽5.8厘米
法国
清宫旧藏

Octagonal gilt-copper universal sundial in horizontal style
Made in France
18th century
Length of sundial: 6.2cm　Width: 5.8cm
Qing Court Collection

八角形地平式日晷，晷盘上刻有罗马数字及阿拉伯数字，设有指南针。晷针上端设有纬度弧，上刻30°－50°，表明此日晷适用于北纬30°－50°以内地区测时，故称"公晷仪"。

使用时，由指南针定南北方向，再调整晷针在纬度弧上的位置，将晷针固定在观测者所处的地理纬度上，视晷针在晷盘上所投日影位置即知时刻。

15 御制铜镀金半圆地平日晷

清康熙四十年（1701）
晷盘长14.2厘米 宽11.2厘米
清宫造办处
清宫旧藏

Semicircular gilt-copper sundial in horizontal style
Made for imperial order in the Workshops of Qing Court
40th year of Kangxi's reign,
Qing Dynasty (1701)
Length of sundial: 14.2cm　Width: 11.2cm
Qing Court Collection

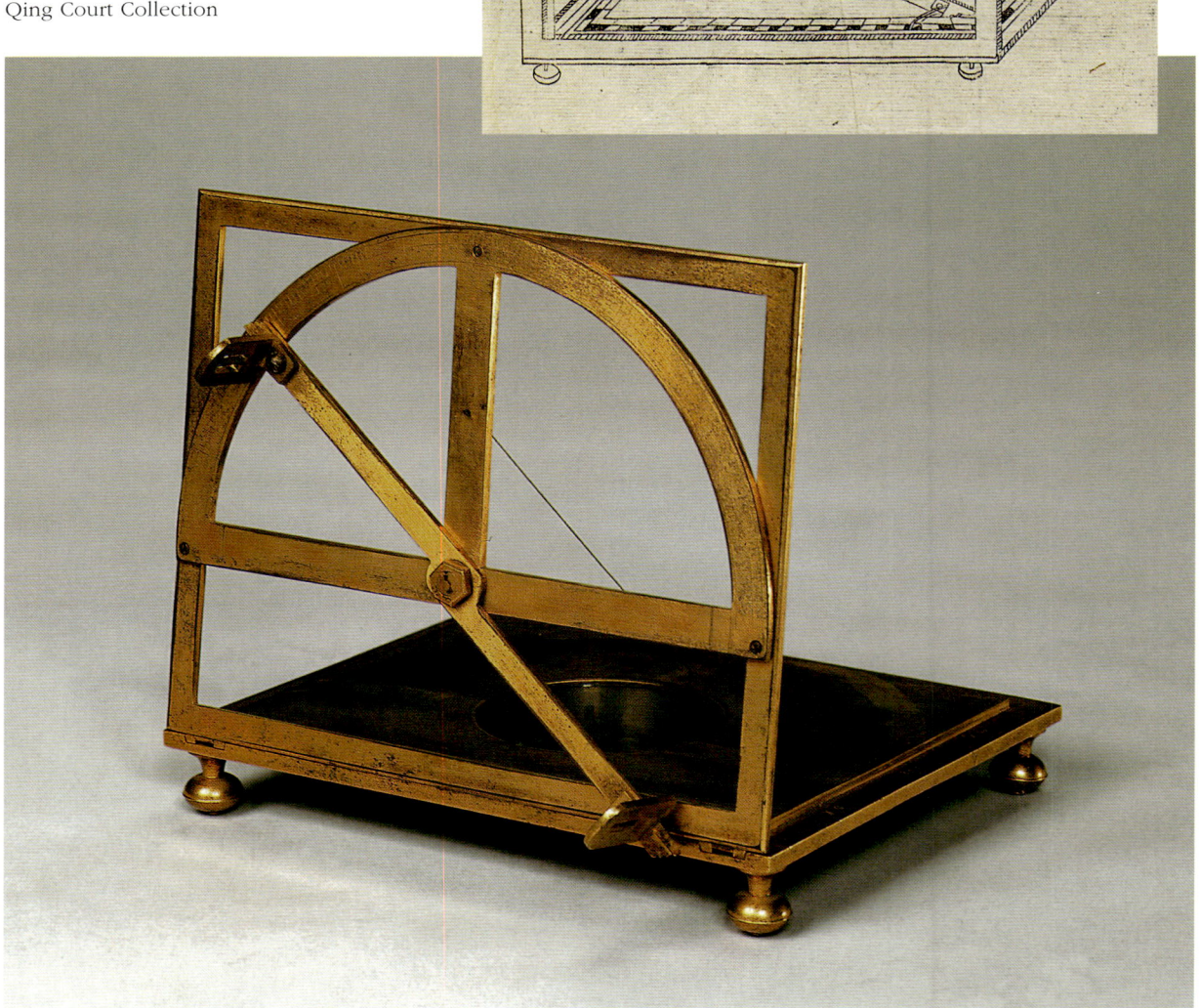

《皇朝礼器图式·卷三》

这件御制地平日晷的晷针比较特殊，是由一根连接边框立柱与时刻盘小孔间的丝线构成，同时此仪还兼具测太阳高度的功能。在边框立柱的下端设一游标，表两端有可供照准的立耳。

使用时，由指南针先定南北，再视细线在时刻盘上的日影，即是所求时刻。如旋转边框上的游标，使之对准太阳，此时游标上端所指半圆弧上的刻度即是太阳的高度。

日晷的时刻盘上镌刻"康熙四十年夏日御制"。

16 铜镀金方形地平公晷仪

18世纪
晷盘边长10.5厘米 通高12.5厘米
法国
清宫旧藏

Square gilt-copper universal sundial in horizontal style
Made in France
18th century
Side length: 10.5cm
Overall height: 12.5cm
Qing Court Collection

地平式日晷的一端设有直表,上按地理纬度刻若干个小孔,晷盘上对应直表的另一端也刻小孔,两孔之间所系丝线即是晷针。

测时的时候,先用指南针定方向,再根据当地所处地理纬度调整直表与晷盘间丝线的位置,这时丝线(晷针)在晷盘上的投影即是所求时刻。

晷盘上刻"ELEVATIO POLI"。

17 铜镀金定南针指时刻日晷仪

18世纪
晷盘长43.2厘米 宽35.5厘米
英国
清宫旧藏

Gilt-copper sundial with compass pointing time graduation
Made in England
18th century
Length of sundial: 43.2cm   Width: 35.5cm
Qing Court Collection

《皇朝礼器图式·卷三》

定南针指时刻日晷仪，盘中心所嵌指南针兼有定方向和充当晷针两种功能，晷盘周圈刻有黄道十二宫、时刻线、节气线及罗马数字，还有计算尺、对数尺、立耳等。

此日晷的时刻逆日影移动方向排列。测时刻时，先转动晷盘，将立耳内中缝对准太阳，当两立耳与太阳成一直线时，指南针所指即是所求时刻。

晷盘上镌刻"Londini"。

18 嵌珐琅地平式日晷仪

清中期
晷盘长13.7厘米 宽7.5厘米
中国广州
清宫旧藏

Champleve enamel sundial in horizontal style
Made in Guangzhou, China
The Mid-Qing Dynasty
Length of sundial: 13.7cm
Width: 7.5cm
Qing Court Collection

日晷以白色珐琅装饰在时刻盘上，绘有时刻线。翠蓝色珐琅装饰的方位盘上注写金色"南"字。

使用时，先用指南针定方向，水准管调水平后，晷针在晷盘上的投影即为当时时刻。

此日晷制于广州，贡入朝廷，上面带有清廷当年所挂墨书黄签："赏日晷带定南针一件。"

19 嵌珐琅孔雀尾形地平式日晷仪

清乾隆
晷盘长4.8厘米 宽3.8厘米 高2.2厘米
清宫造办处
清宫旧藏

Peacock-tail-shaped sundial in horizontal style, champleve enamel
Made by the Workshops of Qing Court
Qianlong period, Qing Dynasty
Length of sundial: 4.8cm
Width: 3.8cm Height: 2.2cm
Qing Court Collection

这是一件嵌在孔雀尾式珐琅盒内的小日晷。盒底为晷盘,嵌有指南针,并标写"卯"、"午"、"酉"等时辰符号。盒盖上装有晷针,可依测时人所在的地理纬度调节晷针的倾角,根据晷针在晷面的投影可知时刻。

| 20 | **嵌珐琅带铅垂线地平式日晷仪**
清中期
晷盘长11.5厘米　最宽7.6厘米
清宫造办处
清宫旧藏

Champleve enamel sundial with vertical lead line in horizontal style
Made by the Workshops of Qing Court
The Mid-Qing Dynasty
Length of sundial: 11.5 cm
Maximum Width: 7.6cm
Qing Court Collection

这件日晷的晷盘为圆弧形，圆弧中间放置水准管。晷盘一端为指南针，另一端立一铜架，架上悬挂铅垂线。借助水准管和铅垂线可以调节日晷水平。在晷盘一端和直立铜架之间连有一斜线，为晷针。调准日晷方向和水平后，斜线在指时盘上的投影即为当时时刻。

21 纸制圆形地平式日晷仪

19世纪
通高2.8厘米　晷盘直径5.2厘米
日本
清宫旧藏

Round paper-made sundial in horizontal style
Made in Japan
19th century
Overall height: 2.8cm
Sundial diameter: 5.2cm
Qing Court Collection

这件日晷晷盘正中的南北线一边标有"前"字，意为午前所求测的时刻范围，一边标有"后"字，表示午后所求测的时刻的范围。

22 铜镀金巴黎款提环赤道公晷仪

18世纪
晷盘外径18.8厘米
法国巴黎
清宫旧藏

Gilt-copper universal ring sundial marked with "Paris" in equatorial style
Made in Paris, France
18th century
Outer sundial diameter: 18.8cm
Qing Court Collection

提环赤道公晷仪是一种赤道式日晷。"公晷"意指在地球上各个纬度区都能测时的通用晷仪。

这件提环赤道公晷仪共分三重。外重是铜圈形框架,上附提环;中重为子午圈,上刻360°;内重为赤道圈(即晷盘),圈面及内壁刻有时刻线。子午圈的南北极有一固定的直表,直表上一面刻有黄道十二宫,另一面刻有十二月令。直表中细缝处安有一游标,游标中心有小孔,以透日光测时。

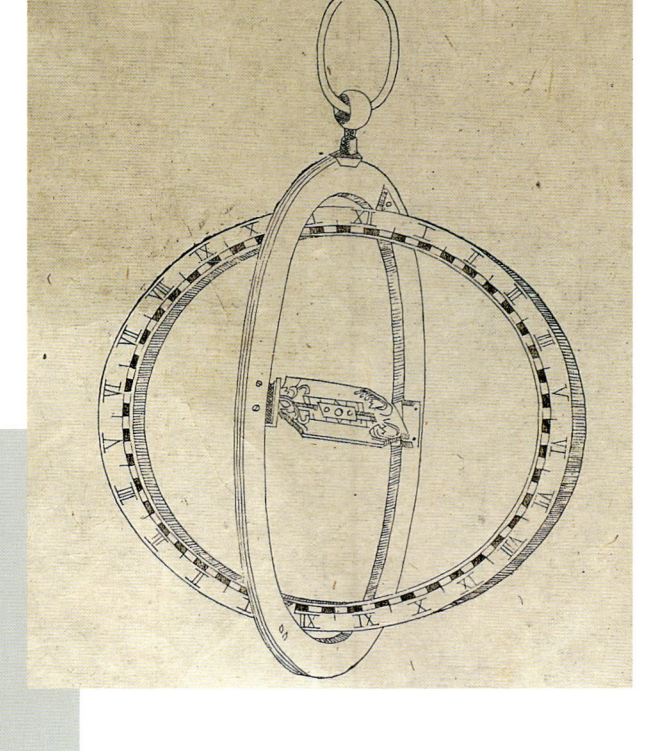

《皇朝礼器图式·卷三》

测时刻时,先将提环固定在当地地理纬度上,后使子午圈对正南北方向,这时直表平行于地轴赤道圈,(晷盘)平行于赤道面,再将游标对准直表上所刻的当日所处宫度上,最后手持提环,根据透过游标中央小孔的日光在晷盘上的投影可知时刻。

这类日晷结构简单,操作方便,在清宫所藏日晷中占有一定的比例,是清宫收藏的典型的早期西洋赤道式日晷。

日晷子午圈上镌刻"PARIS"。

23

铜镀金刻世界名城提环赤道公晷仪

18世纪
晷盘外径12.7厘米
法国
清宫旧藏

Gilt-copper universal ring sundial engraved with world famous cities in equatorial style
Made in France
18th century
Outer sundial diameter: 12.7cm
Qing Court Collection

这件公晷仪子午圈的一面用法文刻有巴黎、伦敦、莫斯科等世界著名城市名称及其地理纬度，另一面刻南北纬度各90°。赤道圈外壁以罗马数字刻十二小时，内壁以阿拉伯数字刻十二小时，计时单位均精确到刻（即十五分钟），直表两面分别刻黄道宫度与十二月令。

24 铜镀金巴黎款提环公晷仪

18世纪
晷盘外径8.5厘米
法国巴黎
清宫旧藏

Gilt-copper universal ring sundial marked with "Paris"
Made in Paris, France
18th century
Outer sundial diameter: 8.5cm
Qing Court Collection

此提环公晷仪上镌刻"Paris"。

25

铜镀金计分式提环赤道公晷仪
18世纪
晷盘外径22.5厘米
英国
清宫旧藏

Gilt-copper universal ring sundial with a minute-reckoning unit in equatorial style
Made in England
18th century
Outer sundial diameter: 22.5cm
Qing Court Collection

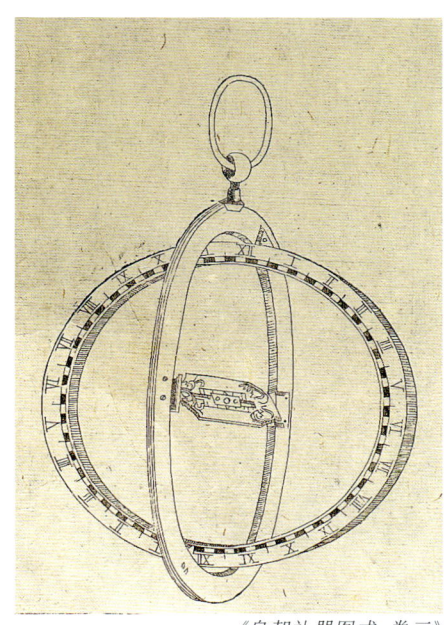

《皇朝礼器图式·卷三》

这件提环赤道式日晷内壁的计时单位一小格代表两分钟，在测时的时候可更精确地反映出所测时间。

26

铜圆形时刻盘赤道公晷仪

18世纪
底盘边长7.5厘米
法国巴黎
清宫旧藏

Round copper universal sundial with a time-showing dial in equatorial style
Made in Paris, France
18th century
Side length of bottom dial: 7.5cm
Qing Court Collection

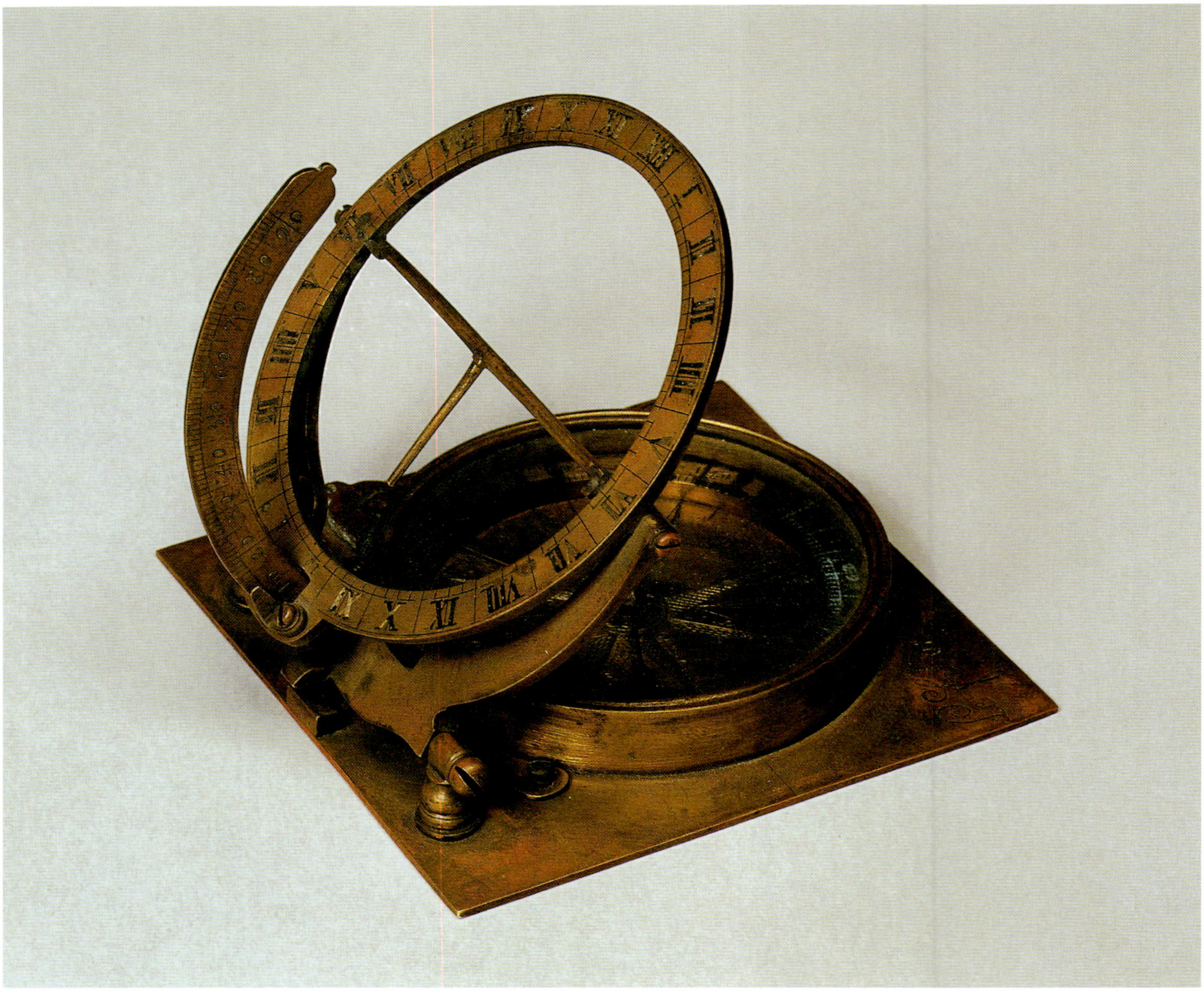

赤道式公晷仪的上层为晷盘，观测时，需根据当地的地理纬度将晷盘固定在纬度弧上相应的部位，通过晷针在晷盘上的日影确定所求时刻。

公晷底盘镌刻"PARIS"款识。

27 铜镀金测分时赤道公晷仪

18世纪
地平盘边长25厘米
英国
清宫旧藏

Gilt-copper universal sundial for observing hours and minutes in equatorial style
Made in England
18th century
Side length of horizontal dial: 25cm
Qing Court Collection

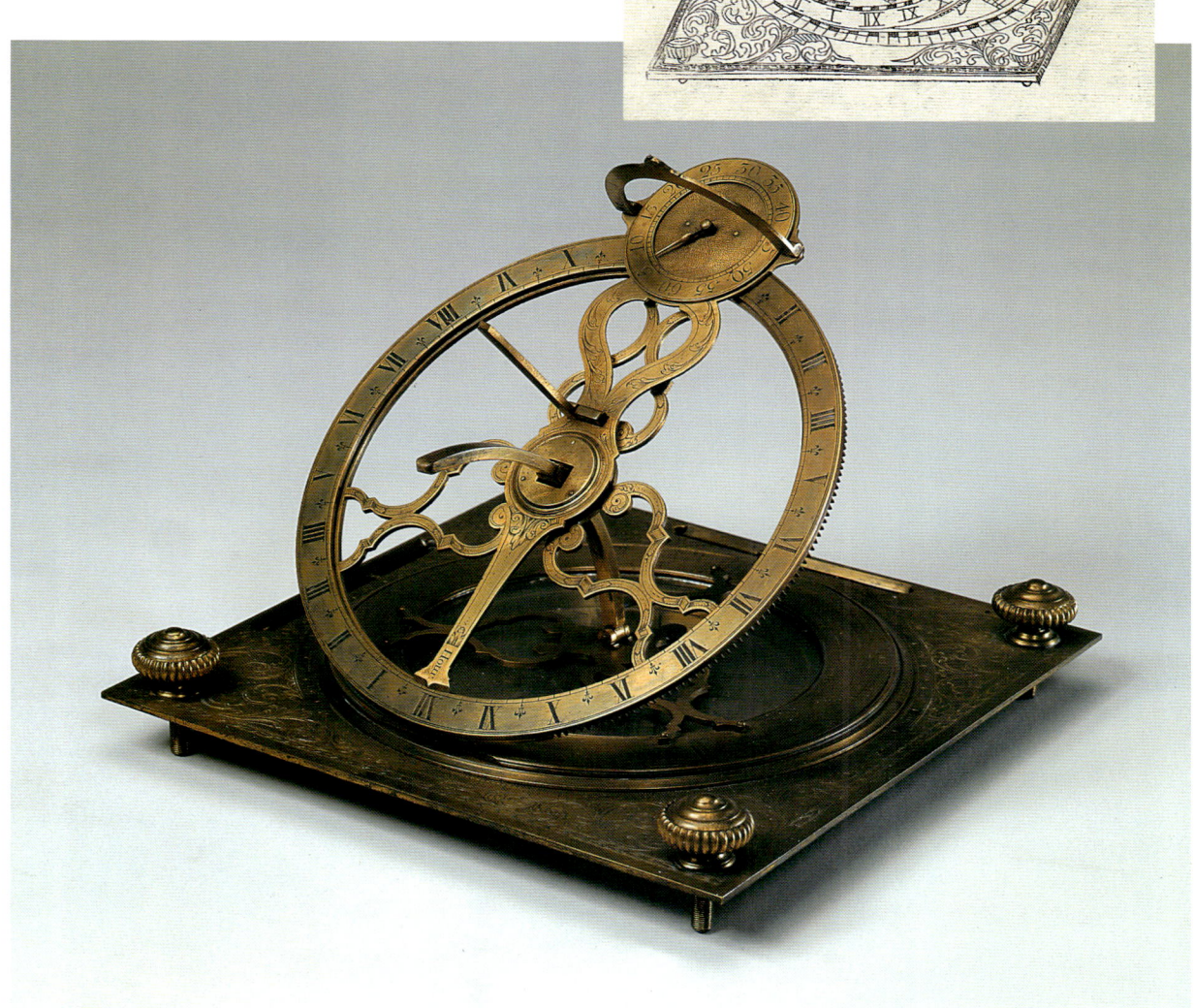

《皇朝礼器图式·卷三》

这是一件不仅可测时亦可测分的赤道公晷仪,分上、下两层,下层为设有纬度弧的方形地平盘,上层为设有大游标的晷盘,游标上端附直表,直表顶端又连接有一分时盘和半圆立环,环中心有透光孔。

使用时,先由指南针及水准管定南北和水平,依观测地所在地理纬度将晷盘固定在纬度弧上相应位置,再旋转大游标,此时大游标带动着分时盘的指针亦旋转。当分时盘上半圆立环透光孔的日光与直表中线重合时,游标下端所指处即是测求的时刻,分时盘时针所指的便是分时。

28

铜镀金八角立表赤道式公晷仪

18世纪
晷盘长6.9厘米 通宽5.5厘米
英国
清宫旧藏

Octagonal gilt-copper universal sundial with a pointer in equatorial style
Made in England
18th century
Length of sundial: 6.9cm
Overall Width: 5.5cm
Qing Court Collection

八角立表赤道式公晷仪,其"八角"是指晷仪为八角形式,"立表"即晷针,"公晷仪"则指可在北纬60°以内任何地区测时。

晷仪设有晷盘、底盘、晷针、指南针、纬度弧。底盘正反面均刻有世界著名城市名称及其纬度,为不同地区的测时提供了方便。

29

铜镀金八角形赤道公晷仪

18世纪
地平盘长7.3厘米 宽5.8厘米
法国
清宫旧藏

Octagonal gilt-copper universal sundial in equatorial style
Made in France
18th century
Length of horizontal dial: 7.3cm
Width: 5.8cm
Qing Court Collection

《皇朝礼器图式·卷三》

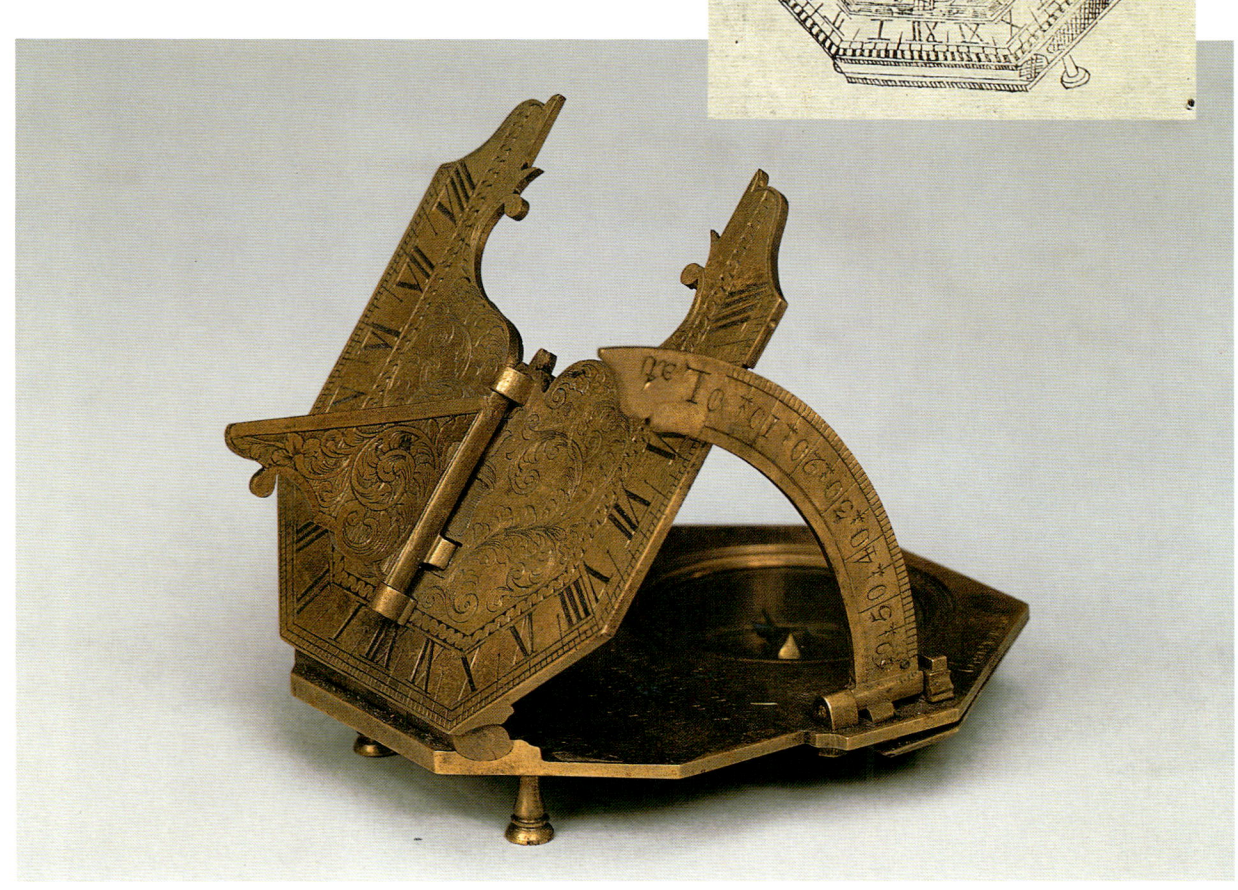

八角形公晷仪分上、下二层。上层为晷盘，中心设三角形晷针。下层为底盘，其一侧设有纬度弧，底盘正、反面还刻有某些著名城市的名称及其地理纬度，如伦敦51°、罗马42°等。

30 铜镀金八角立表赤道公晷仪

18世纪
晷盘边长15厘米 宽13.1厘米
法国
清宫旧藏

Octagonal gilt-copper universal sundial with a pointer in equatorial style
Made in France
18th century
Side length of dial: 15cm Width: 13.1cm
Qing Court Collection

形制与前件基本相同，日晷时刻盘上镌"A PARIS"和"CHAPOIOI"。

31

铜镀金腰果形赤道公晷仪
清乾隆
盘边长15厘米 最宽9.5厘米
清宫造办处
清宫旧藏

Gilt-copper cashew-shaped universal equinoctial sundial
Made by the Workshops of Qing Court
Qianlong period, Qing Dynasty
Side length of dial: 15cm
Maximum Width: 9.5cm
Qing Court Collection

此件底座呈腰果形，日晷一边安置指南针，一边放置晷盘，上立晷针，晷盘与底座面的交角可以根据不同地区的纬度调节。晷盘"卯"、"酉"之间有一段挖空的圆弧，其作用是在任一时期，特别是在靠近春分和秋分的日子，都能观测到针影落在时刻线间的位置，提高测时的精确度。

32 铜镀金提环赤道式日晷仪

18世纪
晷盘直径11.5厘米
法国
清宫旧藏

Gilt-copper equinoctial ring sundial
Made in France
18th century
Sundial diameter: 11.5cm
Qing Court Collection

赤道式日晷的子午圈上有象限刻度，盘内镌时刻表，中心设晷针，晷盘背面设游标，游标上端设提环。

求测时刻时，先依观测者所在地理纬度将提环固定在子午圈相应的刻度上，再将晷针立起，最后手持提环使日晷对正南北，视晷针在晷盘上的投影位置即得时刻。

日晷晷盘上刻法文"A Loccident heures du soiv, A Lorient heurcs du Matin"。

33 铜镀金赤道式日晷仪

18世纪
晷盘直径11.9厘米
法国
清宫旧藏

Gilt-copper sundial in equatorial style
Made in France
18th century
Sundial diameter: 11.9cm
Qing Court Collection

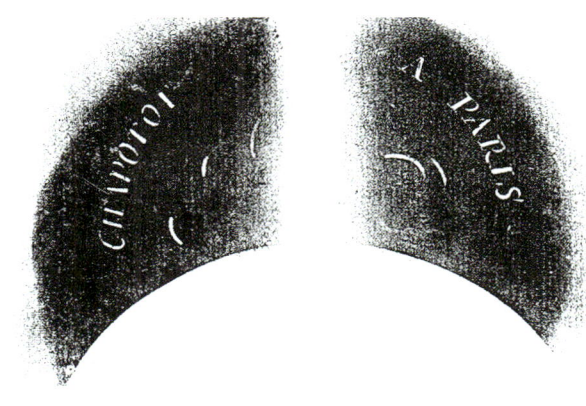

赤道式日晷由晷盘、晷针、底盘、指南针、纬度弧几部分组成。

求测时刻时，先根据测时所在地理纬度将晷盘固定在纬度弧相应位置，再由指南针定南北，最后根据晷针投在晷盘上的日影便可得出所求时刻。

34 铜镀金方赤道式日晷仪

18世纪
地平盘边长13厘米
英国
清宫旧藏

Square copper sundial in equatorial style
Made in England
18th century
Side length of horizontal dial: 13cm
Qing Court Collection

《皇朝礼器图式·卷三》

方赤道式日晷分上、下两层。上层镂空方框内连一半圆形时刻盘，盘两面刻时刻线，中央设一可转动的晷针。下层盘中心设指南针。盘一端装有活动枢钮，依其周围的刻度调节晷盘的地理纬度。

求测时，定好南北方向，旋转枢钮，使晷盘固定在当地地理纬度上，视晷针投在晷盘上的日影可知时刻。

35 铜镀金经纬赤道公晷仪

18世纪
通高22厘米 底径8.2厘米
英国
清宫旧藏

Gilt-copper universal equinoctial sundial
Made in London, England
18th century
Overall height: 22cm
Bottom diameter: 8.2cm
Qing Court Collection

这件经纬公晷仪比一般日晷多了一个机械计时的功能。使用时，先通过指南针将仪器对正南北方向，用钥匙开启机械小表的发条，使表针转动，同时也带动镂空花的赤经盘旋转，从而得到机械计时时刻。

仪器上镌刻"London"铭文。

36 地平经纬赤道公晷仪

18世纪
通高35厘米 晷盘直径25厘米
英国伦敦
清宫旧藏

Horizontal universal equinoctial sundial
Made in London, England
18th century
Overall height: 35cm　Dial diameter: 25cm
Qing Court Collection

《皇朝礼器图式·卷三》

这是一件兼具测太阳距地平高度的日晷仪,上刻有"THOE HEAIH LONDON"。

37 铜圆盘日月星晷仪

16世纪
通高18.1厘米　晷盘直径13.7厘米
德国科隆
清宫旧藏

Round copper triple dial of the sun, the moon and the stars
Made in Colon, Germany
16th century
Overall height: 18.1cm
Dial diameter: 13.7cm
Qing Court Collection

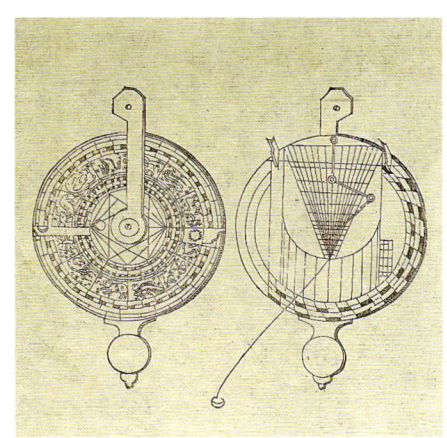

《皇朝礼器图式·卷三》

日月星晷仪是一件既可通过测日，又可通过测月和星而测时的仪器。它的一面为日晷，晷盘上刻节气线、时刻线、时刻度分、北纬度及黄道十二宫。晷盘上设立耳、游标、坠线。日晷这面是专用于通过测日以求时刻的。

它的另一面为月晷，自下而上有三张盘重叠，第一重盘为黄道十二宫及其度数盘；第二重盘为日期和时刻盘；第三重盘为月亮图形的直表，盘中心有孔，可验看底盘刻画的"朔、望、上弦、下弦"等月相图。星晷则在月晷的外端，月晷、星晷分别是通过测月、星以求得时刻的。这件仪器上有用拉丁文刻写的科隆（COLON）和用罗马数字刻写的1541年，疑为出生于科隆的德国传教士汤若望携进宫中。

38

御制铜镀金星晷仪
清康熙五十三年（1714）
通高21.5厘米　晷盘直径11厘米
清宫造办处
清宫旧藏

Gilt-copper stars dial made by the imperial order
Made by the Workshops of Qing Court
53rd year of Kangxi's reign,
Qing Dynasty (1714)
Overall height: 21.5cm
Dial diameter: 11cm
Qing Court Collection

《皇朝礼器图式·卷三》

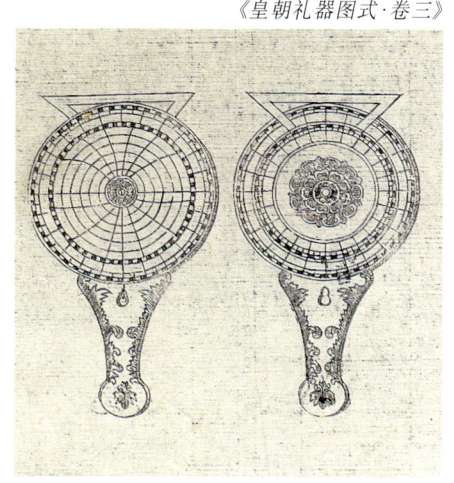

星晷是通过测星而求时刻的仪器，分上下两重盘，上盘称天盘，周圈刻二十四节气。天盘上端设三角形直表，表背面左右两边分别刻"勾陈"、"帝星"二星名，中间刻"两星表"三字。下盘称地盘，一面周圈刻十二时辰，另一面外周圈刻十二时辰，内周圈刻更时——一、二、三、四、五更，中间部位横向排列二十四节气表。还设有横纵线，横线为节气线，纵线为更线。星盘中心孔内安坠线以取直。

此晷仪在测时中可精确到"更"的时刻。"更"是古代的一种计时单位，每天以日落为起更，日初为亮更，一夜共计五更时。在使用时，测者先转动天盘，使盘上三角形直表标有"帝星"、"勾陈"的两端分别对准北天极中的"帝星"与"勾陈"二星，视坠线在天盘上所指的节气，再对应地盘上的时刻，即是所求时间。如求更时，则依测星所得节气对应在地盘上的更线，由更线再找对应的时刻，即是所求的更时和时刻。

天盘内镌刻"康熙五十三年"。晷柄刻"康熙御制"。

39

铜镀金方月晷仪

清乾隆九年（1744）
月晷通高20厘米　晷盘直径18厘米
清宫造办处
清宫旧藏

Square gilt-copper moon dial
Made by the Workshops of Qing Court
9th year of Qianlong's reign,
Qing Dynasty (1744)
Overall height: 20cm
Dial diameter: 18cm
Qing Court Collection

月晷仪是通过测月求时刻的测时仪器，由时刻盘、日期盘、游标、直表、指南针、纬度弧、木座等几部分构成。专用于通过看月影以求时刻。

这件月晷仪在设计上以圆形的晷盘代表天，以方形的木座象征地，寓意"天圆地方"。

游标立环镌刻"大清乾隆甲子年制"款。

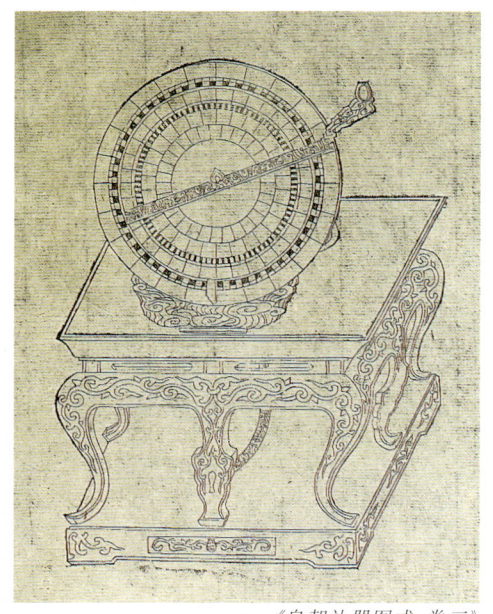

《皇朝礼器图式·卷三》

铜镀金日月晷仪
清乾隆十年（1745）
晷盘直径29厘米
清宫造办处
清宫旧藏

Gilt-copper mixed-dial of the sun and the moon
Made by the Workshops of Qing Court
10th year of Qianlong's reign, Qing Dynasty (1745)
Dial diameter: 29cm
Qing Court Collection

这是一件按赤道装置将日月晷合为一体的计时器。

日月晷的晷盘分两重，下重盘为时刻盘，周圈刻十二时辰，分初正与每时四刻。上盘为日期盘，周圈刻360°，并标注"朔、上弦、望、下弦"。日期盘"朔"字前出小直表，中心设大游标与窥视环，窥视环与大游标是同步旋转的，环内一边开中缝，一边留中线。

将日月晷由指南针定好方向，再依日月晷盘下的纬度圈定好观测者所在纬度，夜晚按月晷求时法可测得时刻，白天用窥视环对准太阳，视大游标尖所指时刻盘的位置即是所求时刻。

仪器窥视环上镌"大清乾隆乙丑年制"铭文。

铜镀金圆形月晷仪

清乾隆四十三年（1778）
晷盘直径35.5厘米
清宫造办处
清宫旧藏

Round gilt-copper moon dial
Made by the Workshops of Qing Court
43rd year of Qianlong's reign,
Qing Dynasty (1778)
Dial diameter: 35.5cm
Qing Court Collection

用月晷测月求时刻时，先定仪器的南北方位及地理纬度，再借助《月距日经度表》将大游标中线固定在日期盘的相应位置，然后用直表带动大游标与日期盘同时转动，至大游标窥视环内全无月影，亦即窥视环与月球成一直线时，视游标在时刻盘上所指，即得时刻。

游标窥视环上镌"大清乾隆戊戌年制"铭文。

42

铜镀金月晷仪

清乾隆四十五年（1780）

通高49厘米　晷盘直径55.7厘米

清宫造办处

清宫旧藏

Gilt-copper moon dial
Made by the Workshops of Qing Court
45th year of Qianlong's reign, Qing Dynasty (1780)
Overall height: 49cm
Dial diameter: 55.7cm
Qing Court Collection

清宫廷于乾隆九年（1744）、十年（1745）、四十三年（1778）、四十五年（1780），分别制造过四架铜镀金月晷仪。这些仪器有的用于观象台上实测，有的作为礼器陈设于皇太后居住的慈宁宫中。

43 铜镀金赤道圭表合璧仪

18世纪
晷盘长42.3厘米　宽28厘米
英国伦敦
清宫旧藏

Gilt-copper equinoctial sundial consisting of an elongated dial and one gnomon
Made in London, England
18th century
Length of dial: 42.3cm
Width: 28cm
Qing Court Collection

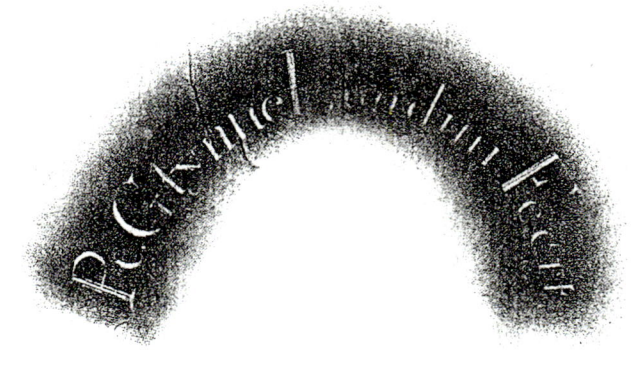

合璧仪是指将赤道式日晷与圭表同设在一个长方形晷盘上的仪器。赤道式日晷可通过测日影以知时刻；圭表可以通过测午正时表影的长度来推算太阳在黄道上的位置，从而得知当时的节气及所处方向。

在英国制造的这件仪器上，清廷又在原有的黄道十二宫上相应刻上中国传统的十二宫名称。

晷盘镌刻"London"。

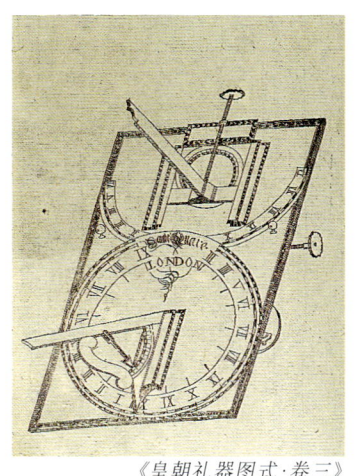

《皇朝礼器图式·卷三》

44 铜镀金测时圭表合璧仪

18世纪
晷盘长46.5厘米 宽37厘米
英国伦敦
清宫旧藏

Gilt-copper time-measuring sundial consisting of an elongated dial and one gnomon
Made in London, England
18th century
Length of dial: 46.5cm Width: 37cm
Qing Court Collection

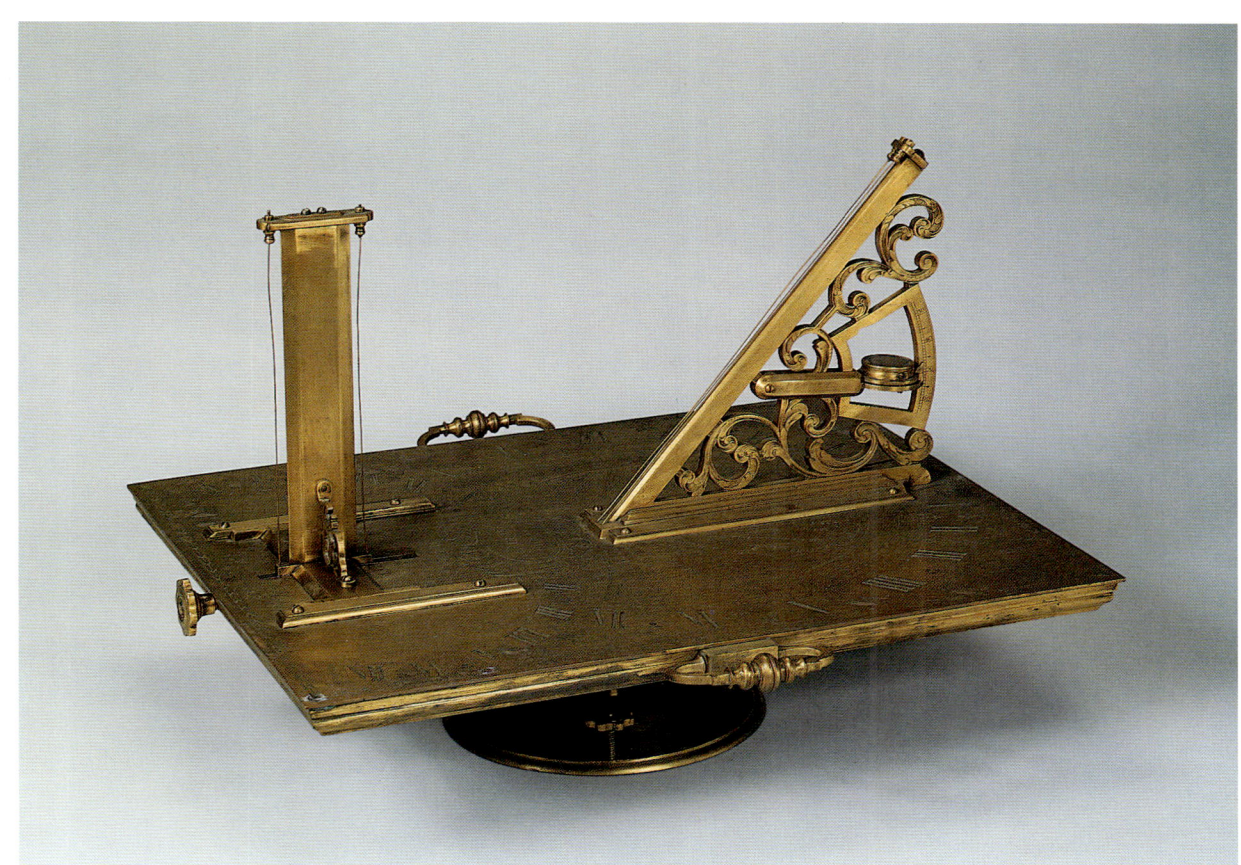

这件合璧仪的特殊之处,是晷盘的倾角需通过调整水平仪解决。求测时,在将合璧仪对准南北方向后,根据观测者所在的纬度,调整纬度弧上的水平仪,再手旋长镙丝调整晷盘的位置,至盒内液体呈水平状,此时晷盘与赤道面平行,晷针与地球自转轴方向相一致,视晷针在晷盘上日影所指,即是所求时刻。

若用圭表测方向,先将晷盘中心的直表固定在当日所处的黄道宫度上,再通过调整水平仪将晷盘调整到水平状,待直表投下的日影与黄道宫度相重合时即是午正时刻,日影所指也就是观测地的南北方向。

晷盘上刻"London"铭文。

45 磁青纸制简平仪

清康熙
星盘直径32.2厘米
清宫造办处
清宫旧藏

Simplified Ciqing paper-made astrolabe
Made by the Workshops of Qing Court
Kangxi period, Qing Dynasty
Astrolabe diameter: 32.2cm
Qing Court Collection

简平仪是夜窥星辰拟定星象或星位，昼视日影定时刻的仪器，属星盘一类。

中世纪时，西方广泛使用星盘来测量天体高度，元初曾传入中国，但由于与中国传统的赤道坐标不相宜，一直未能引起重视。直至明末，传教士利玛窦等来华，再次将星盘传入中国，与此同时，传教士熊三拔编译了相关的理论书——《简平仪说》，李之藻等人编著了《浑盖通宪图说》，才引起了有关学者的关注。

康熙宫廷制作了三件简平仪，这是一件采用赤道坐标的简平仪。

46

御制铜镀金简平仪

清康熙二十年（1681）
星盘直径32.1厘米
清宫造办处
清宫旧藏

Gilt-copper simplified astrolabe made by the imperial order
Made by the Workshops of Qing Court
20th year of Kangxi's reign,
Qing Dynasty (1681)
Astrolabe diameter: 32.1cm
Qing Court Collection

康熙御制的简平仪共分三重，上重为北地平盘，外刻十二月份，每月30°，次内刻十二时辰，盘中心为北极盘和时刻盘。中重为天盘，其一面为北极恒星盘，上刻阴历日、赤道十二宫、周天360°、二十四节气名称、赤经线、黄道、银河系，沿赤道所刻星象按二十八宿划分，并按一至六星等来标注。天盘的另一面为赤道南极恒星盘，除星象图有变化外，其余与北恒星盘大致相同。下重盘为南地平盘，盘心象征着南极。中心设时刻盘、大游标，盘面还刻有更线、节气线、日出没线等。简平仪上端附有提环。

因简平仪未设置窥管，无法进行实测，只起演示作用。

此仪北地平盘上端镌刻"简平仪"，下端镌刻"康熙二十年岁在辛酉仲夏御制"铭文。

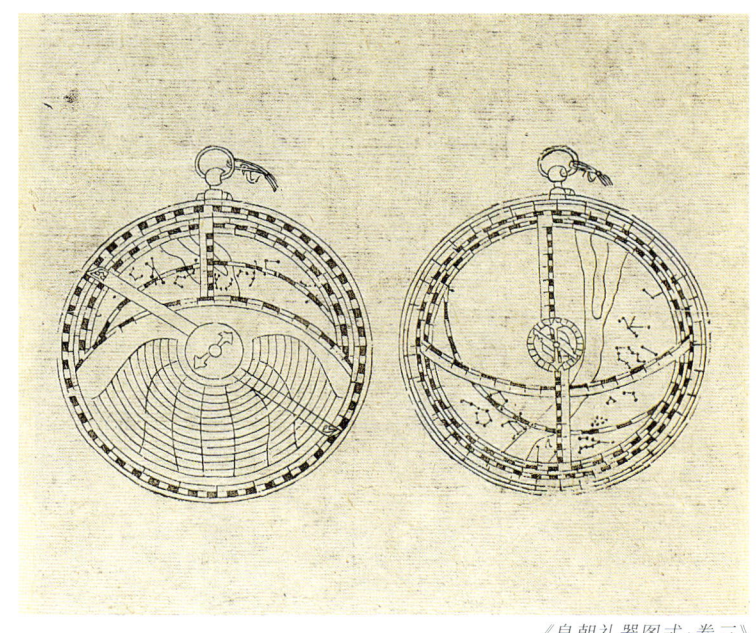

《皇朝礼器图式·卷三》

47 御制银镀金简平地平合璧仪

清康熙三十二年（1693）
边长25.7厘米　高5.5厘米
清宫造办处
清宫旧藏

Gilt-silver allied instruments put together in a square case made by the imperial order
Made by the Workshops of Qing Court
30th year of Kangxi's reign,
Qing Dynasty (1691)
Side length: 25.7cm　Height: 5.5cm
Qing Court Collection

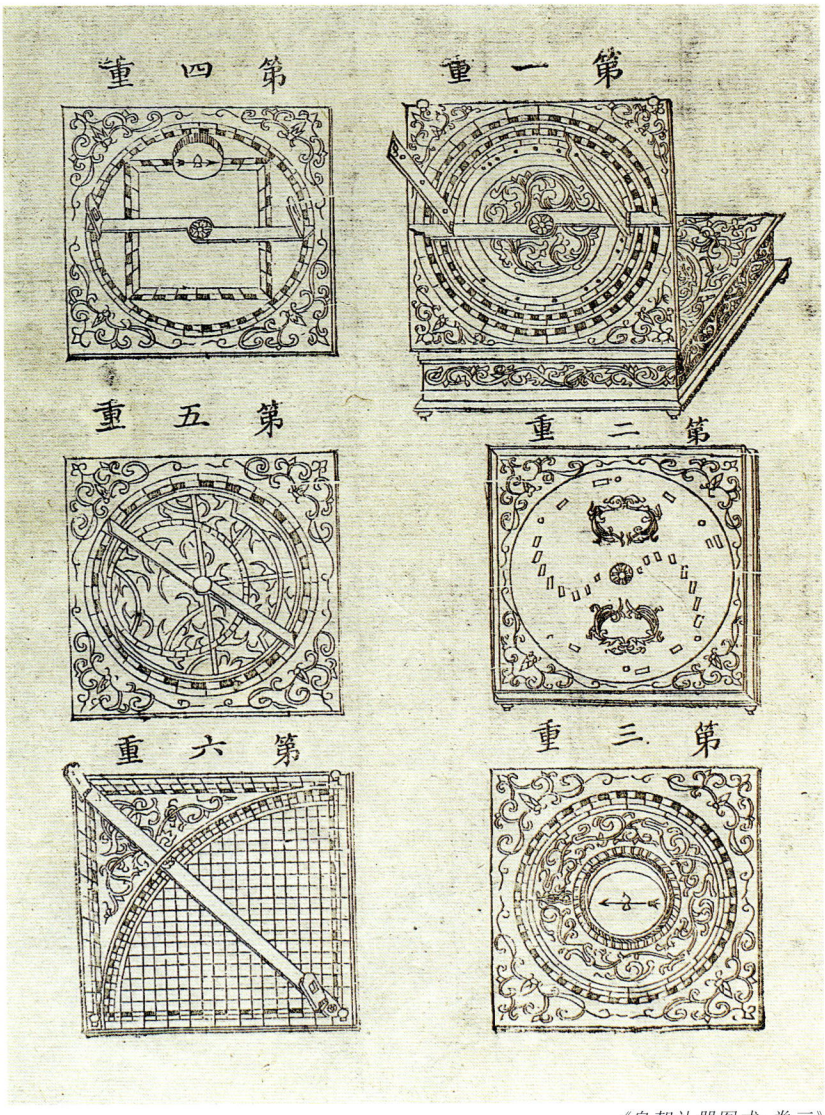

简平地平合璧仪是由六件不同仪器组成的方盒式套装的仪器，分别嵌在六只银镀金方盘内，再由合页将六只方盘依次重叠连接为一体。第一重盘为三辰公晷仪，第二重盘为时刻度分盘，第三重盘为罗盘仪，第四重盘为地平仪，第五重盘为简平仪，第六重盘为象限仪。

合璧仪内附有算筹、测度线、铅笔、黑板、象牙纸、星宿度说明册等物。依仪器尺度及所备用物而论，应是康熙在学习天文算学中近距离实测的专用之物。

合璧仪镌刻有"大清康熙癸酉岁清和月御制"。

《皇朝礼器图式·卷三》

看朔望入交仪

清乾隆九年（1744）
通长68.4厘米　宽25.2厘米　高12厘米
清宫造办处
清宫旧藏

An instrument for demonstrating the solar eclipse and the lunar eclipse
Made by the Workshops of Qing Court
9th year of Qianlong's reign, Qing Dynasty
Overall length: 68.4cm
Width: 25.2cm　Height: 12cm
Qing Court Collection

《皇朝礼器图式·卷三》

朔望入交仪是专用于演示日蚀、月蚀的仪器，底层设黄道，上刻15°30'，即十五天半，并附可移动的地影盘。中层为白道，其刻度同黄道，上安设月体模型。最上为时刻表，表首端置太阳体模型，尾端设直表。

用入交仪演示日蚀现象，使时刻表连同表首端的太阳体在座架的黄道上左右移动，视太阳体被下层白道遮蔽的位置便出现了"日全蚀、日环蚀、日偏蚀"等不同的日蚀现象，与此同时，时刻表也直接反映出各日蚀现象的时间。

用入交仪演示月蚀现象，先将时刻表中心对正白道不动，再将黄道盘上的地影盘固定在白道上月亮模型下面。依前法使白道在仪座的南北移动，视白道上的月体被下层圆盘地影遮蔽的情景，则可演示出月全蚀、月偏蚀的现象，此时时刻表尾端的直表也指出了发生月全蚀、月偏蚀的时间。

49 铜镀金星象插屏

清道光
通高101厘米　星盘直径60厘米
清宫造办处
清宫旧藏

Gilt-copper table plaques with the map of configuration of the stars
Made by the Workshops of Qing Court
Daoguang period, Qing Dynasty
Overall height: 101cm
Astrolabe diameter: 60cm
Qing Court Collection

星象插屏是用星象图制成的一对插屏式工艺品。一件是赤道北极恒星图；另一件是赤道南极恒星图。

星象图是古人用图形的方式对所观测的星象的记录。它的价值在于可使后人依不同时期的星图研究星象运动的规律。清代的测时，大都是用测中星法或测中天附近恒星的时角法，因此星象运动的状况对清人来讲格外重要，星象的绘制也就备受重视。

50 铜镀金星象插屏

清道光
通高101厘米　星盘直径60厘米
清宫造办处
清宫旧藏

Gilt-copper table plaques with the map of configuration of the stars
Made by the Workshops of Qing Court
Daoguang period, Qing Dynasty
Overall height: 101cm
Astrolabe diameter: 60cm
Qing Court Collection

圆形的星象插屏采用赤道坐标，从外至内依次刻画周天360°，赤道十二宫，盘中北极恒象的星象是按三垣、二十八宿的方法构成的，并标注一至六星等。

清代钦天监内最后一个任职的葡萄牙传教士高守谦于道光六年（1826）告病回国，而这对星象插屏是据道光晚期编纂的《仪象考成续编》中天象记载刻画的，它从侧面反映了在无西洋天文学官员参与下清廷对近代天文学研究的水平。

数学类
Instruments for Mathematics

故宫博物院收藏的数学类仪器基本上是17世纪前后或由传教士从欧洲携来直接进献给康熙皇帝，或受其影响在宫内制作而留存下来的。它们大致可分度量仪器与计算仪器两大类。

度量仪器主要有算尺、比例尺、分厘尺、角尺、矩尺等。

分厘尺是一种精确度可达千分之一尺长的量尺。

角尺是一种量角器。因每个尺上都有"康熙御制"字样，又称"康熙角尺"。

矩尺是测定直角的尺子。藏品中有巴黎制造的，也有清宫自制的。

比例尺是绘图时用来度量比例长度的一种工具，其刻度是按长度单位缩小或放大若干倍后刻成的，清宫收藏有不同质地的比例尺。

计算仪器主要有比例规、假数尺、算筹、计算机等。

比例规是意大利科学家伽俐略（Galileo Galilei, 1564－1642年）于1597年发明的计算工具，它用能开合的两把带刻度的直尺，通过比例相似原理进行计算，在17世纪初的欧洲很流行，并很快传入中国。故宫博物院收藏这种比例规较多，有的上面还刻有拉丁文，当是西方传来的原物。

假数尺。假数即对数，假数尺是在做乘除开方运算时的一种简便工具。最早是由英国数学家甘特（E·Gunter, 1581－1626年）在1620年发明的，是在一根直尺上刻真数、正弦及正切的对数值，根据对数原理将乘除化为加减进行运算。故宫所藏的计算尺有早期甘特型单尺，也有由两把尺组成的套尺，还有在一尺上加滑动尺的等多种，都是18世纪前后由清宫自制或由传教士携入宫廷的。

算筹。17世纪初，英国数学家纳白尔（John NaPier, 1550－1617年）发明的一种用于乘除计算的工具，于明末传入中国。它所根据的原理是15世纪时流行于欧洲的"写算"，即在一些长条形的板片上刻写数码，可根据需要对起来进行乘、除、乘方、开方运算。目前故宫博物院藏有多套不同质地的纳白尔算筹，但带有乘方、开方的算筹保留的已不完整了。

手摇计算机。法国科学家巴斯加（Blaise Pas-cal, 1623－1662年）于1642年制造了第一台手摇计算机，通过计算机里面的齿轮进位进行计算。18世纪前后，清宫亦开始制造手摇计算机，有盘式和筹式两种。盘式计算机为仿巴斯加计算机，由齿轮带动盘上数字进行计算，它不仅能计算加减法，也能计算乘除法；如结合平方、立方表，还可进行较复杂的运算。筹式计算机的内部结构和原理都是依据竖式纳白尔筹设计的。它因使用纳白尔筹，所以不仅能做乘除法，而且也能进行平方、立方、开平方及开立方运算。

故宫收藏的数学类文物，还有一些属数学教具，如立体几何体模型、康熙御用数学桌等。

另外，为配合计算仪器的使用，还特制了一批精巧的数学用表。这些装帧精致的数表包括《御制数表精详》、《对数广运》、《方寸数目》、拉丁文的《正弦、正切正割以及对数》等。在《正弦、正切正割以及对数》中已经正确地使用了小数点。

51

竹比例尺
清康熙
长32厘米　圆径0.7厘米
清宫造办处
清宫旧藏

Bamboo scale
Made by the Workshops of Qing Court
Kangxi period, Qing Dynasty
Length: 32cm　Diameter: 0.7cm
Qing Court Collection

比例尺是用来计量长度的一种工具，其刻度是按长度单位缩小或放大若干倍后刻成的。常见的有三棱比例尺，三个侧面上刻六行不同比例的刻度。

这份竹比例尺共有四根，呈圆棍形，是据1米等于3清尺，1清尺等于32厘米，按1:10的比例制成的比例尺。每尺分十大格，每格长3.2厘米；每大格内又细分十小格，则每一大格可代表实际测量中的1米。

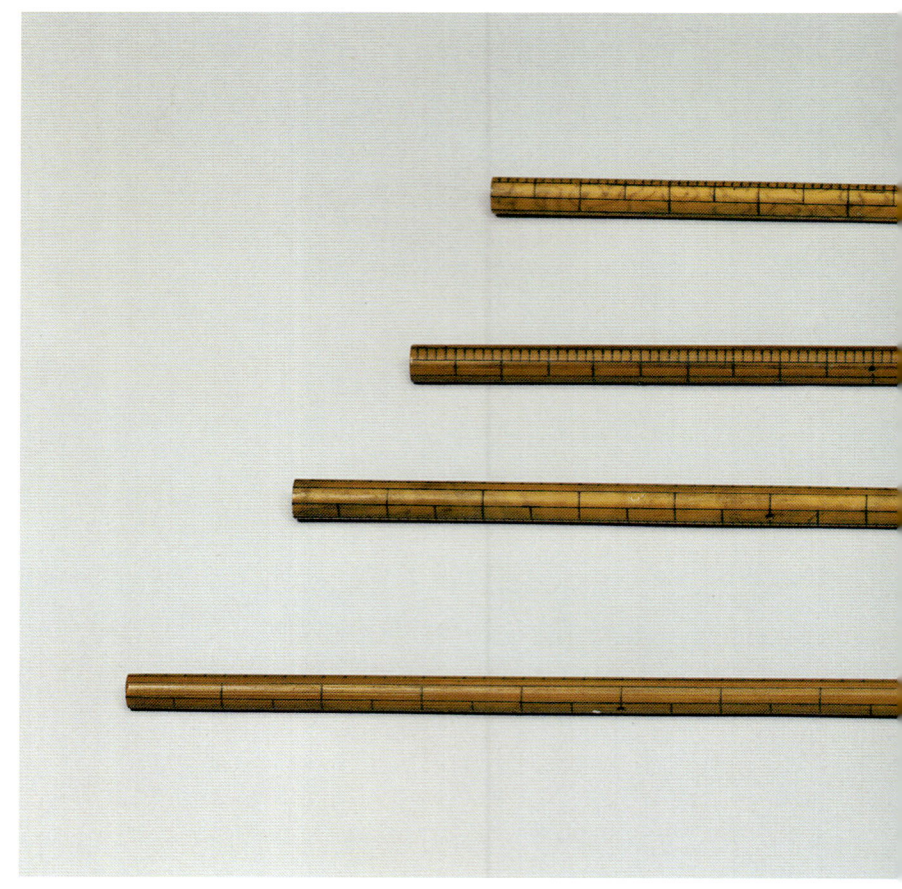

52

玉比例尺
清康熙
长19厘米　宽2.1厘米　厚0.6厘米
清宫造办处
清宫旧藏

Jade scale
Made by the Workshops of Qing Court
Kangxi period, Qing Dynasty
Length: 19cm　Width: 2.1cm
Thickness: 0.6cm
Qing Court Collection

这件比例尺为碧玉质，尺面分成六格，每格长3.3厘米，内又分十小格，每格长0.3厘米。

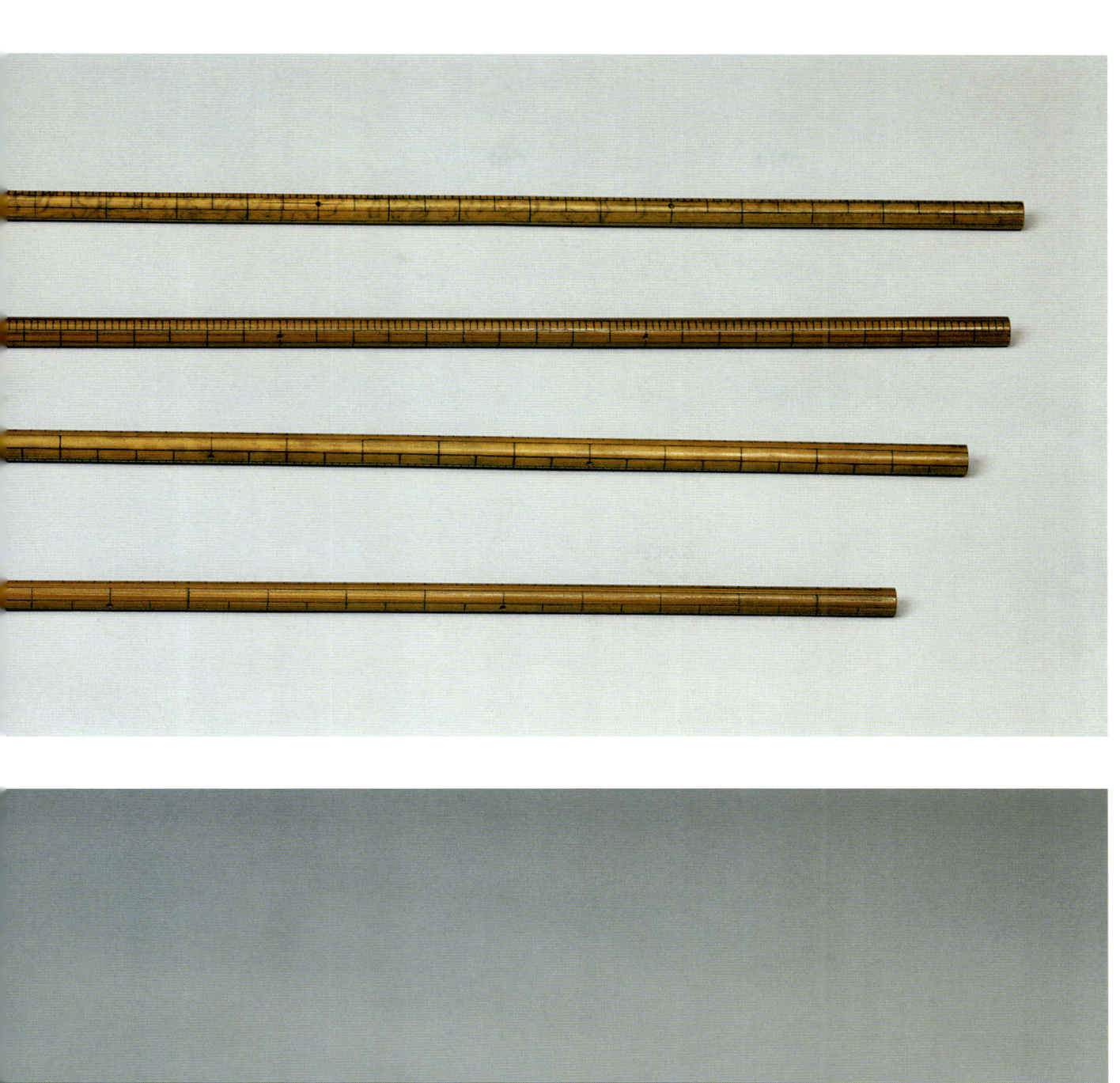

53 象牙分厘尺

清康熙
长16.8厘米 宽2.8厘米 厚0.5厘米
清宫造办处
清宫旧藏

Ivory ruler with 0.01 and 0.001 lines
Made by the Workshops of Qing Court
Kangxi period, Qing Dynasty
Length: 16.8cm Width: 2.8cm
Thickness: 0.5cm
Qing Court Collection

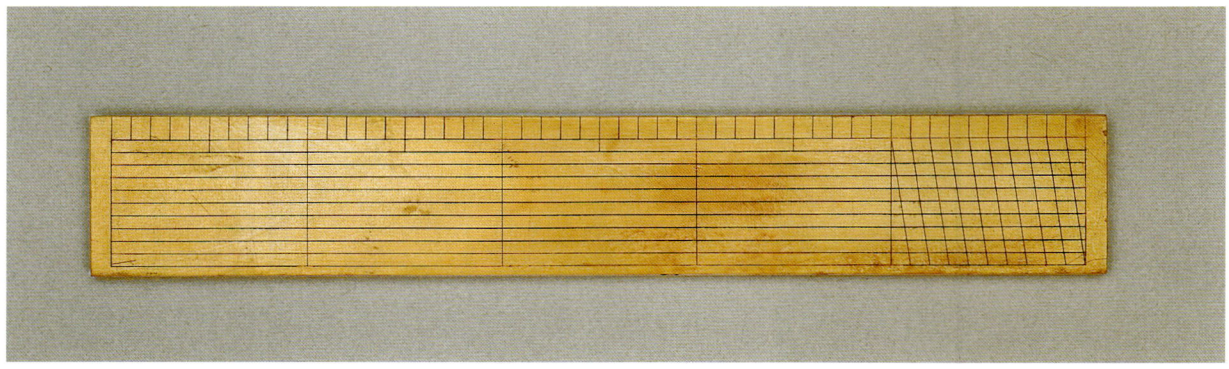

这是件象牙质分厘尺。

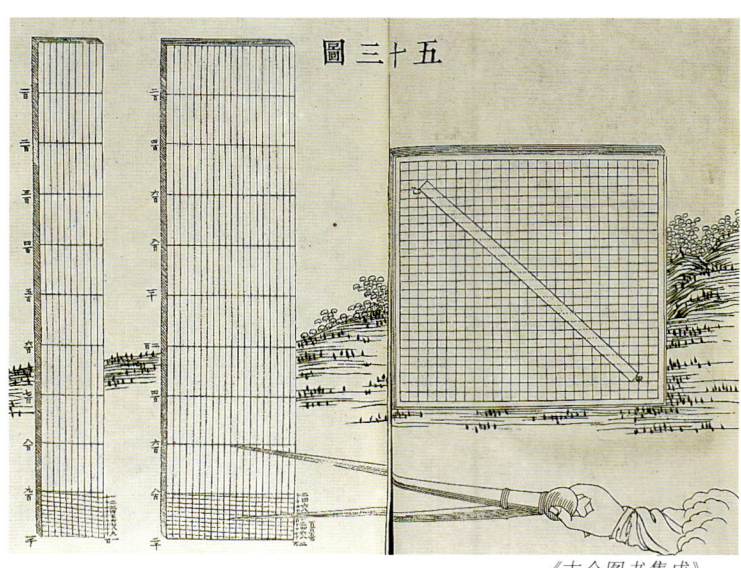

《古今图书集成》

54

铜镀金分厘尺

清康熙

长22.5厘米 宽2.5厘米 厚0.2厘米

清宫造办处

清宫旧藏

Gilt-copper ruler with 0.01 and 0.001 lines
Made by the Workshops of Qing Court
Kangxi period, Qing Dynasty
Length: 22.5cm   Width: 2.5cm
Thickness: 0.2cm
Qing Court Collection

这件分厘尺将尺面分成七大格，每大格中分为二格，内又分为十小格，尺最后一格处画有分厘线，其精确度可达到尺长的千分之一。

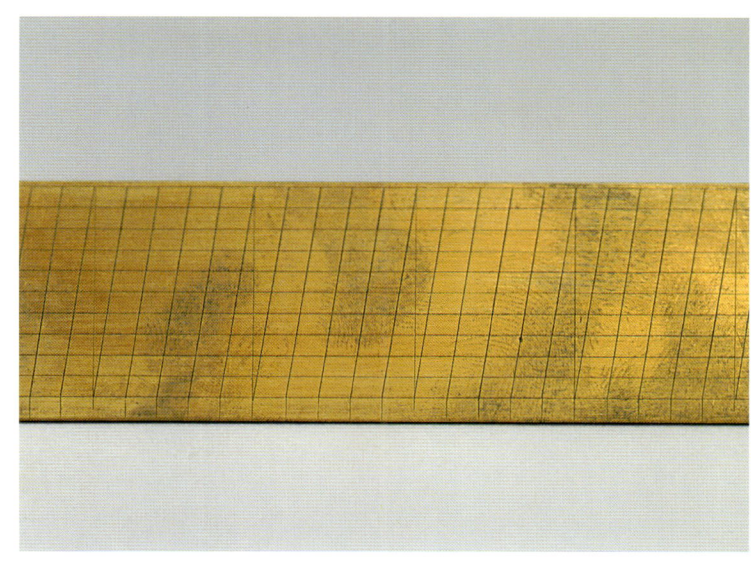

55

铜镀金雕镂空纹分厘尺
清康熙
长42.3厘米 宽3.8厘米 厚0.3厘米
清宫造办处
清宫旧藏

Gilt-copper ruler with 0.01 and 0.001 lines in open work
Made by the Workshops of Qing Court
Kangxi period, Qing Dynasty
Length: 42.3cm Width: 3.8cm
Thickness: 0.3cm
Qing Court Collection

这件分厘尺雕有镂空纹饰,面上分刻十大格,每格边处刻有阿拉伯数字10、20……90,每条分厘线下刻有1到10的数字。

56

铜镀金综合算尺
清康熙
长15.3厘米 宽4.9厘米 厚0.2厘米
清宫造办处
清宫旧藏

Gilt-copper comprehensive slide ruler
Made by the Workshops of Qing Court
Kangxi period, Qing Dynasty
Length: 15.3cm Width: 4.9cm
Thickness: 0.2cm
Qing Court Collection

这件综合算尺是一既可绘图又可测量的工具。它的一面分上、下两种尺度,上侧为分厘尺,下侧刻有三角函数名称及刻度。它的另一面四周是刻有二层刻度的量角器。中间是一个比例缩尺,如将一条线段的长度扩大或缩小,通过比例缩尺即可画出所需的线段。

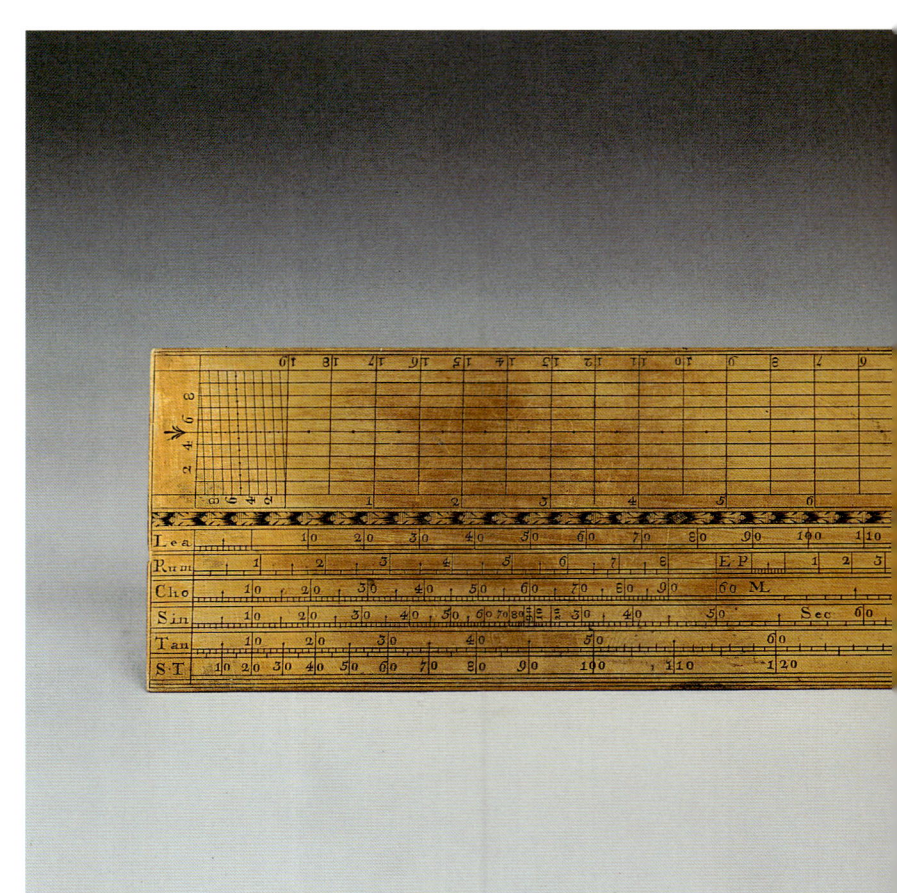

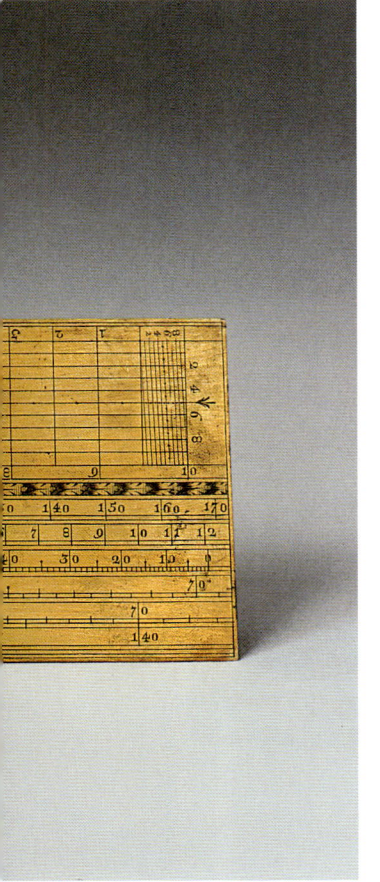
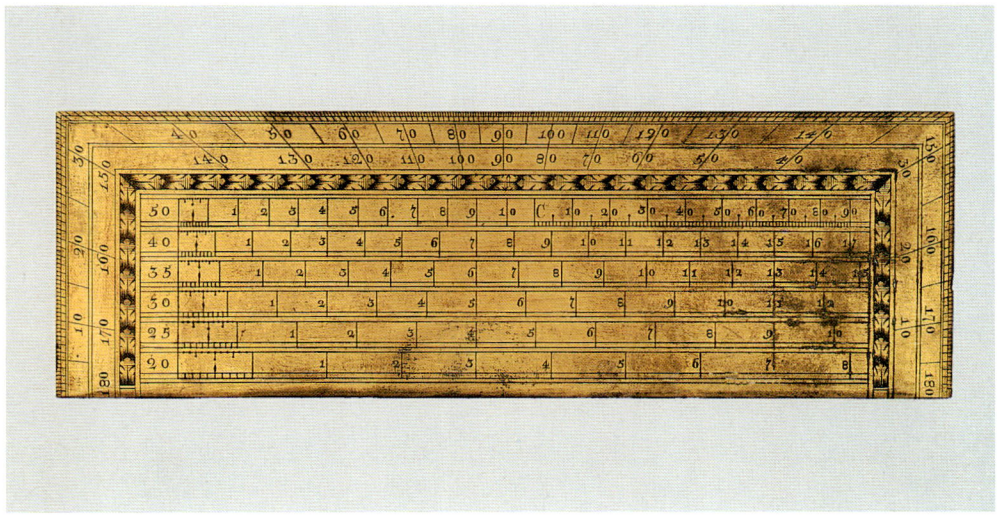

铜镀金折叠矩尺

17世纪
长17厘米 宽2厘米 厚0.5厘米
法国巴黎
清宫旧藏

Gilt-copper folding carpenter's square
Made in Paris, France
17th century
Length: 17cm Width: 2cm
Thickness: 0.5cm
Qing Court Collection

"矩"就是木工用以量直角的两臂曲尺，是中国古代重要的测量工具之一。汉代以前的矩两臂等长且无刻度，汉代以后的矩两臂一长一短并有了刻度。

矩尺在世界上使用很普遍，这件矩尺是由西方传教士带进清宫的。尺边上有刻度，两面均刻有花体法文字，有"巴黎制造"、"皇家的半尺"及人名"巴特费尔特"等字样。"皇家的半尺"即法国的标准尺。

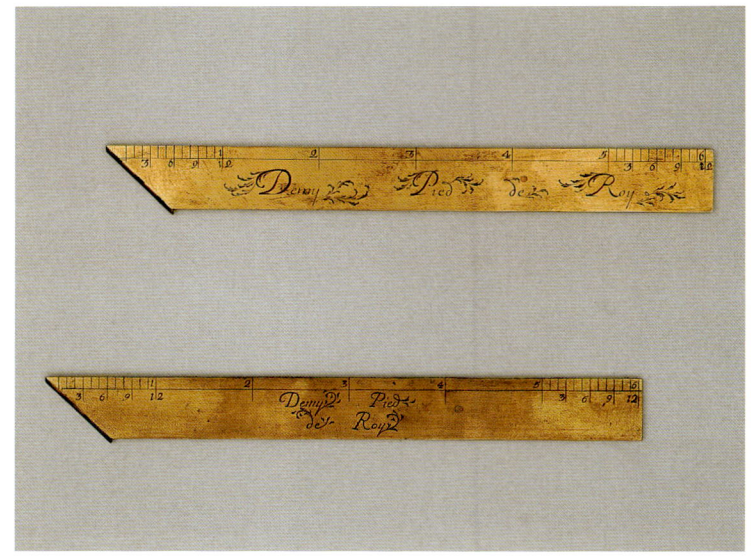

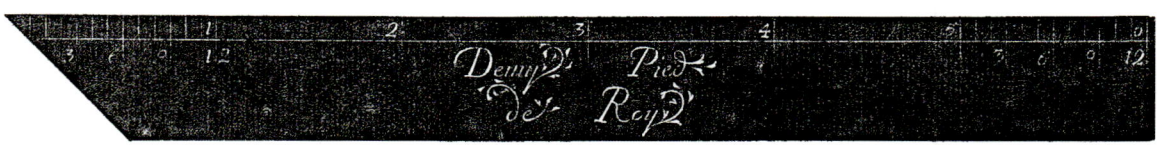

71

58

铜镀金折叠矩尺

清康熙

长17.5厘米 宽2.7厘米 厚0.3厘米

清宫造办处

清宫旧藏

Gilt-copper folding carpenter's square
Made by the Workshops of Qing Court
Kangxi period, Qing Dynasty
Length: 17.5cm Width: 2.7cm
Thickness: 0.3cm
Qing Court Collection

这是一件可折叠的矩尺，尺面上未刻铭文，但刻度及尺长与清代营造尺度相同，刻度由阿拉伯数字标示，推测应是由清宫造办处制造的。

59 铜镀金平行尺

清康熙
长19.1厘米 宽3.8厘米 厚0.3厘米
清宫造办处
清宫旧藏

Gilt-copper parallel ruler
Made by the Workshops of Qing Court
Kangxi period, Qing Dynasty
Length: 19.1cm Width: 3.8cm
Thickness: 0.3cm
Qing Court Collection

平行尺是做平行线的工具，它用活动枢钮将两对等长的尺相连，两两相对，成平行四边形。使用时先将一尺对准原线压住，再将另一尺对准所作线之点，即可随尺作平行线。

60 银质康熙角尺

清康熙
长33.6厘米 厚0.4厘米 半圆直径16厘米
清宫造办处
清宫旧藏

Silver angle square with the mark "Kangxi Yuzhi"
Made by the Workshops of Qing Court
Kangxi period, Qing Dynasty
Length: 33.6cm　Thickness: 0.4cm
Semicircle: 16cm
Qing Court Collection

角尺是一种量角器。它在一个半圆弧的中心安装一个能在半圆弧上自由滑动的尺，半圆弧上的刻度用汉字表示。使用时将滑动的尺对准半圆上的刻度可测量角度。因尺上常镌刻有"康熙御制"四字，一般又称"康熙角尺"。

61 银镀金康熙角尺

清康熙

长22厘米　厚0.3厘米　半圆直径10.2厘米

清宫造办处

清宫旧藏

Gilt-silver angle square with the mark "Kangxi Yuzhi"
Made by the Workshops of Qing Court
Kangxi period, Qing Dynasty
Length: 22cm　Thickness: 0.3cm
Semicircle diameter: 10.2cm
Qing Court Collection

这件康熙角尺的尺寸与前件不同，但结构与功能完全相同。

62 铜镀金半圆仪

17世纪
高7.5厘米 厚0.1厘米 半圆直径6厘米
法国巴黎
清宫旧藏

Gilt-copper semi-circle protractor
Made in Paris, France
17th century
Height: 7.5cm Thickness: 0.1cm
Semicircle Diameter: 6cm
Qing Court Collection

半圆仪是作图时量角与画角的工具，在清代称作"半圆分角器"。这件半圆仪周面自右至左、自左至右刻二层180°，并刻有法文款"CHAPOTOT A PARIS"。

63 游标卡尺

清康熙
长46.5厘米 厚0.5厘米
清宫造办处
清宫旧藏

Vernier caliper
Made by the Workshops of Qing Court
Kangxi period, Qing Dynasty
Length: 46.5cm Thickness: 0.5cm
Qing Court Collection

游标卡尺是游标量具中的一种，可用于测量直径、板厚、深度等。这件尺上刻有汉字"一尺二寸"、阿拉伯数字"38厘米"字样。它最基本的特点是有一把与一般尺刻度相同的主尺，还有一把与一般尺刻度不同的副尺。主尺的刻度与普通的米制尺一样，1尺分成10分米，1厘米分成十小格，每格1毫米。副尺上刻有二个精确读数，各是"1/20分"、"1/20 mm"字样。游标原理是利用主副尺刻线间距的等差将刻度进行细分，可使读数精度提高1－2个数量级。此件游标卡尺的精确度可达0.02毫米。

游标卡尺是法国数学家皮尔·维尼尔于1631年发明的。这件尺上的中、西两种文字表明，此尺应是在游标卡尺传入中国后由清宫仿制的。

64 伽俐略比例规

17世纪
长20.8厘米　宽3.6厘米　厚0.5厘米
意大利
清宫旧藏

Galilean proportional gauge
Made in Italy
17th century
Length: 20.8cm　Width: 3.6cm
Thickness: 0.5cm
Qing Court Collection

比例规是一种计算工具,意大利科学家伽俐略于16世纪末最早开始使用,因此也称为"伽俐略比例规"。意大利传教士罗雅谷于明末崇祯年间著《比例规解》,将比例规介绍到中国。

比例规的外形颇似圆规,有尖脚、平脚两种,它是利用相似三角形对应边成比例的原理制成,可以用来进行乘、除、求比例中项、开平方、开立方、求比重等各种计算。

这件比例规上镌刻有西文"Corda, Fartigua"。

铜镀金刻平分线比例规

清康熙

长17.8厘米 宽4.4厘米 厚0.4厘米

清宫造办处

清宫旧藏

Gilt-copper proportional gauge engraved with bisector
Made by the Workshops of Qing Court
Kangxi period, Qing Dynasty
Length: 17.8cm Width: 4.4cm
Thickness: 0.4cm
Qing Court Collection

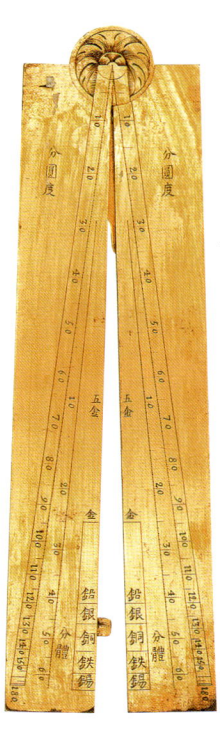

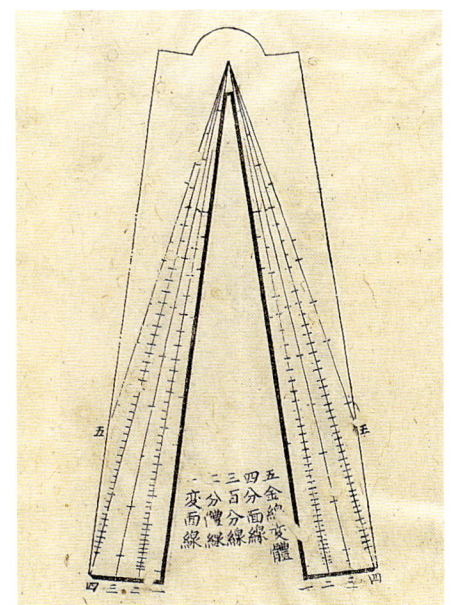

《崇祯历书》

这是一件平脚式比例规。在两臂上刻有平分线、分面线、分圆面、分圆度、分体线、五金线等六种规度,可计算一般比例式中的数值、相似形的面积、体积及金银铜铁锡五种金属体的轻重等。

66

铜镀金刻五金线比例规
清康熙
长17.5厘米　宽3.1厘米　厚0.4厘米
清宫造办处
清宫旧藏

Gilt-copper proportional gauge with symbols for showing the five metals
Made by the Workshops of Qing Court
Kangxi period, Qing Dynasty
Length: 17.5cm　Width: 3.1cm
Thickness: 0.4cm
Qing Court Collection

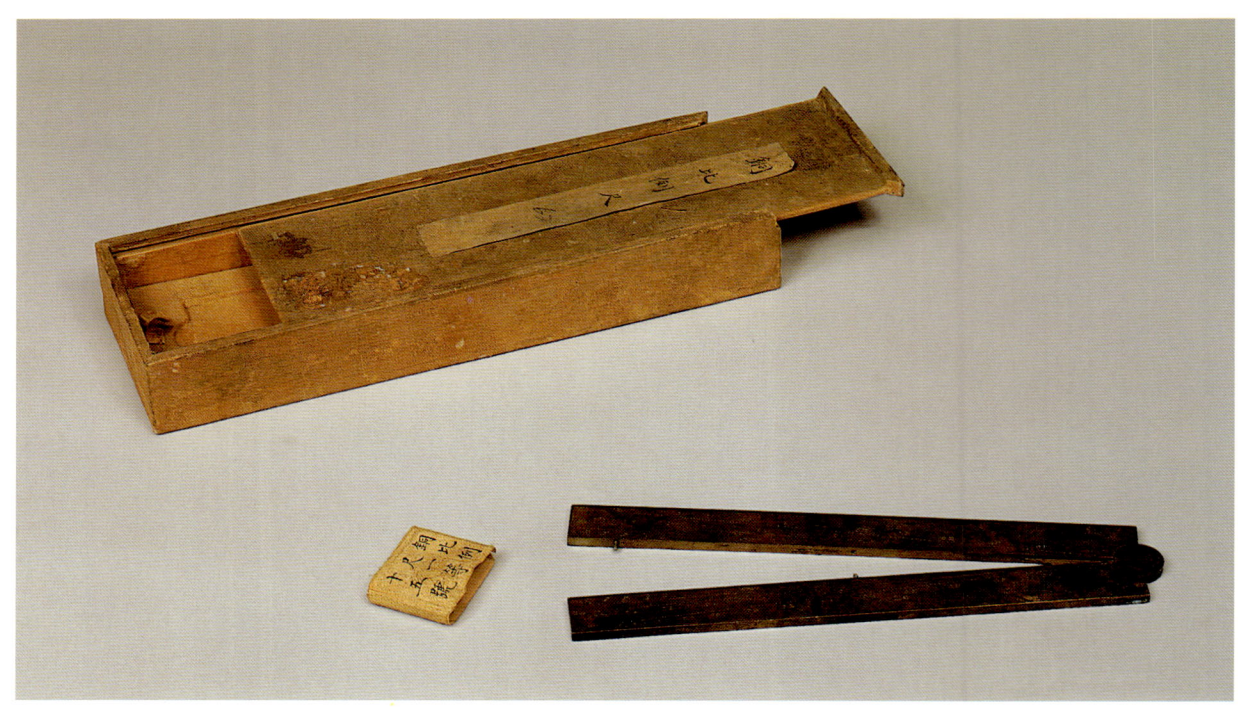

此件比例规两臂上刻有平分线、分体线、分面线、分圆线、五金线等是用各种符号，以表示铅、银、铜、铁、锡。

清宫当年为保管方便，为这些计算工具都配以匣盒，黏挂标有编号和来源的黄签，但随着岁月流失，这些珍贵的资料大都不复存在。这件比例规尚保留一个黄绸做成的木盒，盒面上贴有黄签"铜比例尺一等十五号"字样。从它被编排的等级和序号上可以想见当年清宫中曾拥有何等多的计算工具。从这一点也可得知康熙皇帝对数学的浓厚兴趣以及他为数学发展所投入的巨大精力。

67 铜镀金刻分体线比例规

清康熙
长17.5厘米 宽3厘米 厚0.4厘米
清宫造办处
清宫旧藏

Gilt-copper proportional gauge
Made by the Workshops of Qing Court
Kangxi period, Qing Dynasty
Length: 17.5cm Width: 3cm
Thickness: 0.4cm
Qing Court Collection

这件比例规是平脚式，在两臂上刻写平分线、分圆线、变面线、分体线、分面线、五金线等六种规度，规度均用阿拉伯数字表示。比例规二臂可任意张合，当两臂成180°时成一直尺。

68

铜镀金带半圆仪比例规
清康熙
长25.2厘米　宽4.1厘米　厚0.4厘米
清宫造办处
清宫旧藏

Gilt-copper proportional gauge with a semi-circle protractor
Made by the Workshops of Qing Court
Kangxi period, Qing Dynasty
Length: 25.2cm　Width: 4.1cm
Thickness: 0.4cm
Qing Court Collection

比例规用半圆仪作枢心,两臂上刻有分体线、平分线、五金线、分圆线、分面线等中文字及罗马数字,不但可用来计算线段比例、面积、体积等,还可用来量角。

69 铜镀金比例规

17世纪
长17.5厘米 宽4厘米 厚0.5厘米
法国巴黎
清宫旧藏

Gilt-copper proportional gauge
Made in Paris, France
17th century
Length: 17.5cm　Width: 4cm
Thickness: 0.5cm
Qing Court Collection

这件比例规上的文字均用法文刻写，其刻度用阿拉伯字码表示。比例规两臂上刻有"绳索"、"量径线仪器"、"平面"、"角"、"等矩部分"之意，还有用符号代替的五金线等。比例规上镌刻法文款"N·BION·A·PARIS"。

70 铜镀金尖脚比例规

17世纪
长14.3厘米　宽2.8厘米　厚0.4厘米
欧洲
清宫旧藏

Gilt-copper proportional gauge with pointed stands
Made in Europe
17th century
Length: 14.3cm　Width: 2.8cm
Thickness: 0.4cm
Qing Court Collection

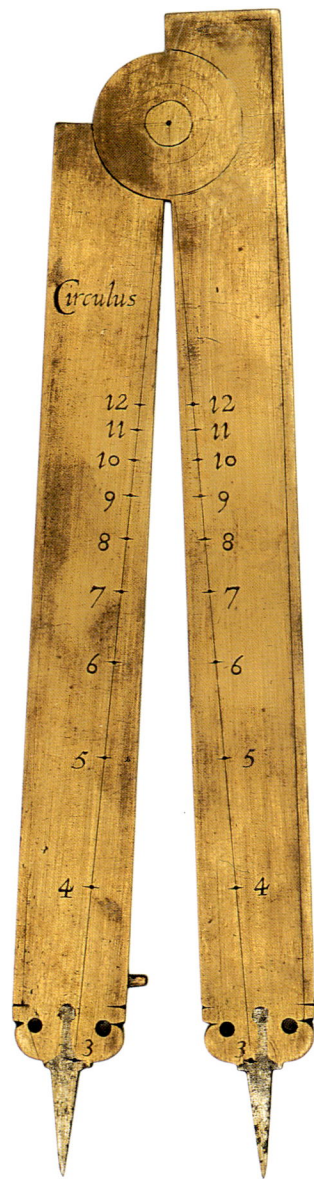

这件比例规为尖脚式，可自由折叠，全部打开成一直角。两臂上刻有拉丁文。

71

铜镀金刻几何体比例规

清康熙
长33.3厘米 宽6.2厘米 厚0.7厘米
清宫造办处
清宫旧藏

Gilt-copper proportional gauge with Chinese characters for geometric polyhedrons
Made by the Workshops of Qing Court
Kangxi period, Qing Dynasty
Length: 33.3cm Width: 6.2cm
Thickness: 0.7cm
Qing Court Collection

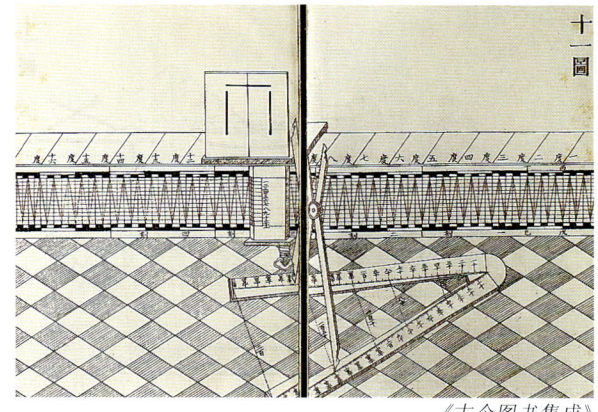

《古今图书集成》

这件比例规两臂上刻有汉字"十二面体、二十面体、见方体、圆球、八面体、圆面、四方体、更面体、切线、分圆、分体、五金、球内各体"以及平分、正弦、分面等不同的刻度。

72 铜镀金刻比重表比例规

18世纪
长17.7厘米 宽5.1厘米 厚0.1厘米
英国
清宫旧藏

Gilt-copper proportional gauge with gravimeter
Made in England
18th century
Length: 17.7cm   Width: 5.1cm
Thickness: 0.1cm
Qing Court Collection

这件比例规的两臂内侧为椭圆弧形,是专为测量球径而特制的。

此比例规用圆作轴心,一面为刻有0°到180°的半圆仪及1到10的英寸刻度,另一面刻有英寸的几何体图形,可求体积。两臂上的各种标识全部用英文刻写,有金、银、铜、铅、铁、锡、铬、溴、水、蜡等各种金属的名称及不同密度的比重,还有Name of Guns(枪的名字)、The weight of a GubeFoot In(枪管的重量)、Service(服务)、Shot(射程)、Proof(证明)等专用名称。从这些名称上推断,应与求枪弹的比重和重量有关。

这是一件英德文对照的比例规,两臂上镌刻有德文款"B Scott Fccit"。

73 黑漆木匣测算套尺

清康熙
木匣长34.5厘米 宽7.5厘米
清宫造办处
清宫旧藏

Black lacquer box containing a set of slide rulers
Made by the Workshops of Qing Court
Kangxi period, Qing Dynasty
Length: 34.5cm Width: 7.5cm
Gilt-copper proportional gauge
Length: 32.6cm Width: 6cm
Thickness: 0.4cm
Gilt-copper ruler with 0.01and 0.001 lines
Length: 32cm Width: 2.2cm
Thickness: 0.3cm
Ivory scale
Length: 32cm Diameter:0.5cm
Qing Court Collection

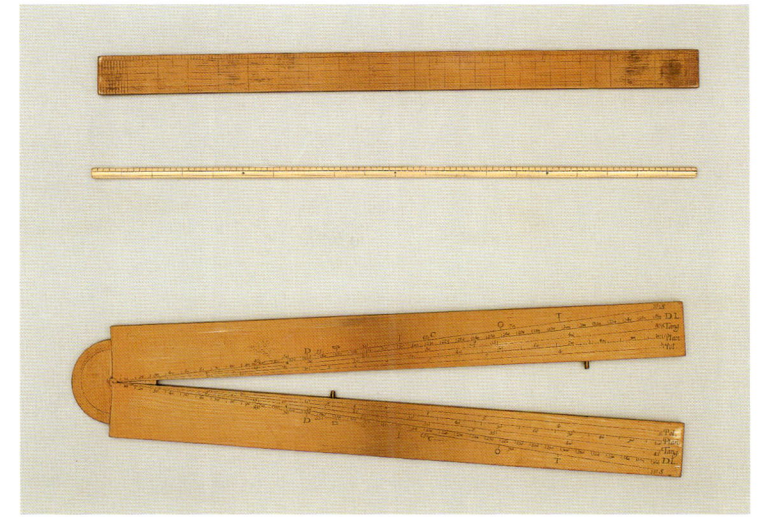

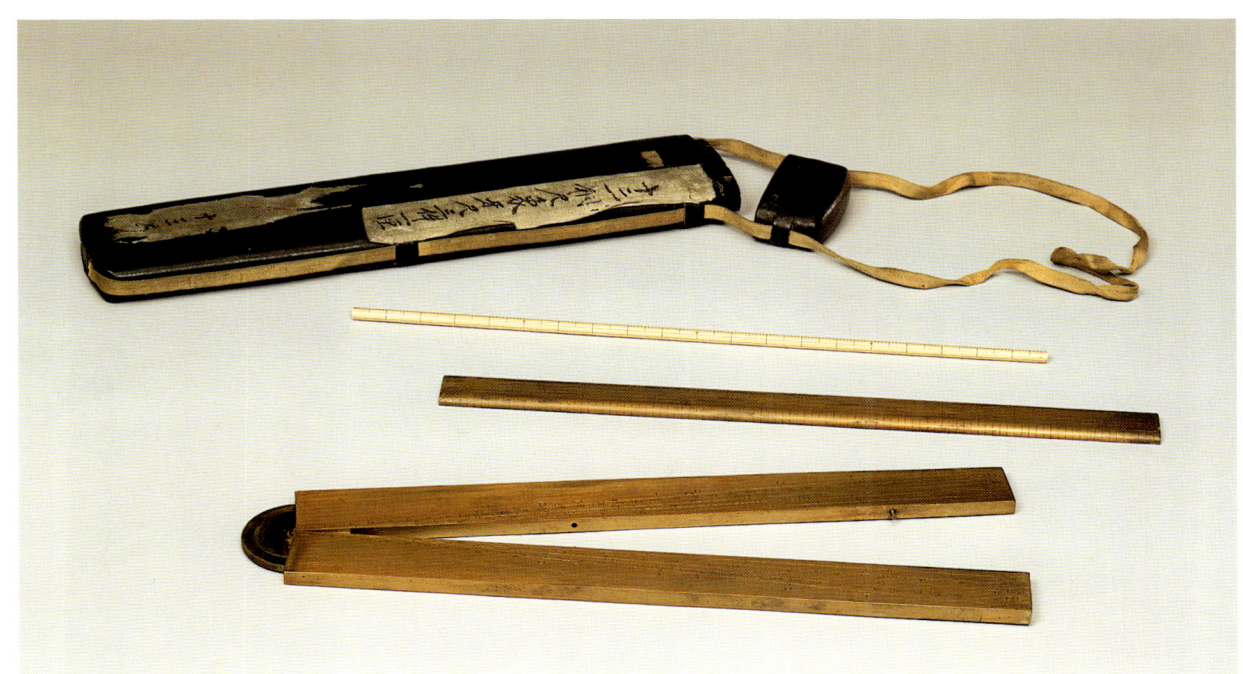

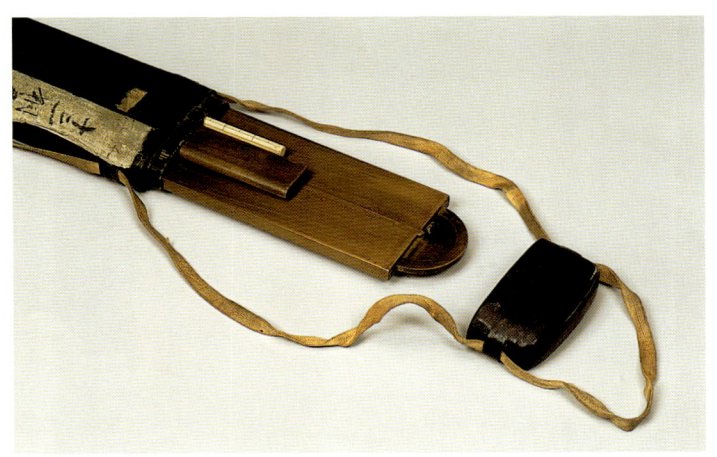

这套测算工具放在黑漆木匣里，内有铜镀金比例规一件，长32.6厘米、宽6厘米、厚0.4厘米；铜镀金分厘尺一件，长32厘米、宽2.2厘米、厚0.3厘米；象牙比例尺一件，长32厘米、圆径0.5厘米。盒面上贴有白条"十三铜尺象牙尺三件一匣"字样。套匣附有黄绦丝带。

74

象牙假数尺

清康熙

长35厘米 宽4厘米 厚0.5厘米

清宫造办处

清宫旧藏

Ivory logarithmic scale
Made by the Workshops of Qing Court
Kangxi period, Qing Dynasty
Length: 35cm Width: 4cm
Thickness: 0.5cm
Qing Court Collection

假数尺又称对数计算尺,是利用对数原理制成的简便的计算工具,最早是由英国数学家甘特发明的。这件尺属早期甘特型计算尺,是计算尺传入中国后由清宫自制的中国最早的计算尺之一。在尺面上刻有一到一百的汉字对数值(即假数)。依据刻成的数值及对数原理,辅以量规可进行加减代乘除的计算。

这件假数尺上套有清宫当年拴挂的黄签,上写"象牙假数尺一等二十八号"字样。

75

象牙刻正弦切线假数尺

清康熙

长35厘米 宽4.2厘米 厚0.5厘米

清宫造办处

清宫旧藏

Ivory logarithmic scale carved with sine and tangent
Made by the Workshops of Qing Court
Kangxi period, Qing Dynasty
Length: 35cm Width: 4.2cm
Thickness: 0.5cm
Qing Court Collection

这件假数尺有二面,一面刻有1°到90°的正弦假数,另一面刻有1°到45°与45°到19°正切假数。尺上面的刻度数均用汉字表示。

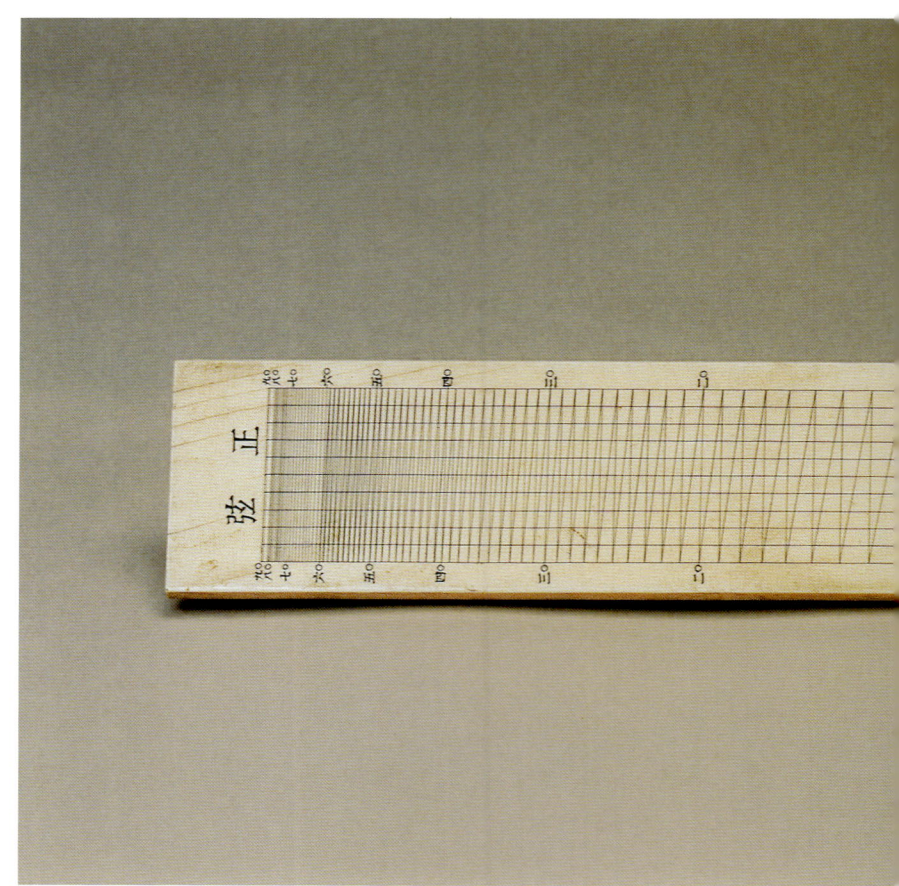

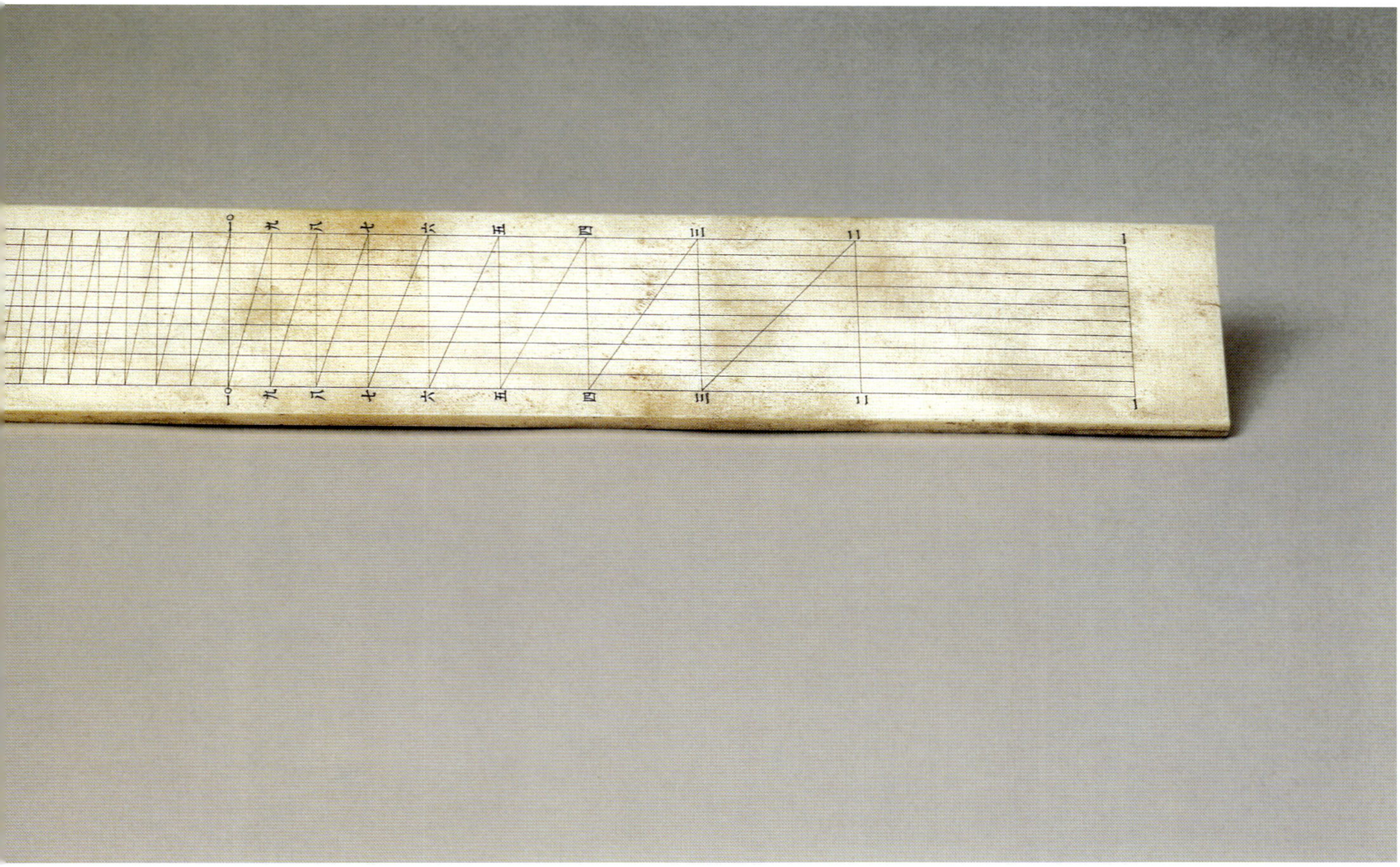

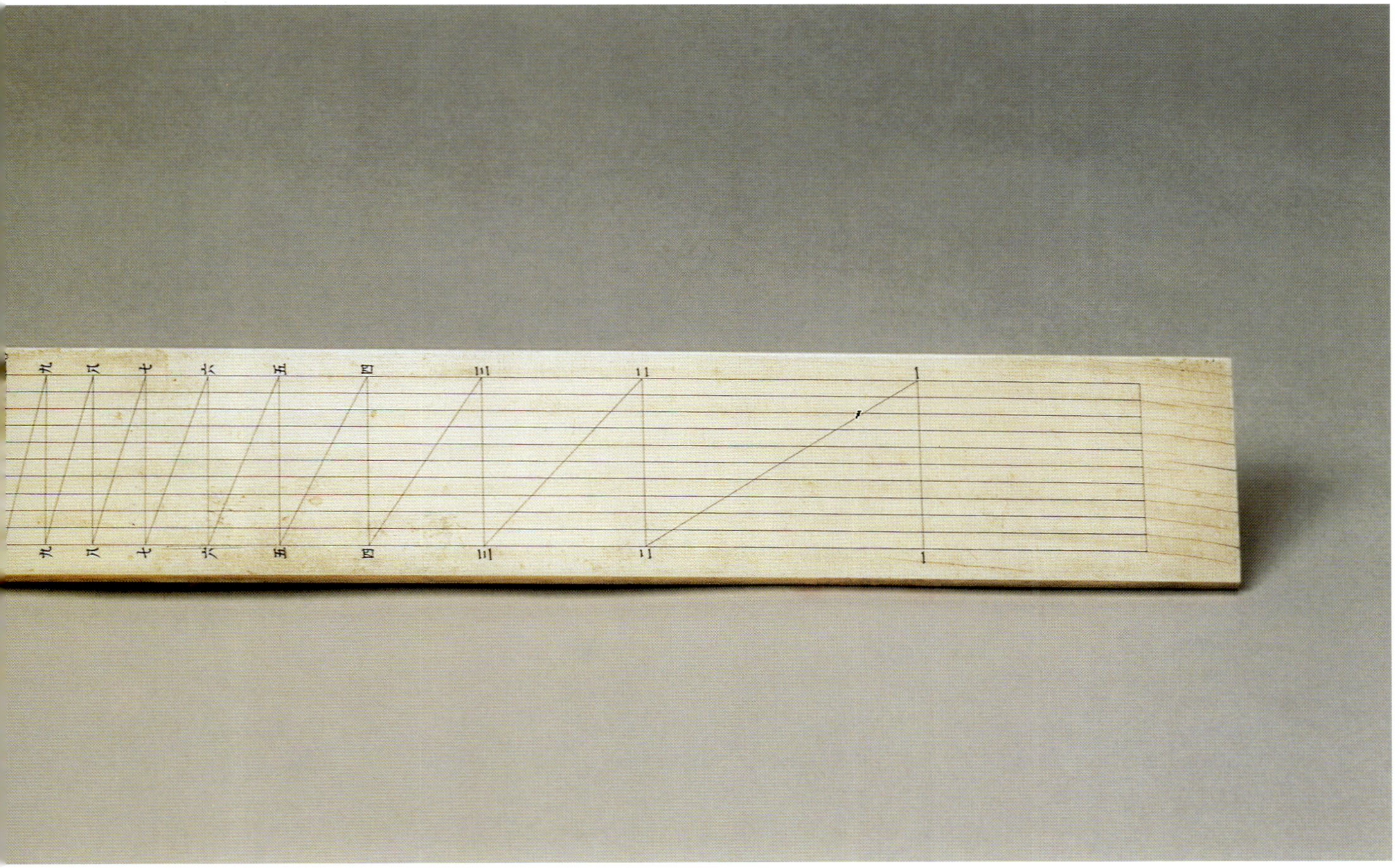

76

铜镀金折叠假数尺

清康熙

长34厘米　宽3.8厘米　厚0.2厘米

清宫造办处

清宫旧藏

Folding logarithmic scale of gilt copper
Made by the Workshops of Qing Court
Kangxi period, Qing Dynasty
Length: 34cm　Width: 3.8cm
Thickness: 0.2cm
Qing Court Collection

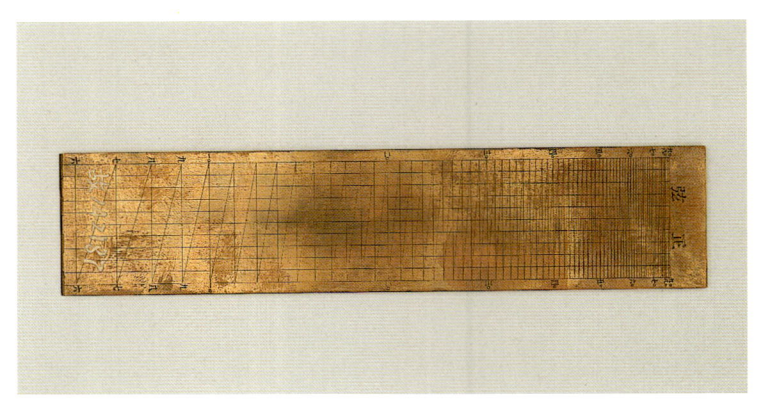

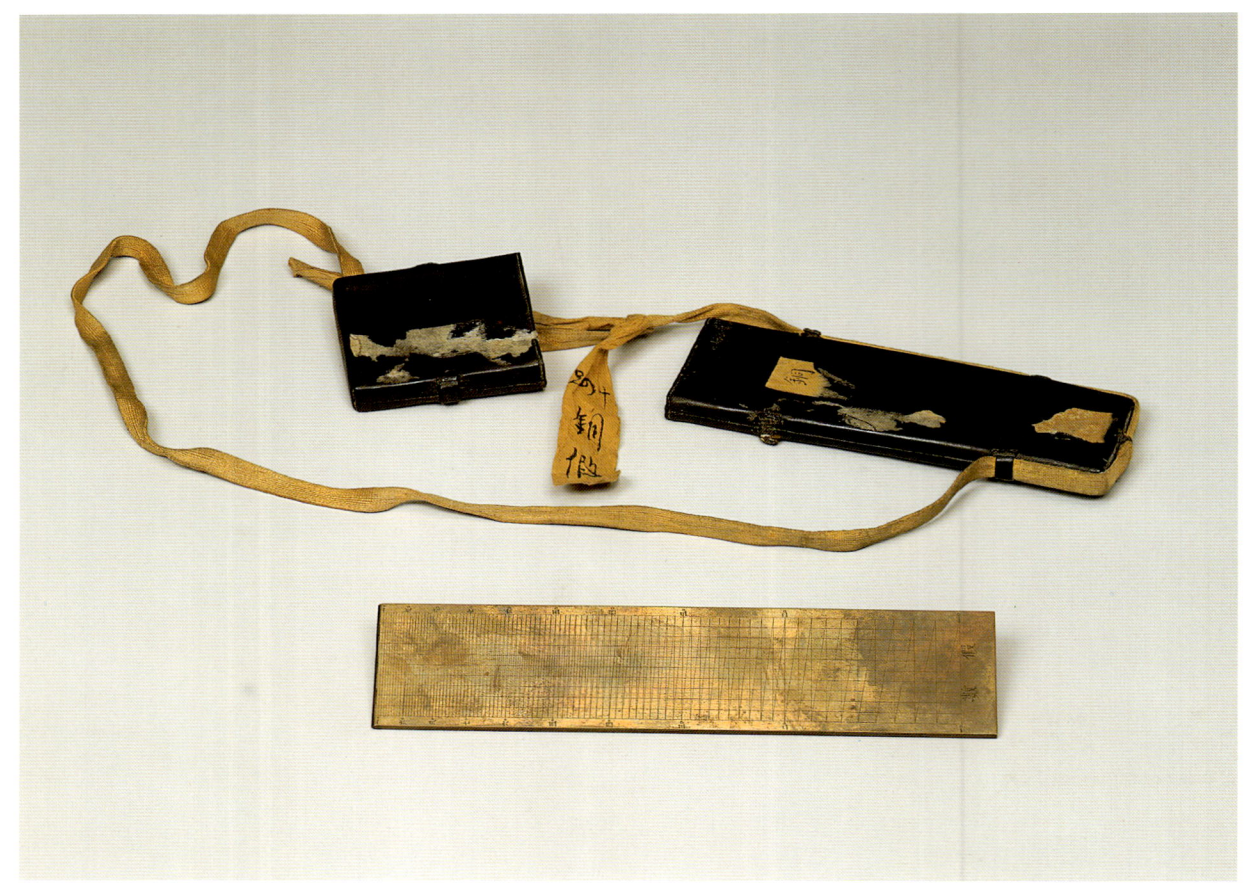

这是一件可折叠的综合性假数尺，尺面上分别刻有正弦、切线和假数，其中正弦尺上刻有6°到90°正弦值，切线尺上面刻有6°到45°切线值，45°到84°切线值，假数尺上刻有十到一百的对数值，尺上的刻度均用汉字表示。

77 包银带滑标假数尺

清中期

长35厘米　宽7.3厘米　厚0.5厘米

清宫造办处

清宫旧藏

Logarithmic scale with vernier coated with silver
Made by the Workshops of Qing Court
The Mid-Qing Dynasty
Length: 35cm　Width: 7.3cm
Thickness: 0.5cm
Qing Court Collection

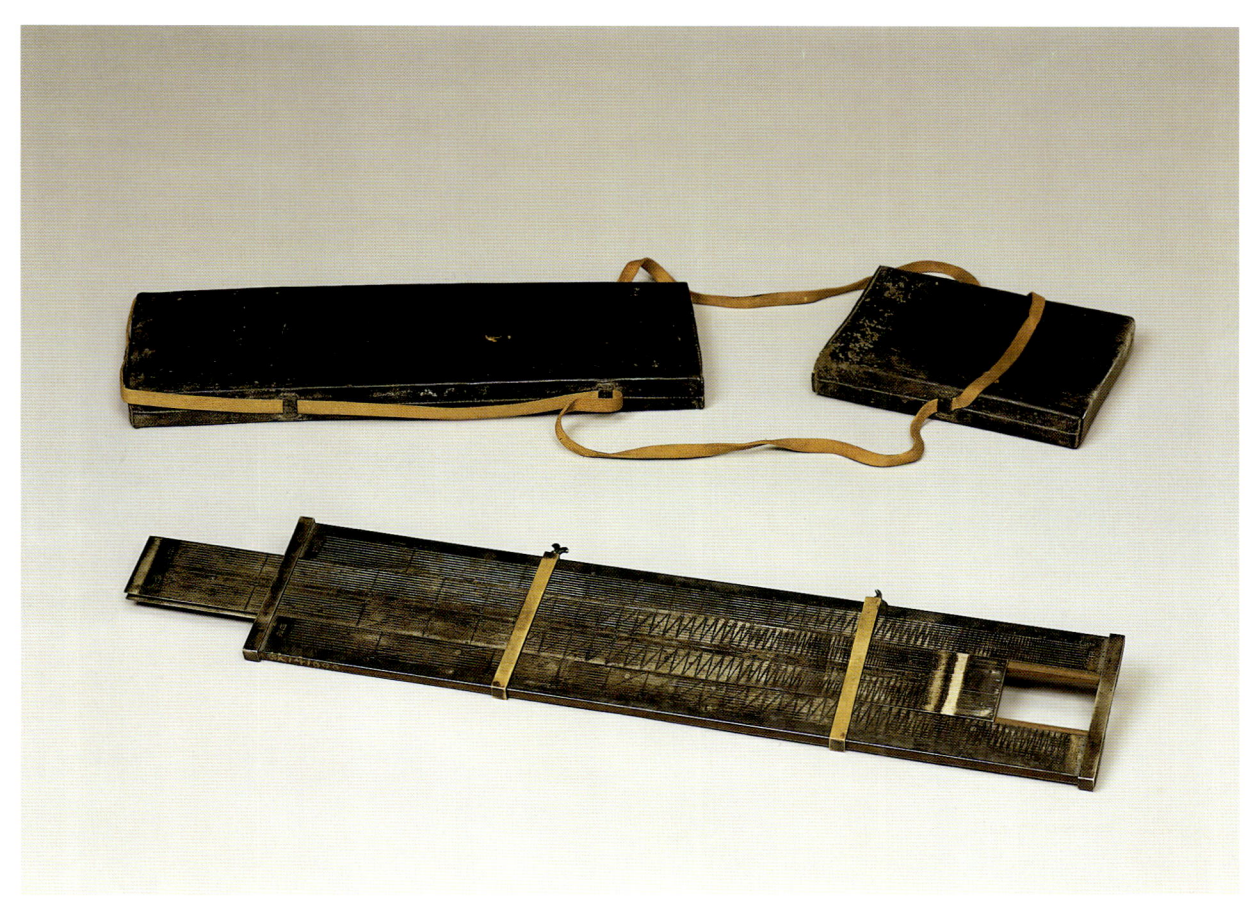

这是一件在甘特型计算尺基础上改进了的带滑标的计算尺，由清宫制造。

这件假数尺由三部分组成，上下固定的为尺身，称作"固定尺"，中间可以左右滑动的称作"滑尺"，在固定尺上有可以左右移动的"滑标"。其中固定尺的一面刻有一到一百的对数值，另一面刻有1°到90°的正弦值，1°到45°的切线值，这些数值均用汉字表示。

虬角质纳白尔算筹

清康熙
长8.3厘米　宽1.4厘米　厚0.3厘米
清宫造办处
清宫旧藏

Napier's countingrod of young dragon's horn
Made by the Workshops of Qing Court
Kangxi period, Qing Dynasty
Length: 8.3cm　Width: 1.4cm
Thickness: 0.3cm
Qing Court Collection

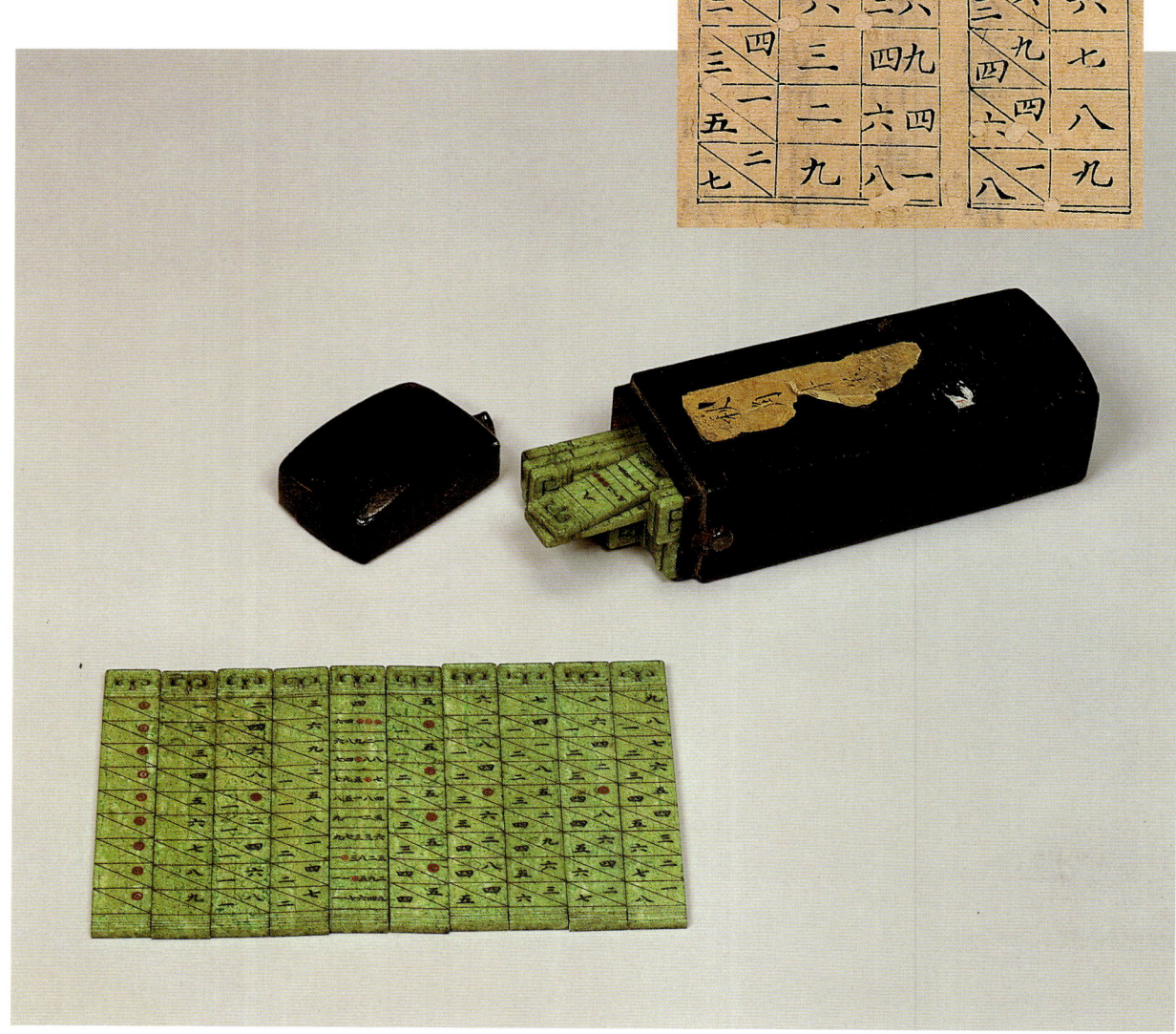

明末清初西洋算筹传入中国。这种计算工具因英国数学家纳白尔曾著书介绍，故又称纳白尔算筹。明崇祯元年（1628）意大利传教士罗雅谷著《筹算》一书，是对算筹的第一次系统介绍。

这件虬角质纳白尔算筹为竖式斜格式，上刻有典型的宫廷纹饰，由清宫制作。用纳白尔算筹可以把乘除法变为加减法，是一种非常简便的计算工具。

79 象牙质纳白尔算筹

清康熙
长7.1厘米　宽1.3厘米　厚0.1厘米
清宫造办处
清宫旧藏

Napier's countingrod of ivory
Made by the Workshops of Qing Court
Kangxi period, Qing Dynasty
Length: 7.1cm　Width: 1.3cm
Thickness: 0.1cm
Qing Court Collection

此件纳白尔算筹一至九每筹各分九格，每格斜分为二。个位数写于斜线上角，十位数写于斜线下角。第一筹正面写一至九，第二筹写一至九各数二倍的数，第三到第九各筹中分别写一至九各数三倍至九倍的数。第一筹的反面与第九筹同，其他筹类此，第五筹的反面为零筹。应用纳白尔筹可以把乘除法变为加减法。

象牙质竖式斜格算筹

清康熙

长10.7厘米 宽2.1厘米 厚0.3厘米

清宫造办处

清宫旧藏

Vertical ivory countingrod in oblique lattice style

Made by the Workshops of Qing Court
Kangxi period, Qing Dynasty
Length: 10.7cm Width: 2.1cm
Thickness: 0.3cm
Qing Court Collection

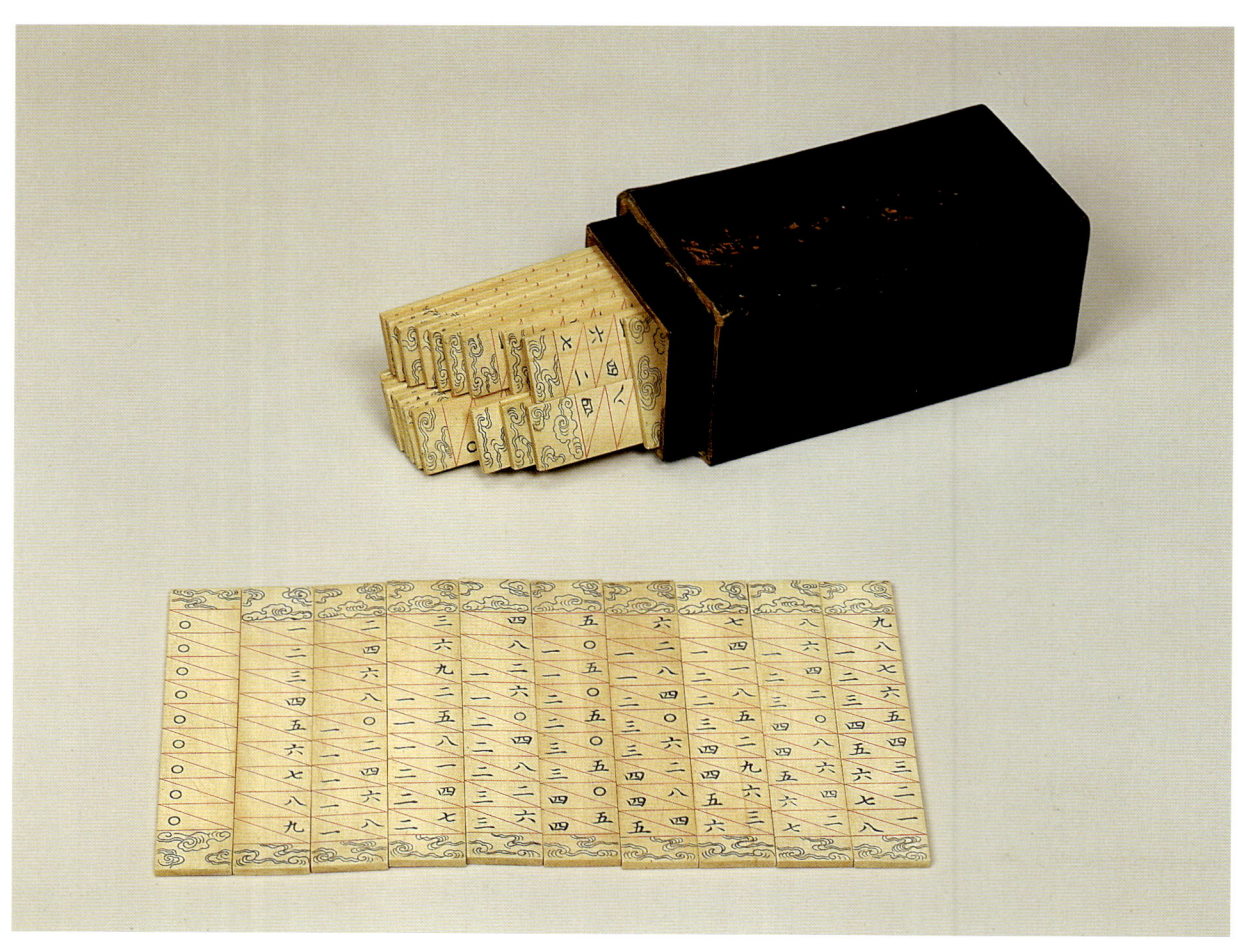

这是纳白尔竖式斜格算筹。这件算筹上下两处空格里刻有如意云纹，是由清宫造办处制造的。

象牙质半圆格式算筹

清康熙

长12.8厘米　宽2.2厘米　厚0.3厘米

清宫造办处

清宫旧藏

Ivory countingrod in semicircular lattice style
Made by the Workshops of Qing Court
Kangxi period, Qing Dynasty
Length: 12.8cm　Width: 2.2cm
Thickness: 0.3cm
Qing Court Collection

算筹这种计算工具传入中国后受到中国数学家的关注。中国大数学家梅文鼎（1633－1721年）于1678年把纳白尔算筹的斜格改成半圆格或直格式，变竖排为横排。这是中国独有的改进，也是中国式纳白尔算筹独有的规格。

82

铜镀金盘式手摇计算机

清康熙
长55.5厘米 宽12厘米 高4.8厘米
清宫造办处
清宫旧藏

Gilt-copper hand calculator with discs
Made by the Workshops of Qing Court
Kangxi period, Qing Dynasty
Length: 55.5cm Width: 12cm
Height: 4.8cm
Qing Court Collection

这种盘式手摇计算机是法国科学家巴斯加于1642年在巴黎首制成功的,后由传教士介绍给康熙皇帝,受到康熙皇帝的喜爱。

这件手摇计算机是清宫依巴斯加计算机的原理自制的。利用齿轮装置可进行加减乘除运算。计算机表面有十个圆盘,表示十位数。每个圆盘分为上盘和下盘,下盘现在图上看不见,上盘中央刻有拉丁拼音的数位名称,周围按逆时针方向刻着由1到9阿拉伯数字,1与9之间有一空格,在空格中安一能上下移动的铜档片。移动档片,可以看到下盘两种刻数的一个数码。

下盘周围也分为十格,里外又分为三圈,其外圈匀布十个小圆孔,用拨

针插入小圆孔,可以按顺时针方向转动下层圆盘。

在下盘的十个圆盘之下各安装一个十齿的齿轮,下盘转动,齿轮也随之转动。当上盘空格的读数超过9时,如继续转盘,齿轮可带动左边的齿轮转动一格,就使左边的读数增加1或减少1。明确地说,按顺时针方向转动下盘,读其中圈的数码,可体现进位,中圈的数码用于加法及乘法,读其内圈的数码,可体现退位,适用于减法及除法。

83

铜镀金十位盘式手摇计算机
清康熙
长55厘米 宽5.5厘米 高4.8厘米
清宫造办处
清宫旧藏

Gilt-copper hand calculator with discs marking ten figures
Made by the Workshops of Qing Court
Kangxi period, Qing Dynasty
Length: 55cm　Width: 5.5cm
Height: 4.8cm
Qing Court Collection

这件计算机有十个分成上下两层的圆盘，即位盘，表示十位数。上盘数位名称分别用汉字"拾万"、"万"、"千"、"百"、"十"、"两"、"钱"、"分"、"厘"、"毫"标明。

84

铜镀金十二位盘式手摇计算机
清康熙
长60厘米 宽12厘米 高4.5厘米
清宫造办处
清宫旧藏

Gilt-copper hand calculator with discs marking twelve figures
Made by the Workshops of Qing Court
Kangxi period, Qing Dynasty
Length: 60cm Width: 12cm
Height: 4.5cm
Qing Court Collection

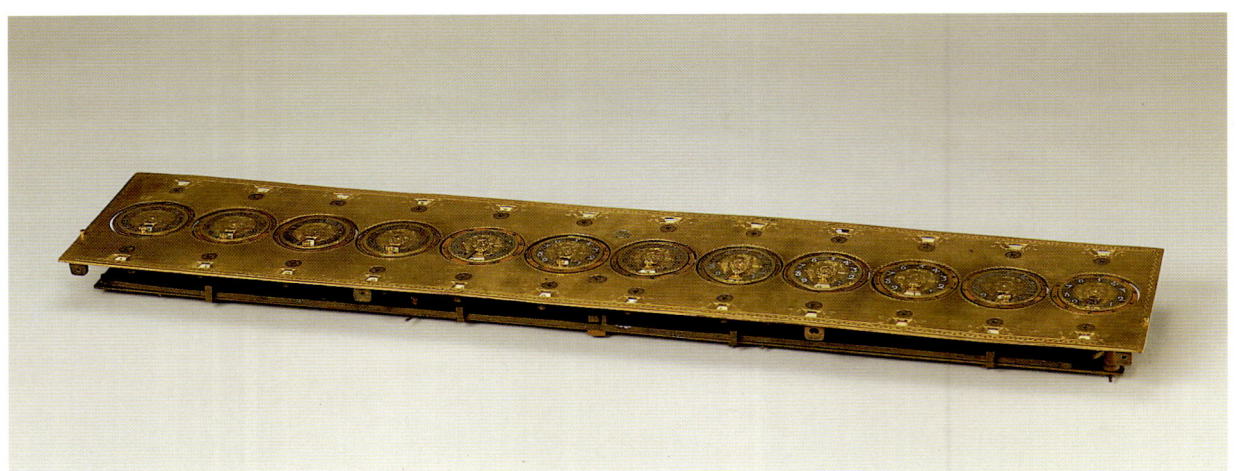

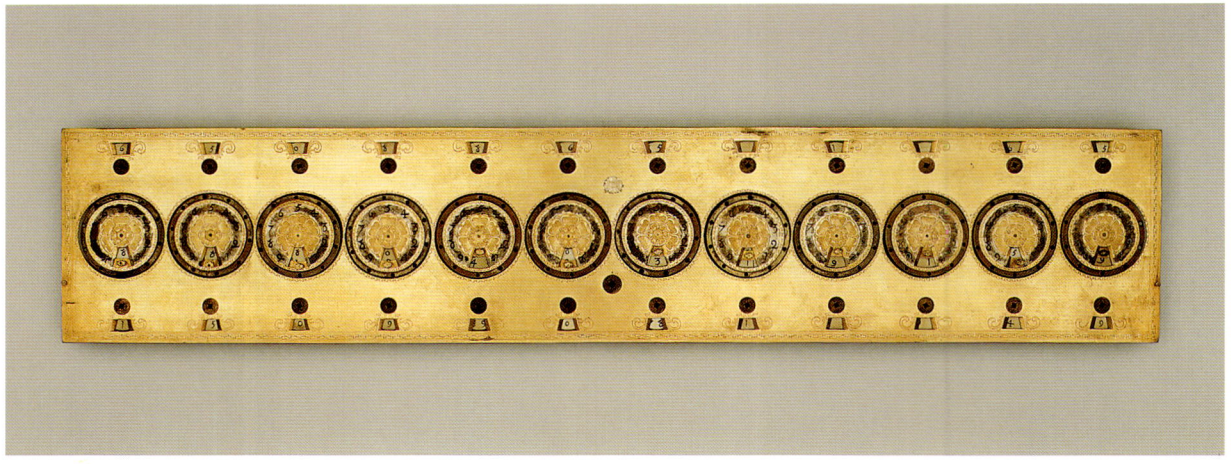

这件计算机有十二个圆盘，表示十二位数，除上盘中央没有刻数位名称外，其余均同于十位的盘式计算机。

85

纸筹式手摇计算机

清康熙
长17厘米 宽9厘米 高5厘米
清宫造办处
清宫旧藏

Hand calculator with paper countingrods
Made by the Workshops of Qing Court
Kangxi period, Qing Dynasty
Length: 17cm Width: 9cm
Height: 5cm
Qing Court Collection

筹式手摇计算机是清初以纳白尔算筹对巴斯加计算机改造而成的另一类计算机。

此件筹式计算机机匣内的算筹由纸制成，它的上面有十一条细缝，通过相邻的两条细缝可穿一张画着中国竖式纳白尔算筹的高丽纸，称为纸筹。因有十一条细缝，可穿十张纸筹，表示十位的数。

在这种计算机里有上下排列的十对铜轴，每轴的一端有一个六齿的齿轮。上下两轴的齿轮之间有个中间齿轮。由于中间齿轮的作用，当转动一个铜轴时，与它成对的另一个铜轴就按相同方向转动。当用一把钥

匙转动一个铜轴时，便将纸筹卷起，而另一轴便将纸筹放开，从而使得纸筹在计算机上左右移动。移动纸筹，以便按照纳白尔筹算方法进行运算。

盘式计算机的拨针和筹式计算机的钥匙都起着摇柄的作用。筹式计算机因其使用纳白尔筹，所以不仅能作乘除法，而且也能进行平方、立方、开平方及开立方运算。

86

铜镀金纳白尔筹式手摇计算机
清康熙
长58厘米 宽12.5厘米 高4.5厘米
清宫造办处
清宫旧藏

Gilt-copper hand calculator with Napier's countingrods
Made by the Workshops of Qing Court
Kangxi period, Qing Dynasty
Length: 58cm Width: 12.5cm
Height: 4.5cm
Qing Court Collection

这台筹式计算机，其外形呈长方体形，在计算机上面有十个长方孔，内有十个牙筹，可表示十位数。每个长方孔下面接有一个可转动的旋钮。通过长方孔可看到放在计算机里面圆柱体上的数码。在每一长方孔里面放着一个可以转动的圆柱体，在圆柱体上刻着中国竖式象牙制的纳白尔算筹，算筹上的数字用阿拉伯字码表示。计算时，拨动旋转，可通过纳白尔筹算方法进行运算。

87 铜镀金筹式手摇计算机

清康熙
长60厘米　宽12厘米　高5厘米
清宫造办处
清宫旧藏

Gilt-copper hand calculator with countingrods
Made by the Workshops of Qing Court
Kangxi period, Qing Dynasty
Length: 60cm　Width: 12cm
Height: 5cm
Qing Court Collection

这台筹式计算机四周刻有中国吉祥纹饰回纹边。在表面上开有十二个长8.8厘米、宽0.8厘米的长方孔，可表示十二位数。每个孔下有个圆柱形的筹滚，其上贴着用象牙制的中国式纳白尔算筹。筹上的一竖行数目字正好从一长方孔露出。在长方孔的上端由右至左写着"末"、"二"……"十二"等字，在长方孔下端这些字之下都加一个"位"字，表示第几位数。计算机上面有长条形的游标，可上下平行移动。其上有十四个方孔，中间十二个可看出象牙筹上的十个数码。孔的上方从右至左分别刻着"单数"、"十数"、"百数"、"千亿"、"万亿"等字样。从方孔读到象牙筹上某一数码时，根据游标上的文字即知这一数码在哪一数位上。

此台筹式计算机可通过中国竖式算筹进行四则运算及开平方、开立方等运算。

88

铜镀金带游标筹式手摇计算机
清康熙
长45厘米 宽7.7厘米 高4厘米
清宫造办处
清宫旧藏

Gilt-copper hand calculator with countingrods and sliding index
Made by the Workshops of Qing Court
Kangxi period, Qing Dynasty
Length: 45cm Width: 7.7cm Height: 4cm
Qing Court Collection

这件计算机外形呈长方体形，在计算机上面有十二个长方孔，通过长方孔可看到放在计算机里面带汉字的中国式算筹。用钥匙拨动旋转，通过算筹可进行四则运算及开平方、开立方等运算。

几何多面体模型

清康熙
匣长45.3厘米 宽27厘米 高9.2厘米
清宫造办处
清宫旧藏

A case of geometric polyhedron models
Made by the Workshops of Qing Court
Kangxi period, Qing Dynasty
Case length: 45.3cm   Width: 27cm
Height: 9.2cm
Qing Court Collection

几何体中的正多面体最早由公元前5世纪希腊的毕达哥拉斯学派发现并研究,称之为宇宙体,并分别用正四面体、正六面体、正八面体、正十二面体代表"火、风、土、水"四大元素,把最后发现的正十二面体视作宇宙整体,从而使这些几何体罩上了一层神秘的色彩。

欧几里德的《几何原本》的第十三篇讨论了这五种正多面体,并证明了正多面体只有五种。

这匣几何体模型全部由楠木精制。匣内附有说明书一份,面上楷书写"各等面体七十一号"。此立体几何体模型是清宫造办处为康熙皇帝学习几何学所制造的教学用具。

90 楠木雕花框镶银刻比例表炕桌

清康熙
桌长96厘米　宽64厘米　高32厘米
清宫造办处
清宫旧藏

Nanmu wood couch table with carved frame inlaid with silver plates and carved with proportional tables
Made by the Workshops of Qing Court
Kangxi period, Qing Dynasty
Length: 96cm　Width: 64cm　Height: 32cm
Qing Court Collection

这是一件为康熙皇帝便于数学演算而特制的炕桌，桌面嵌有三块银板，可活动装卸。桌内膛有七个大小不等的格子，用于存放计算和绘图工具。

桌子中间为正方形银板，用于绘图书写。左、右两边长方形银板上刻画着许多表格和图形。左边一块银板的一端刻有十条横线和斜线组成的精确到一千分之一的分厘尺。在银板的中央刻有五条射线，标以"开平方"及"求圆半径"字样，两侧分别为相比例面表与开平方面表，还有十条横线和斜线组成的"分厘尺寸"的分厘尺。在右边银板的一端刻有十条横线和斜线组成的精确到一千分之一的分厘尺。尺上方刻有五条射线，射线的另一端刻有"开立方"及"求球半径"、"又测米堆"的字样。两侧分别是相比例体表与开立方体表。

这张炕桌是康熙皇帝读书时的专用设备，桌面银板上的各种数学、比重表等可供他随时查阅，一目了然。

91 康熙用数学用表
清康熙
清宫造办处
清宫旧藏

Mathematical tables used by Emperor Kangxi
Made by the Workshops of Qing Court
Kangxi period, Qing Dynasty
Qing Court Collection

这几本数学用表，为《对数广运》、《御制数表精详》。既可用于查三角函数值，也可查多种物质的比重。它们当中有用汉字书写，也有用拉丁文书写，其中用汉字的数表，为清宫自制，用拉丁文书写的表，应是传教士带进，又经清宫改造而成的中西合璧数表。

这些数表大小、薄厚不均，有用工笔精抄的，还用两色木板套印的，装帧都很精良，不但是实用的数学工具书，也是中国印刷出版史上的艺术精品。

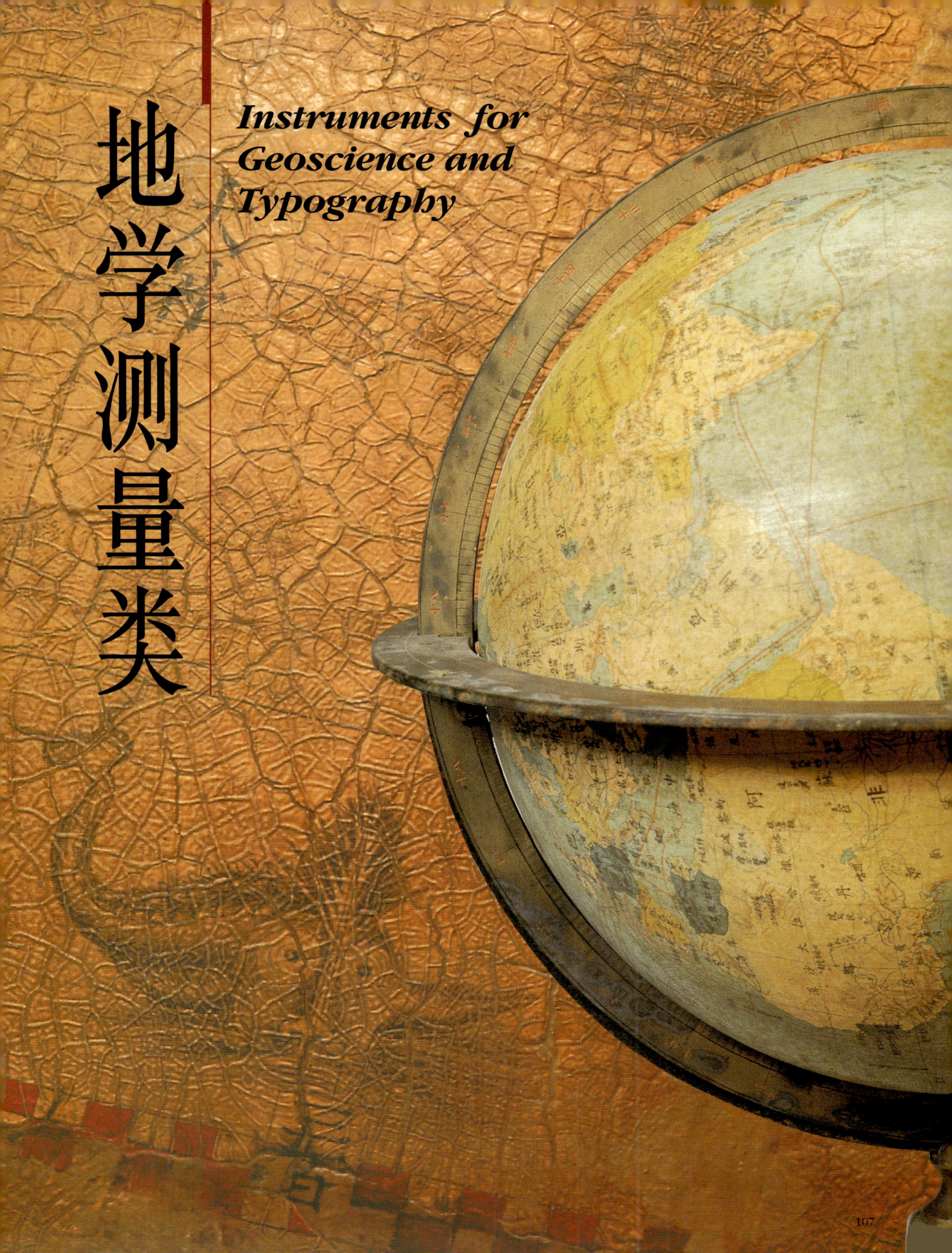

地学测量类

Instruments for Geoscience and Typography

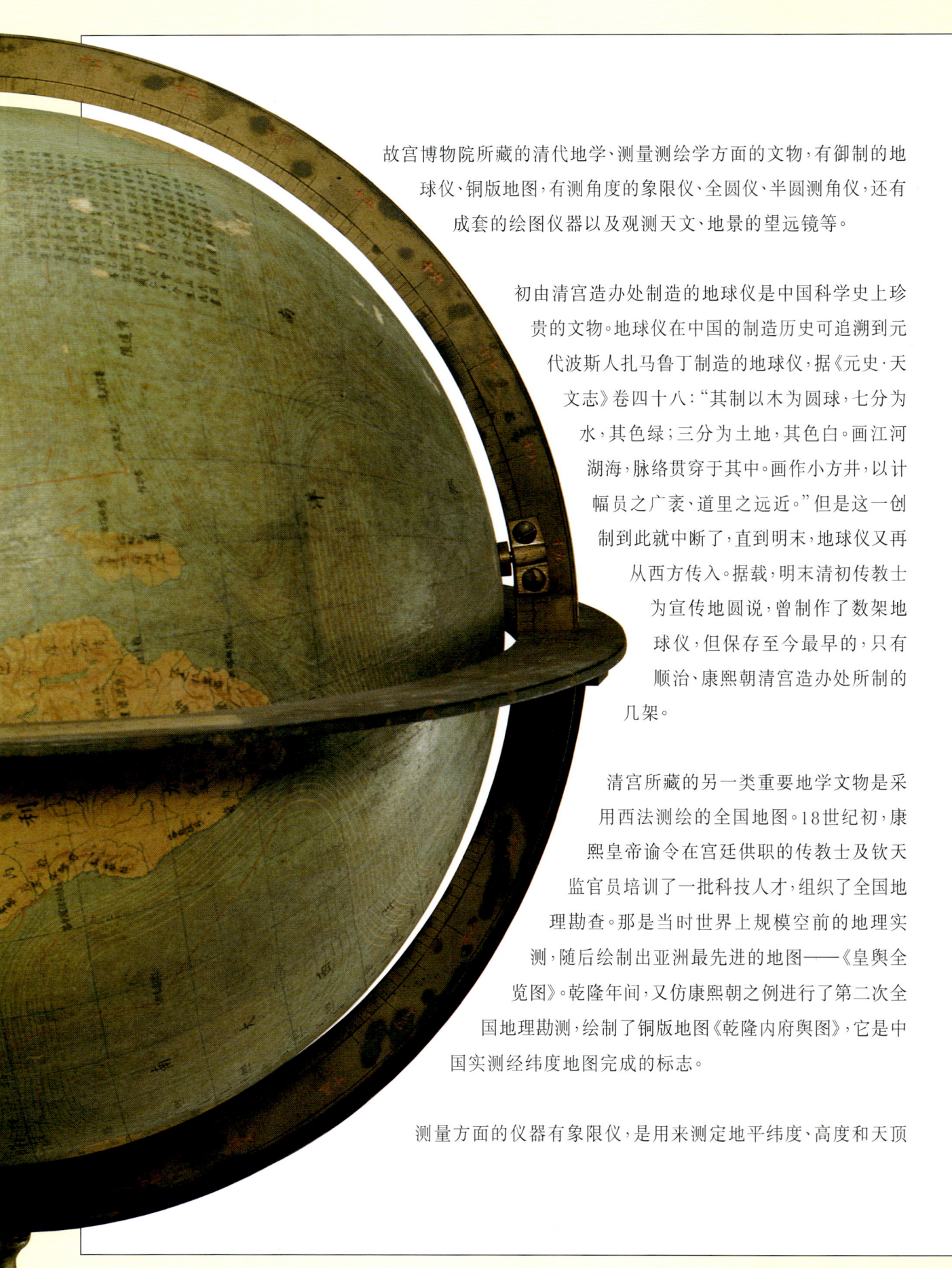

故宫博物院所藏的清代地学、测量测绘学方面的文物,有御制的地球仪、铜版地图,有测角度的象限仪、全圆仪、半圆测角仪,还有成套的绘图仪器以及观测天文、地景的望远镜等。

初由清宫造办处制造的地球仪是中国科学史上珍贵的文物。地球仪在中国的制造历史可追溯到元代波斯人扎马鲁丁制造的地球仪,据《元史·天文志》卷四十八:"其制以木为圆球,七分为水,其色绿;三分为土地,其色白。画江河湖海,脉络贯穿于其中。画作小方井,以计幅员之广袤、道里之远近。"但是这一创制到此就中断了,直到明末,地球仪又再从西方传入。据载,明末清初传教士为宣传地圆说,曾制作了数架地球仪,但保存至今最早的,只有顺治、康熙朝清宫造办处所制的几架。

清宫所藏的另一类重要地学文物是采用西法测绘的全国地图。18世纪初,康熙皇帝谕令在宫廷供职的传教士及钦天监官员培训了一批科技人才,组织了全国地理勘查。那是当时世界上规模空前的地理实测,随后绘制出亚洲最先进的地图——《皇舆全览图》。乾隆年间,又仿康熙朝之例进行了第二次全国地理勘测,绘制了铜版地图《乾隆内府舆图》,它是中国实测经纬度地图完成的标志。

测量方面的仪器有象限仪,是用来测定地平纬度、高度和天顶距的仪器。17世纪之前,欧洲的天文地理观测就已广泛使用象限仪。早期在中国制作并使用象限仪的是明崇祯年间受西学影响的徐光启。清康熙年间,传教士南怀仁造象限仪等六仪器安装在京观象台。以后随着康熙倡导的皇家大地测量活动,象限仪不断在皇宫出现,多数产于法国、英国,少数为清宫造办处所制。故宫收藏的这类藏品,由于体积小,象限半径短,大都用于做地理测量。

清宫所藏的其他测量仪器,如全圆仪、半圆仪、平板仪等,多为英、法等国家制造。因年代久远,这些仪盘上所安装的调整水平的铅坠线均已丢失,但多数装有罗盘仪,有些还安装了望远镜以取代传统的窥管,可使仪器既能适宜远距离测量,又能把握其精确度,这是清宫测量仪的一个重要特点。

清宫绘图仪器,一般都是成组装配,外有银、木、漆、鲨鱼皮等制成的盒套,每套六至二十余件不等,有比例规、分厘尺、折叠角尺、卡尺、半圆规、两脚规、鸭嘴笔等。为适应野外作业,有的还配以火燫、剪子、小刀、黑板、牙质画棒等。绘图仪器多为铜镀金质,也有用象牙、银、铁质制作,产地为法国、英国和清宫造办处。

清宫留存的物理学方面的仪器,有望远镜、聚光镜、傅科摆等几类。

故宫珍藏的望远镜有折射望远镜和反射望远镜两种。望远镜传入中国是在明朝末年。德国传教士汤若望著《远镜说》并为宫廷制作了实物。清宫望远镜早期基本上是以凸透镜为物镜,以凹透镜为目镜的伽俐略式望远镜。乾隆朝后,随着欧洲望远镜的发展,清宫中也出现了反射望远镜。有的望远镜筒上还安装有一小型寻星镜。另外在全圆仪、半圆仪上也安装了目视望远镜,以提高观测的准确度。

清宫铜质聚光镜是一件金属凹镜。17世纪时,欧洲科学家马里奥特(Edme Mariotte)和胡克(Robert Hoobe)采用金属凹镜以实验证实了关于火与光的射线中幅射热的区别,这种物理学的实验也进入了清宫。

傅科摆模型是根据法国物理学家傅科(Jean Bernard Leon·Foucault)于1851年为证实地球的自转而设计的摆。但清宫藏傅科摆模型,因物体不大,仅作为学习教具使用。

92 顺治朝地球仪

清顺治
高19厘米 座径34厘米 球径10厘米
清钦天监
清宫旧藏

Terrestrial globe
Made by the Workshops of Qing Court
Shunzhi period, Qing Dynasty
Overall height: 19cm
Pedestal diameter: 34cm
Globe diameter: 10cm
Qing Court Collection

《皇朝礼器图式·卷三》

这是清宫收藏的最早的一件地球仪，为铁质镀金，底座八角形状，每角饰铸一龙首，底座四立柱中置一地球仪。此仪锈蚀严重，模糊不清，但仍能看出球径上有镀金痕迹。

93 康熙朝地球仪

清康熙
通高135厘米　球径70厘米
清宫造办处
清宫旧藏

Terrestrial globe
Made by the Workshops of Qing Court
Kangxi period, Qing Dynasty
Overall height: 135cm
Globe diameter: 70cm
Qing Court Collection

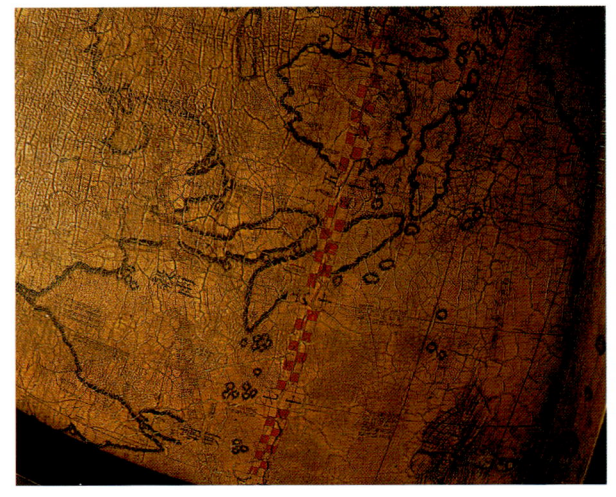
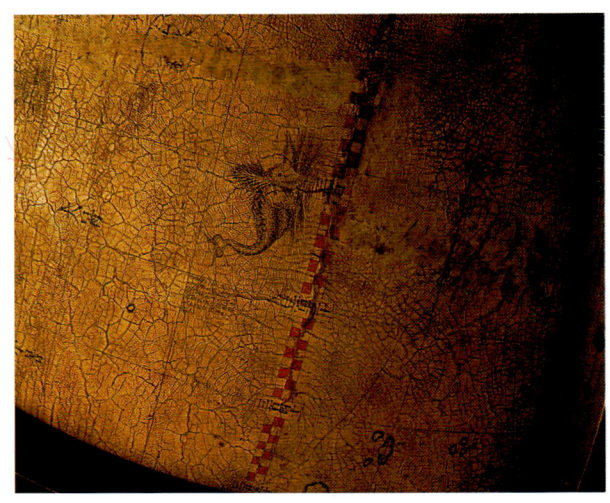

西方人的地理知识,很大程度是依靠航海经验积累的,其中地球仪的制作就是这种知识的实践。地球仪制作方法是先做成木质骨架,再往上填满泥膏,使之成为球形,然后将球面打光,上油漆,最后画地图,写上说明文字。

这架地球仪球面上,纵向排列有南北极圈,南北回归线、赤道、黄道以及纬度线。黄道上有二十四节气名称,纵向排画的是经度线。本初子午线,在西太平洋上,但并不采用东西经的办法,而是由0°到360°,180°线通过英国以西的大西洋(球面模糊)。经纬线都是每隔10°画一条。

球面地图上大陆部分有行政区划线(国界),有河流、湖泊及中国长城等。南美的南部能分辨出火地岛、亚马逊河。西南太平洋上澳大利亚、菲律宾、爪哇、马来半岛、新几内亚、新西兰以及日本、白令海峡等都有,南极也有轮廓线。图上画有航线,海上有不少地方画各种水兽,形状奇特,而非真实。地名均黑色楷书,如"北京"、"太原"、"兰州"等,但北美和欧洲字迹模糊,有些地方海岸线已无法辨认。

球体安装在黄铜制的地平圈上,地平圈上面有刻度,分为四段,每段90°,用汉字写"一十"、"二十"……"九十"。北极上有时盘,上刻"子初"、"子正"、"丑初"、"丑正"等字样。

94 光绪朝地球仪

清光绪
通高51厘米 球径25厘米
中国
清宫旧藏

Terrestrial globe
Made in China
Guangxu period, Qing Dynasty
Overall height: 51cm
Globe diameter: 25cm
Qing Court Collection

地球仪呈蓝色，上绘世界地理图形，字迹清晰。球面标有说明，介绍地球的简要历史。题款为"光绪庚辰夏四月石埭杨文会仁山氏识，善化萧仁杰介生氏书"。

95 乾隆内府舆图铜版

清乾隆
铜版长76厘米　宽45.8厘米　厚1厘米
清宫造办处
清宫旧藏

Copperplate of The Domain of Emperor Qianlong's Reign
Made by the Workshops of Qing Court
Qianlong period, Qing Dynasty
Length: 76cm　Width: 45.8cm
Thickness: 1cm
Qing Court Collection

清代《乾隆内府舆图》是乾隆年间在康熙《皇舆全览图》的基础上修订补充而成的全国地图，又称《乾隆皇舆全图》。

康熙年间，哈密以西地区未能实测，乾隆二十一年（1756）和乾隆二十四年（1759），两次派人前往测量。天山以北由何国宗和努三负责，以南由明安图负责，乾隆二十五年（1760）测量完毕。乾隆二十五年至二十七年（1760-1762），在宫廷供职的法国传教士蒋友仁（Michael Benoist）等，在《皇舆全览图》的基础上吸收了《西域图志》的新成果，同时利用法国传教士宋君荣（P. Aatoine Gaubil）收集的亚洲地理资料编绘成《乾隆内府舆图》。乾隆二十五年至三十五年（1760-1770）蒋友仁又负责将《乾隆内府舆图》制成铜版104方。其所用经纬网、投影和比例尺仍本康熙图，不但内容详密，而且还订正了西藏部分的错误。此图铜版于1925年在北京故宫发现，1932年重印。该图以纬度每隔5°为一排，共分十三排，故又名《乾隆十三排图》，这是其中的一块铜版。

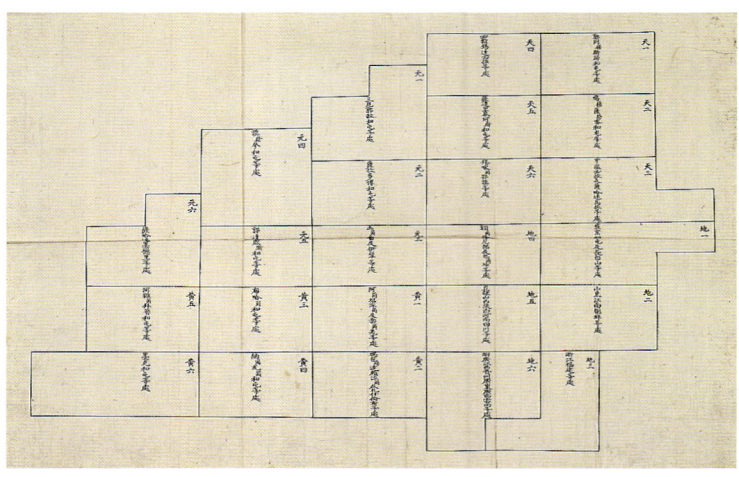

一〇四块铜版拼版示意图

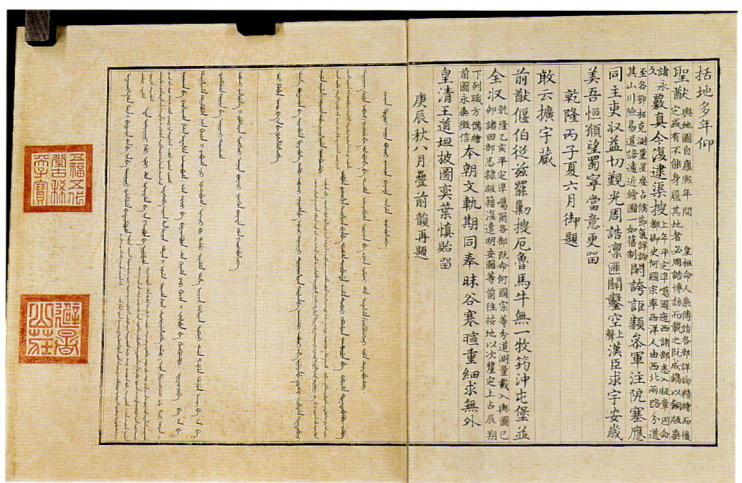

《皇舆全览图·内府刻本序》

96

木象限仪
清康熙
弧盘半径66厘米
清宫造办处
清宫旧藏

Wooden quadrant
Made by the Workshops of Qing Court
Kangxi period, Qing Dynasty
Arc disc radius: 66cm
Qing Court Collection

《皇朝礼器图式·卷三》

象限仪又称四分仪,即全圆的四分之一。其结构简洁,一般由90°扇形框架再配以游标与固定立耳瞄准器构成,既可用来测算天体的地平高度和天顶距,又可用来测算水平方向的距离。当用来测量高度时,先将仪器悬置,通过圆心与半径端的立耳将象限仪一侧半径对天顶,再通过圆心与游标上的立耳确认所观测的星,此时游标在象限弧上所指的刻度即是星的地平高度。如测水平方向的距离,需将仪器水平放置,先将一半径对准北极,再通过游标确认目标,对准北极的半径与游标所夹角即是测求的角度。

这件象限仪弧盘为木质结构,盘上固定有三个立耳瞄准器,弧盘中心有一游标长63厘米(立耳已失)。此仪附三角支架70厘米。

御制矩度象限仪

清康熙
弧盘半径27厘米
清宫造办处
清宫旧藏

The imperial quadrant with squares formed by crossed lines
Made by the Workshops of Qing Court
Kangxi period, Qing Dynasty
Arc disc radius: 27cm
Qing Court Collection

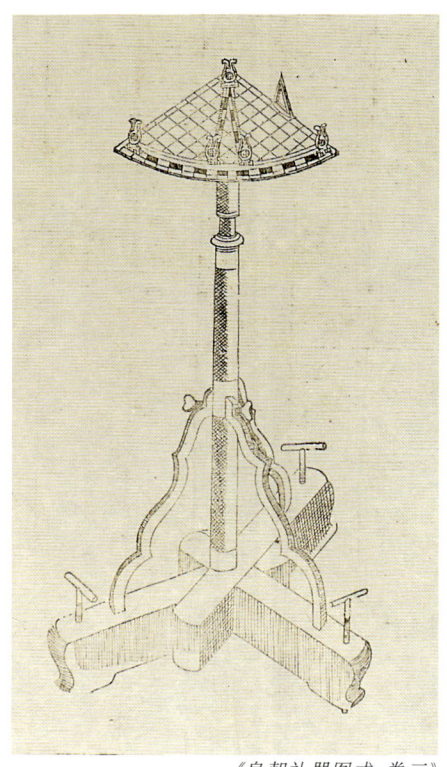

《皇朝礼器图式·卷三》

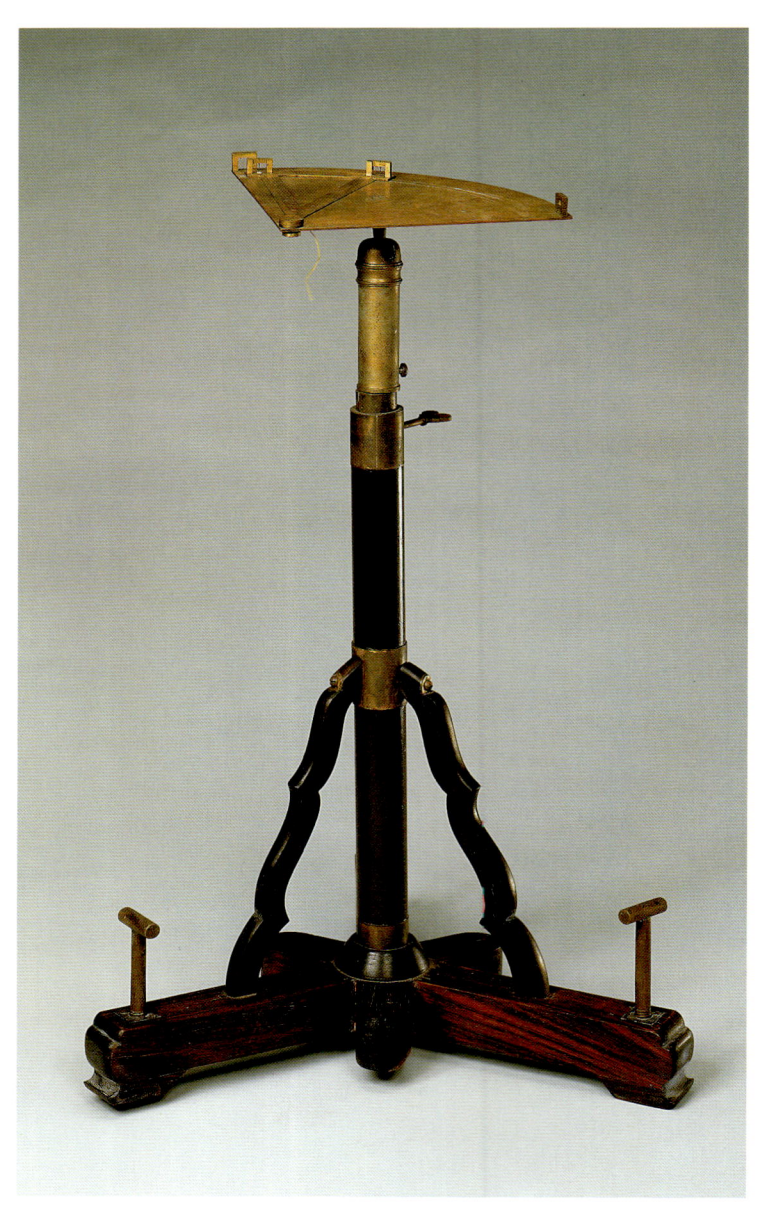

这件象限仪为铜质，它与一般象限仪差别在于从弧盘上的九等分刻度引出纵横直线垂直相交为矩形方格，故称"矩度象限仪"。另外，从这件仪器的圆心角还引出一支带立耳似三角形状的尺游标，也是其特点之一。此仪被收入《皇朝礼器图式》一书。

98

御制方矩象限仪
清康熙
方盘边长32厘米
清宫造办处
清宫旧藏

Quadrant with a square disc made by the imperial order
Made by the Workshops of Qing Court
Kangxi period, Qing Dynasty
Length of the square disc: 32cm
Qing Court Collection

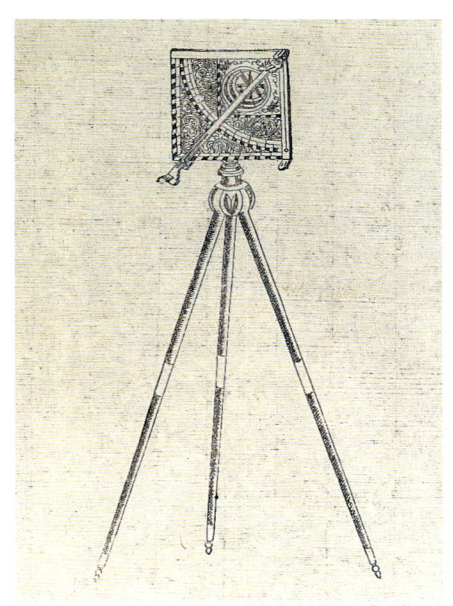

《皇朝礼器图式·卷三》

这件方矩象限仪与普通象限仪的差别在于将象限仪铸制在一个正方形铜盘中，此方盘上有0°到90°和0°到100°刻度，两边各固定一立耳瞄准器，方盘一角置一游标，两端各置一立耳瞄准器。在其扇形盘内刻有方矩线，方盘边与象限弧边均有十等分刻度。象限仪中还嵌有一盘径14厘米的象限罗盘。此仪上原悬有铅垂线（现已失），便于测天体高度时确立天顶。这件仪器盘面镌有"康熙御制"款识，被收入《皇朝礼器图式》一书。

99

康熙御制款铜镀金象限仪

清康熙
弧盘半径41.5厘米
清宫造办处
清宫旧藏

Gilt-copper quadrant with the mark "Kangxi Yu Zhi" (made by the emperor Kangxi's order)
Made by the Workshops of Qing Court
Kangxi period, Qing Dynasty
Arc disc radius: 41.5cm
Qing Court Collection

象限弧盘刻0°到90°，半径两端固定有立耳瞄准器，通过圆心置活动游标长48厘米。象限弧盘錾西洋花纹饰，盘内嵌一指南针，盘径6.5厘米。象限仪弧盘镌有"康熙御制"四字。

100 铜镀金象限仪

18世纪
弧盘半径41.5厘米
欧洲
清宫旧藏

Gilt-copper quadrant
Made in Europe
18th century
Arc disc radius: 41.5cm
Qing Court Collection

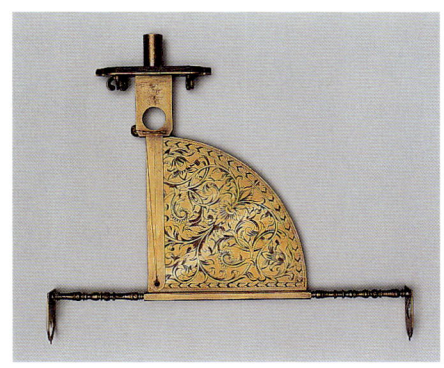

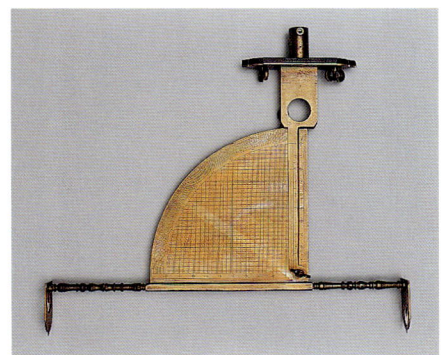

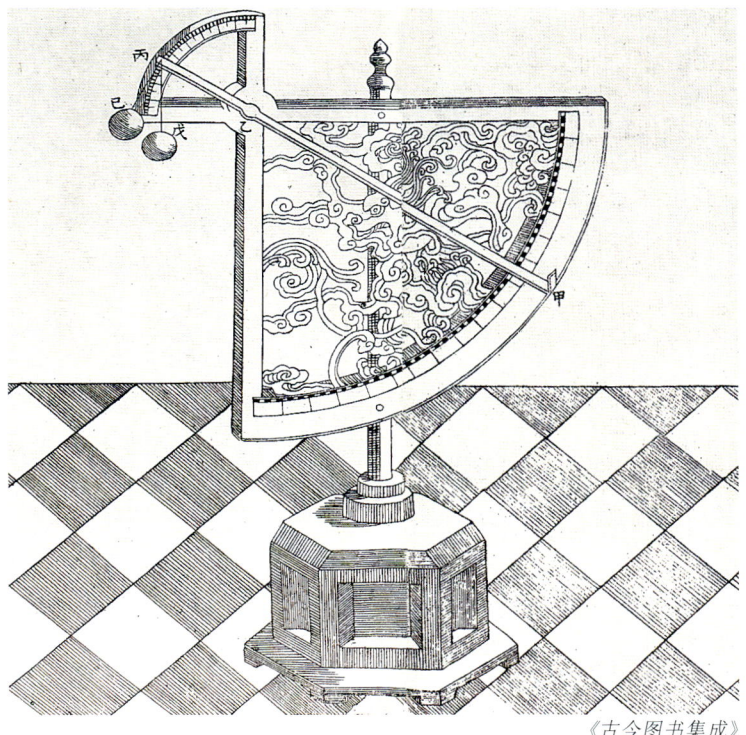

《古今图书集成》

象限仪弧盘上刻0°到100°和0°到90°，两端置固定立耳瞄准器，盘中心置游标长30厘米。

101 铜制测高弧象限仪

清康熙
附铜架通高66厘米　弧盘半径66厘米
清宫造办处
清宫旧藏

Copper arc quadrant for finding zenith distance
Made by the Workshops of Qing Court
Kangxi period, Qing Dynasty
Overall height: 66cm
Arc disc radius: 66cm
Qing Court Collection

《皇朝礼器图式·卷三》

测高弧象限仪的正确放置方式应如线图所示，仪器弧度超出90°为100°。此仪的圆心处装有一个四面穿孔的小圆柱，可以转动。在象限弧两端各有一个立耳瞄准器，立耳上有中线，使用者调整仪器，使日光从圆柱细缝透过后恰好落在立耳的中线上，这时圆柱细缝和立耳的连线正确表示了太阳光的方向，立耳中线指示的度数和坠线（已失）指示的度数之差就是太阳的天顶距。象限仪底座盘嵌一指南针，可校正测量方向。此仪收入《皇朝礼器图式》一书。

102

铜镀金双千里镜象限仪

18世纪
附铁架通高146厘米 弧盘半径50厘米
英国伦敦
清宫旧藏

Gilt-copper quadrant with two telescopes
Made in London, England
18th century
Overall height: 146cm
Arc disc radius: 50cm
Qing Court Collection

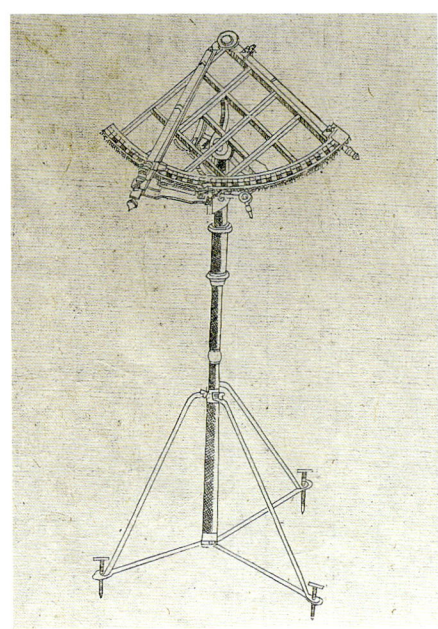

《皇朝礼器图式·卷三》

象限仪弧盘刻有0°到500°和0°到90°，在弧盘一直角边下面有一望远镜，固定不动，作为定表；另在弧盘象限中心安有一可移动的望远镜，作为游标。两架望远镜均长55厘米，筒径2.5厘米，观测目标呈倒像，内有十字丝，为开普勒式折射望远镜。在象限仪盘下面安有纵、横两个半圆形齿轮，可调控仪盘，使象限仪既可测水平面内的角度，也可测垂直面内的角度。在象限仪弧盘上镌有英文："Made by The Wright Instrument Maker to His Royal Highness George Prince of WALES"。

"The WRIGHT In Fleet Street Feclt Barbot London"即：伦敦 佛里特大街敕特仪器制造商为威尔士亲王乔治殿下制造。

103 铜千里镜象限仪

清乾隆
弧盘半径75厘米
清宫造办处
清宫旧藏

Copper quadrant with a telescope
Made by the Workshops of Qing Court
Qianlong period, Qing Dynasty
Arc disc radius: 75cm
Qing Court Collection

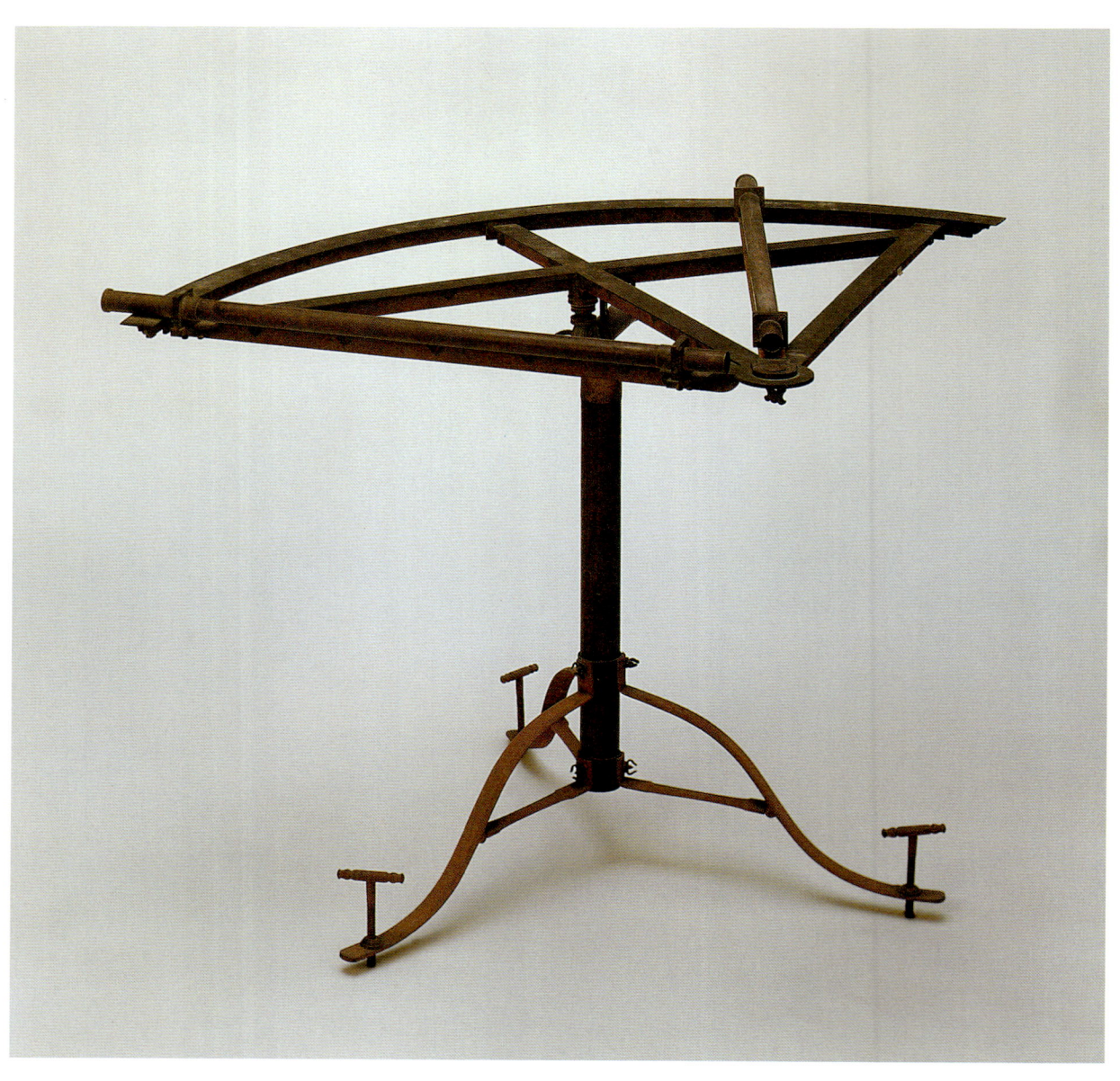

象限仪弧盘上刻0°到90°，其弧盘直边固定一望远镜，作为定表；另在弧盘象限中心安有一可移动的望远镜，作为游标。两架望远镜均长70厘米、筒径2.5厘米，物镜、目镜已失。

104

测炮象限仪
清乾隆
高18.5厘米
清宫造办处
清宫旧藏

Quadrant for range-finding of a cannon
Made by the Workshops of Qing Court
Qianlong period, Qing Dynasty
Height: 18.5cm
Qing Court Collection

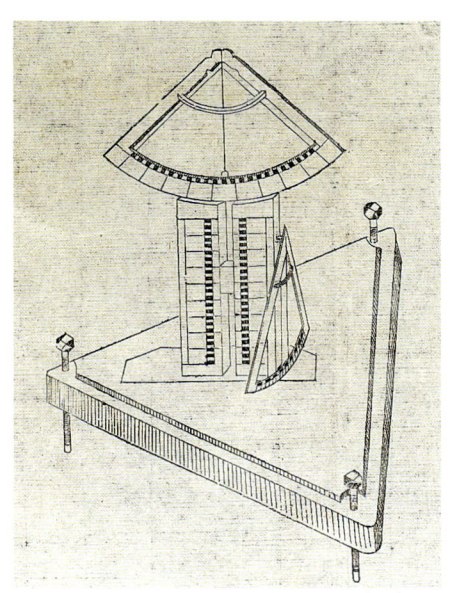

《皇朝礼器图式·卷三》

此仪使用时置炮上，通过游标内所穿小孔可以测算出炮与目标的距离与角度。这件仪器被收入《皇朝礼器图式》一书。

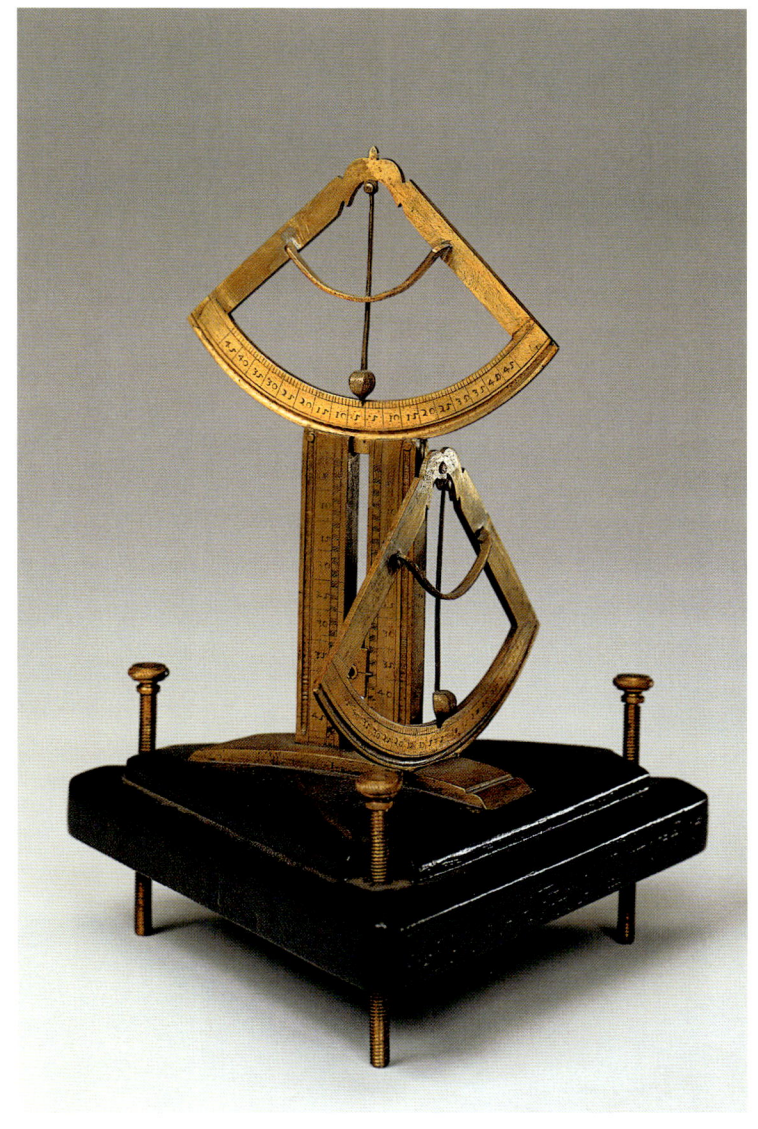

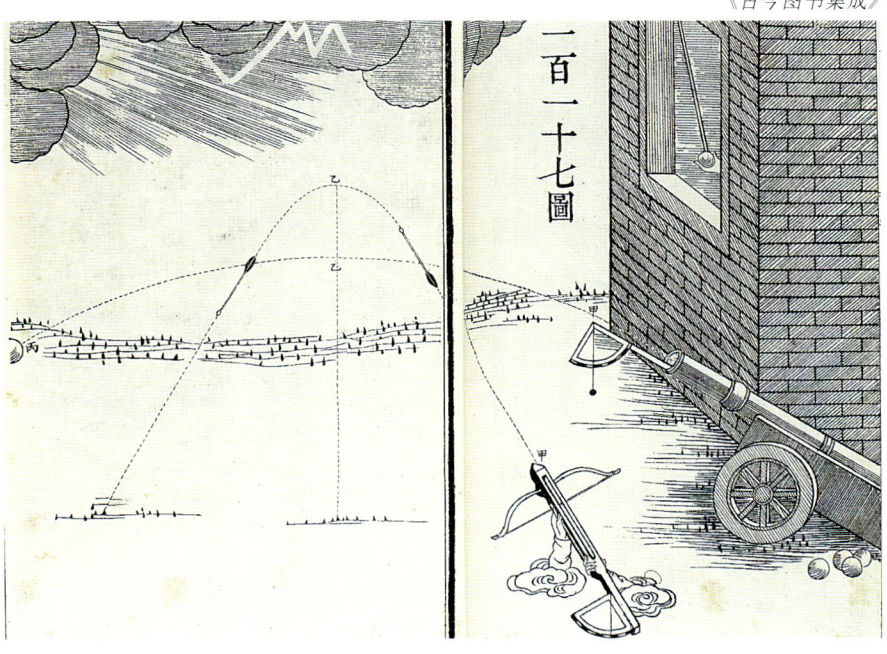

《古今图书集成》

木质单游标半圆仪
清康熙
盘半径23厘米
清宫造办处
清宫旧藏

Wooden semi-circle protractor with a movable pointer
Made by the Workshops of Qing Court
Kangxi period, Qing Dynasty
Disc radius: 23cm
Qing Court Collection

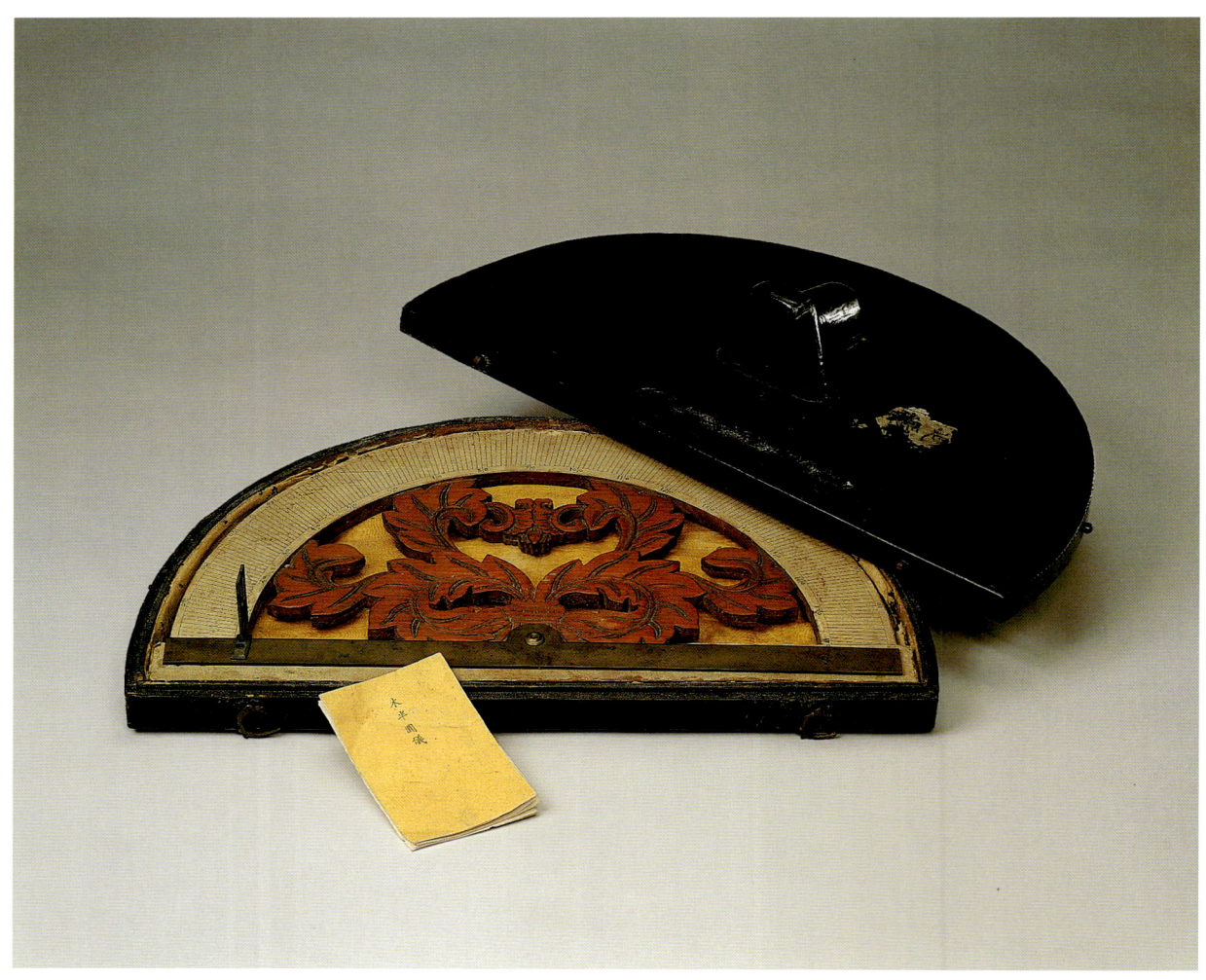

此仪盘上围刻0°到180°，盘两端的立耳瞄准器和游标、铅坠线均已失，盘心錾刻西洋花纹饰。半圆仪配备黑漆木盒。

106 四游标半圆仪

清康熙五十三年（1714）
盘半径42厘米
清宫造办处
清宫旧藏

Semi-circle protractor with four movable pointers
Made by the Workshops of Qing Court
53rd year of Kangxi's reign, Qing Dynasty (1714)
Disc radius: 42cm
Qing Court Collection

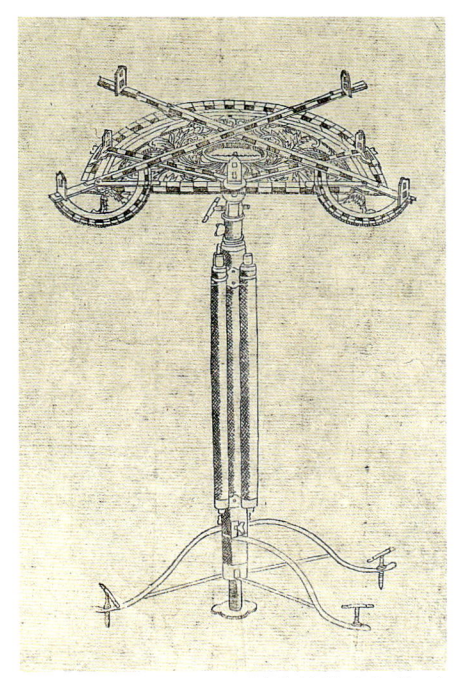

《皇朝礼器图式·卷三》

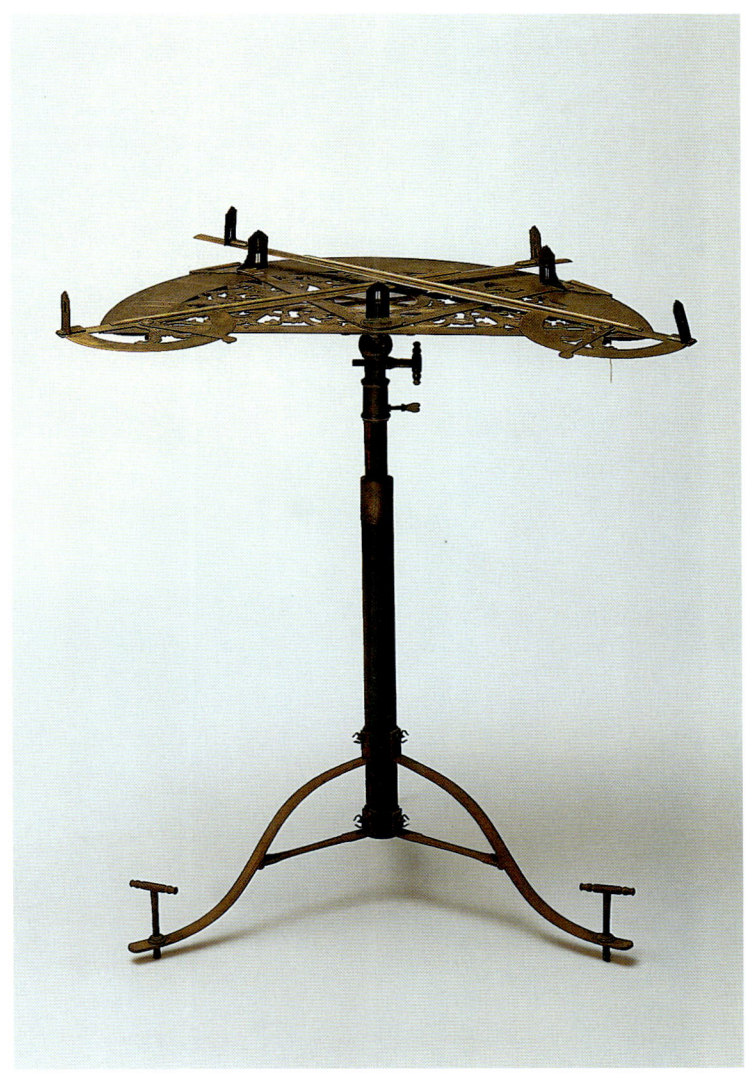

这是一件通过测角而求距离的仪器，仪盘围刻0°到90°到0°，盘中镶嵌一直径为12厘米的罗盘仪，在仪盘半圆底边两端各有一直径15厘米的小半圆仪，其上各置一游标，长48厘米，均刻100°到2200°。使用时通过游标及所测目标相交成三角形，便可计算出欲求的高度或距离。此仪盘以典型的罗柯可式西洋花纹装饰，并镌刻"康熙御制"、"岁次甲午年制"等款识。甲午为康熙五十三年（1714）。

107 银质单游标半圆仪
清康熙
盘半径9厘米
清宫造办处
清宫旧藏

Silver semi-circle protractor with a movable pointer
Made by the Workshops of Qing Court
Kangxi period, Qing Dynasty
Disc radius: 9cm
Qing Court Collection

此仪盘边围刻0°到180°，附置一盘径2.5厘米的指南针。在仪盘直径两端固定有立耳瞄准器，仪盘圆心处置有一带立耳的游标，表端安装有立耳，通过仪盘直径两端立耳与游标即可测出水平的方位角。

108 铜单游标半圆仪
清康熙
盘半径51厘米
清宫造办处
清宫旧藏

Copper semi-circle protractor
with a movable pointer
Made by the Workshops of Qing Court
Kangxi period, Qing Dynasty
Disc radius: 51cm
Qing Court Collection

半圆仪盘边围刻0°到90°到0°,盘中嵌一直径7.5厘米的罗盘仪,仪盘直径两端各置一立耳瞄准器,通过仪盘圆心的是一长95厘米的游标。测量角度时,先以固定立耳对准目标,再滑动游标对准另一目标,即可测出两目标所张的角度,进而计算距离。

109 铜镀金单游标半圆仪
18世纪
盘半径22厘米
欧洲
清宫旧藏

Gilt-copper semi-circle protractor with a movable pointer
Made in Europe
18th century
Disc radius: 22cm
Qing Court Collection

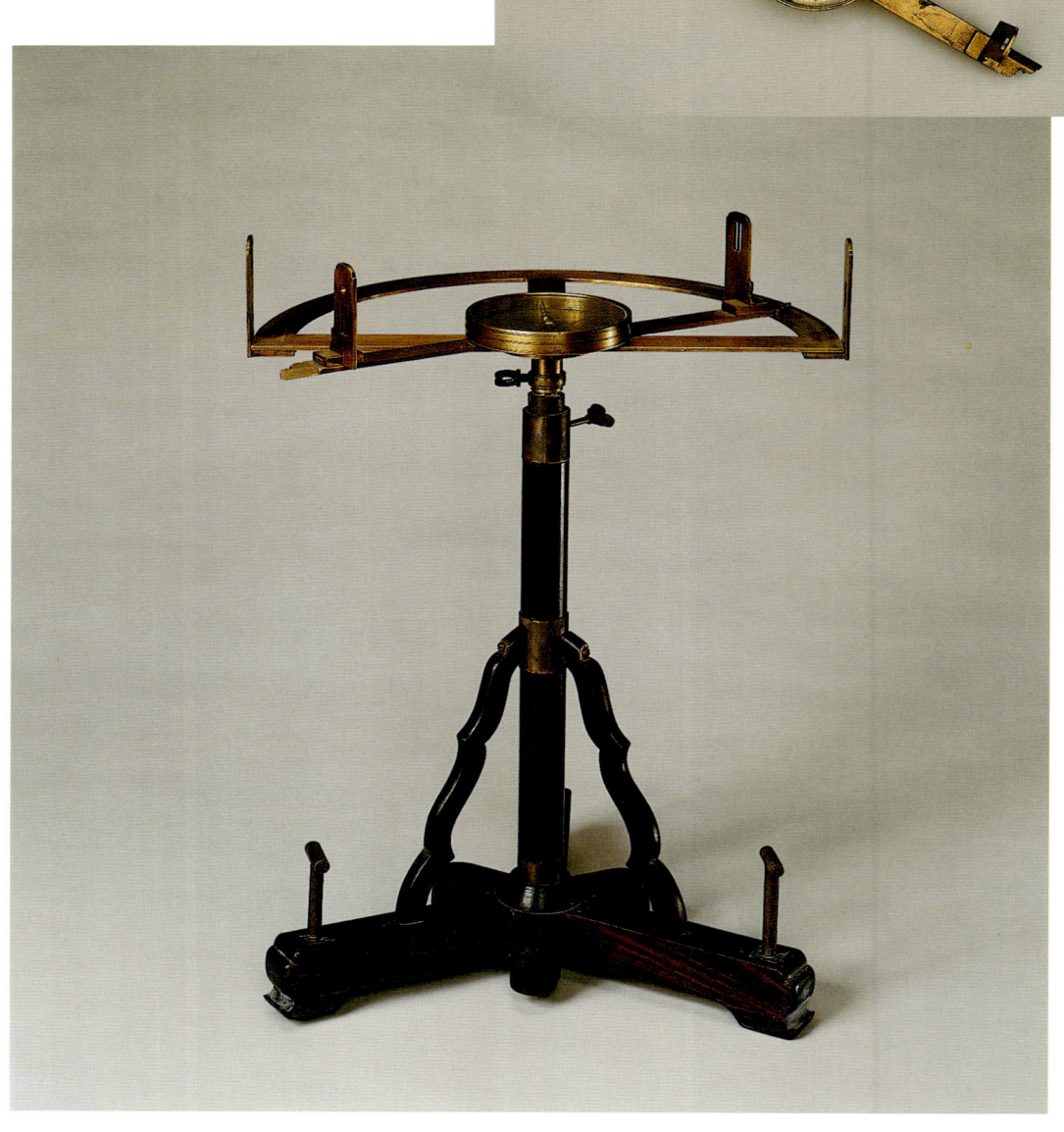

此仪盘中所嵌罗盘直径为10.5厘米,并标示"SE、S、SW、W、WN、N、NE、E"八个方向。

110

铜镀金巴黎款单游标半圆仪
18世纪
盘半径16厘米
法国巴黎
清宫旧藏

Gilt-copper semi-circle protractor with a movable pointer and a mark of Paris
Made in Paris, France
18th century
Disc radius: 16cm
Qing Court Collection

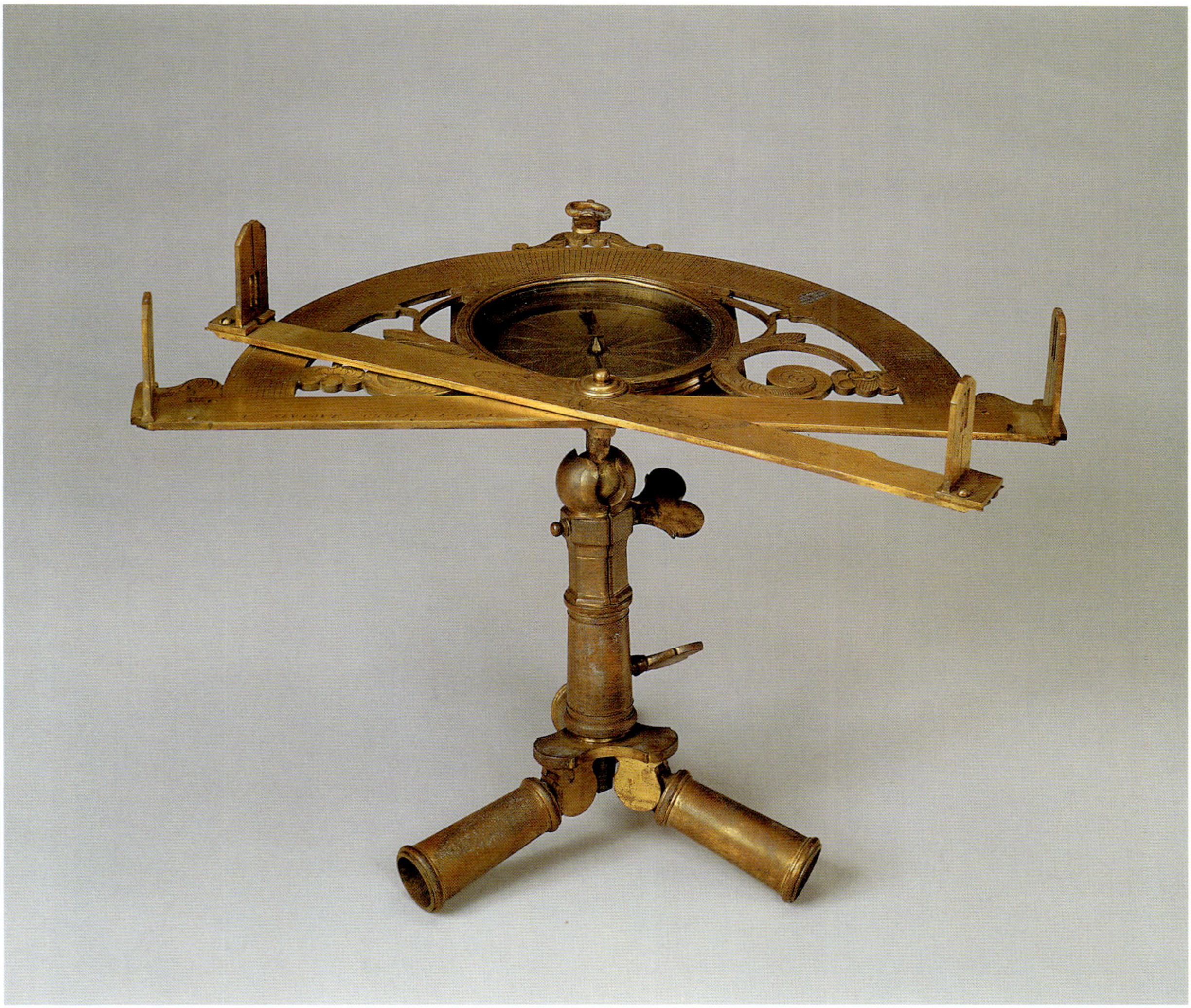

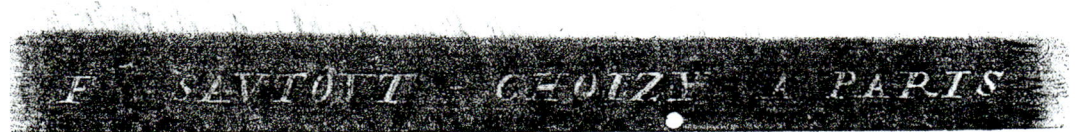

111

铜镀金单游标女神像半圆仪
18世纪
盘半径26厘米
法国巴黎
清宫旧藏

Gilt-copper semi-circle protractor with a movable pointer and images of goddess
Made in Paris, France
18th century
Disc radius: 26cm
Qing Court Collection

此仪半圆弧盘上方从左至右围刻0°到180°，下方从右至左围刻0°到90°到180°。仪盘中嵌一直径19厘米的罗盘，上写西文："NORT N Nortest Est E Nortest SUD Ouest"。半圆仪盘上也镌有西文："BUTTERFIELD A PARIS"。此仪附有清宫当年所附黄条墨书："廿一号 镀金大半圆仪一件 木架 有原说"。

112

铜镀金单游标半圆仪
18世纪
盘半径17厘米
欧洲
清宫旧藏

Gilt-copper semi-circle protractor with a movable pointer
Made in Europe
18th century
Disc radius: 17cm
Qing Court Collection

此仪盘边围刻0°到180°，盘圆心安游标长15厘米，盘中心置罗盘直径5厘米。

《古今图书集成》

113 四游千里镜半圆仪

18世纪
通高30厘米 盘半径32厘米
欧洲
清宫旧藏

Semi-circle protractor with a telescope
Made in Europe
18th century
Overall height: 30cm
Disc radius: 32cm
Qing Court Collection

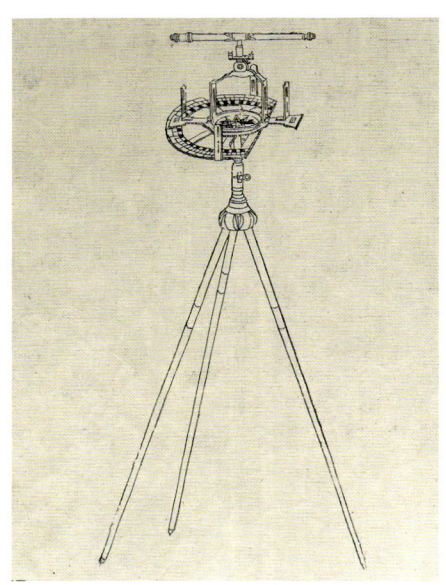

《皇朝礼器图式·卷三》

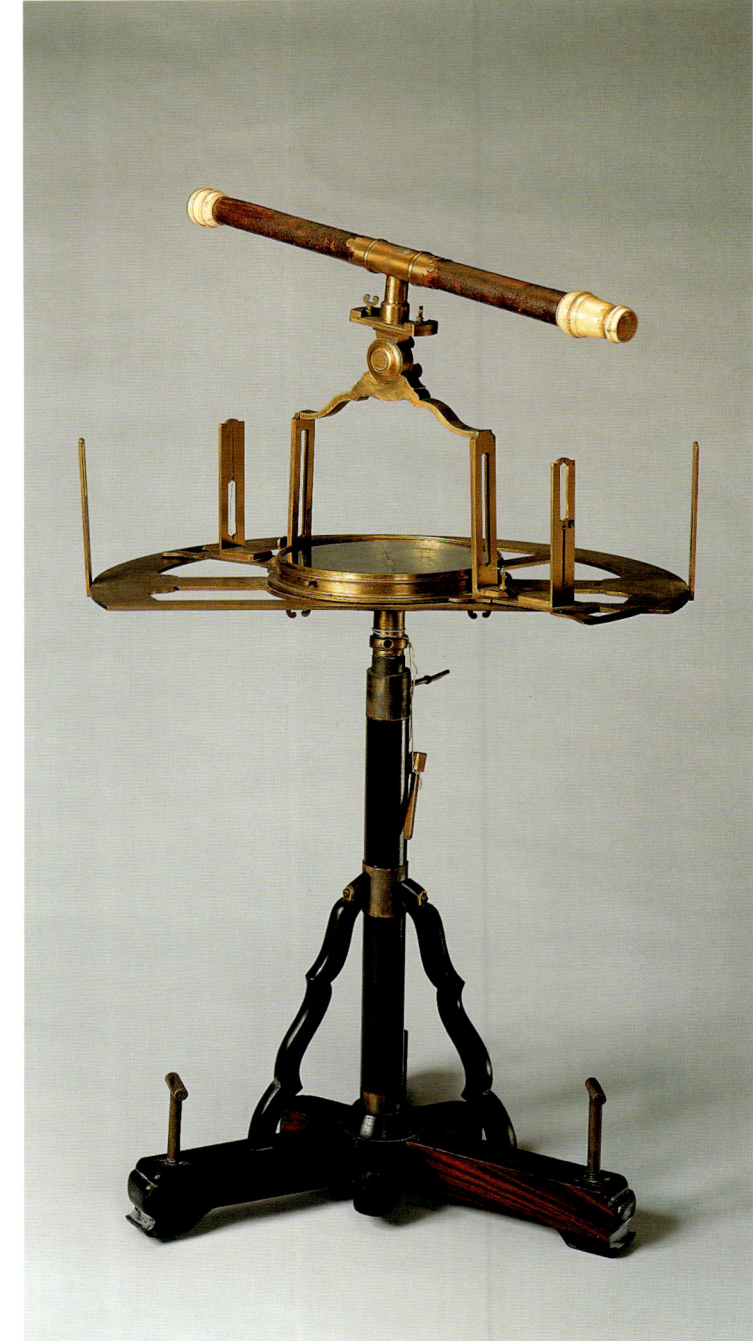

此仪盘围刻160°到360°，因此，严格意义上说，这应是件"多半圆仪"而非"半圆仪"。在仪盘直径两端各有一立耳瞄准器，直径为16厘米的罗盘置于半圆仪盘圆心，内刻1°到360°，并分别标明八个方向：South East North East North West South West。通过罗盘圆心（亦即多半圆仪圆心），横跨罗盘仪上方的游标实际是一架长42厘米的竹质望远镜，观测者通过望远镜寻找目标，而望远镜的支架同时也起游标上立耳瞄准器的作用。这件测量仪器既可测水平面内角度，也可将其倾斜90°测垂直面里的角度。仪盘上镌刻西文："CALE STES·PANDIE·PORTA"。

114

铜镀金全圆仪
18世纪
盘直径36厘米
英国
清宫旧藏

Gilt-copper whole circle protractor
Made in England
18th century
Disc diameter: 36cm
Qing Court Collection

此仪盘上围刻1°到360°，在直径两端固定有立耳瞄准器。盘中嵌罗盘仪，直径14厘米，盘内外圈刻1°到360°，内圈又刻10°到90°，标明"N、E、S、W"四个方向。在罗盘仪直径两端有固定立耳瞄准器，由于罗盘仪可旋转，盘上的立耳便起到了游标的作用。此仪盘上镌刻制作者名："E CUIPEPER LONDINI"。

115 铜镀金四定标全圆仪

18世纪
盘直径32.5厘米
清宫造办处
清宫旧藏

Gilt-copper whole circle protractor with four fixed sighting devices
Made by the Workshops of Qing Court
18th century
Disc diameter: 32.5cm
Qing Court Collection

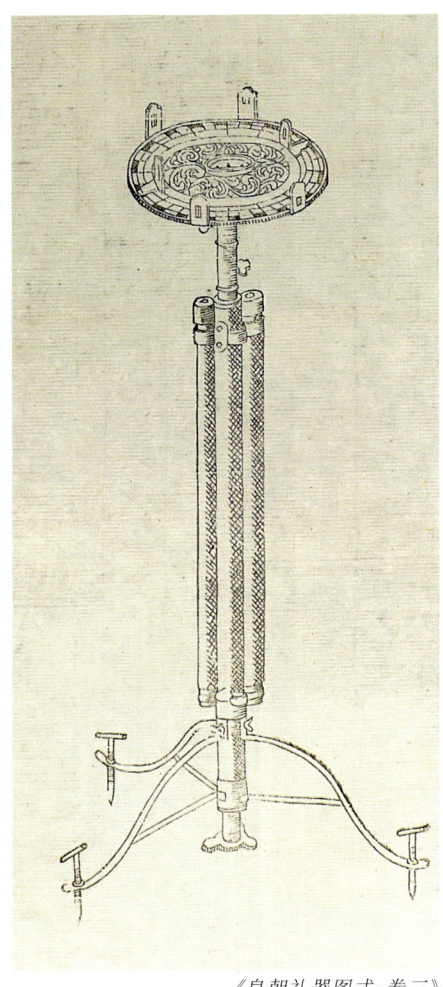

《皇朝礼器图式·卷三》

此仪有内、外两重盘，外盘边缘固定的四个立耳瞄准器将仪盘分为四个象限。内盘直径两端也设两个立耳瞄准器，由于内盘可转动，内盘的立耳便起游标作用。此仪既可测水平方向的角度，亦可作90°倾斜测垂直方向的角度。

116 铜镀金矩度全圆仪

18世纪
通高30厘米 盘直径20厘米
欧洲
清宫旧藏

Gilt-copper whole circle protractor with a carpenter's square
Made in Europe
18th century
Overall height: 30cm
Disc diameter: 20cm
Qing Court Collection

这件仪盘外周边经过圆盘直径处固定有二立耳，另有一长18厘米的游标穿过圆心，游标上附一罗盘，盘内刻360°并标明西文："Meridies Occides Septetrio Oriens"。在全圆仪盘一侧置一长20厘米的矩尺，尺上刻有1°到120°及西文："VMBRA VERSA"、"VMBRA RECTA"，此仪的水平位置需通过盘侧所悬铅垂线与底座上的调节钮来确定。

《皇朝礼器图式·卷三》

117 铜镀金双千里镜全圆仪

18世纪
通高33厘米 盘直径22.5厘米
法国巴黎
清宫旧藏

Gilt-copper whole circle protractor with two telescopes
Made in Paris, France
18th century
Overall height: 33cm
Disc diameter: 22.5cm
Qing Court Collection

此仪盘面刻360°，在盘上下方各有一小千里镜，盘上千里镜侧并附一直径仅4厘米的罗盘仪，当测量时，以盘下千里镜作定标，找到定点目标，以盘上千里镜作游标，它可指出盘面刻度，算出测量的角度。此仪盘可倾斜45°。盘面镌刻"Chapotot PARIS"。

118 铜镀金单千里镜全圆仪

18世纪
盘直径35厘米
欧洲
清宫旧藏

Gilt-copper whole circle protractor with a telescope
Made in Europe
18th century
Disc diameter: 35cm
Qing Court Collection

此仪盘上围刻10°到360°，共有四个立耳瞄准器，其中两个固定在直径两端做定标，另两个随中心罗盘仪活动作游标。游标上承一架长35厘米的正方筒铜镀金望远镜，可上下调节10厘米左右。望远镜一侧还附一长18厘米的水准管，以随时校正水平。全圆仪盘上镌刻"J·Rowley Fecit"。

119 铜镀金小花全圆仪

清乾隆
通高14厘米　直径18厘米
清宫造办处
清宫旧藏

Gilt-copper whole circle protractor in the shape of petal
Made by the Workshops of Qing Court
Qianlong period, Qing Dynasty
Overall height: 14cm　Diameter: 18cm
Qing Court Collection

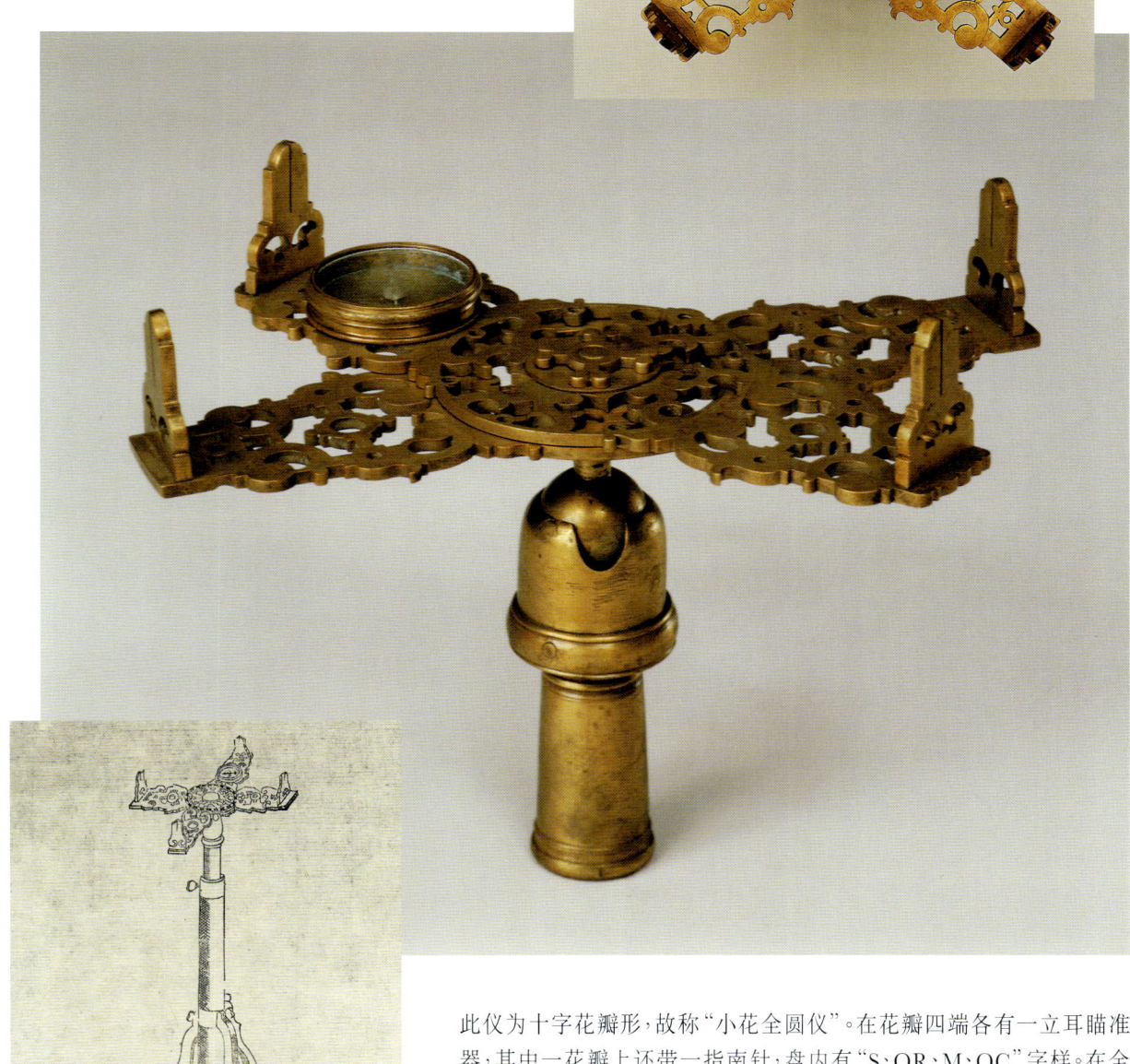

《皇朝礼器图式·卷三》

此仪为十字花瓣形，故称"小花全圆仪"。在花瓣四端各有一立耳瞄准器，其中一花瓣上还带一指南针，盘内有"S、OR、M、OC"字样。在全圆仪中心花蕊处有刻度，观测时，将带指南针的一对花瓣作为定标，另一对花瓣为游标，从花蕊上读出两组花瓣间的度数，便是所测目标的角度。此仪既可测水平方向的角度，亦可测垂直方向的角度。此仪收入《皇朝礼器图式》一书。

绘图平板仪

18世纪
长27.5厘米　宽22.5厘米
法国巴黎
清宫旧藏

Plane alidade for drawing
Made in Paris, France
18th century
Length: 27.5cm　Width: 22.5cm
Qing Court Collection

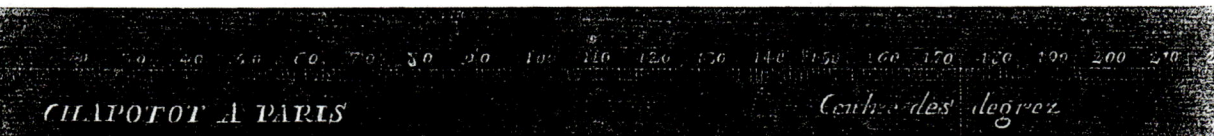

平板仪铜制，长方形，三边刻0°到90°到120°到180°，另一边刻0°到310°。平板仪一侧两端各置立耳瞄准器，可作为定标，左下角置一活动游标，长33厘米、宽2厘米，游标上刻0°到380°。平板仪上夹有绘图纸，测量时可以边测边绘，便捷实用。绘图平板仪上镌刻"PARIS Centve des degvez"。

121 三角形测量仪

清康熙
最长尺长25.5厘米
清宫造办处
清宫旧藏

Triangular measuring apparatus
Made by the Workshops of Qing Court
Kangxi period, Qing Dynasty
Length of the longest ruler: 25.5cm
Qing Court Collection

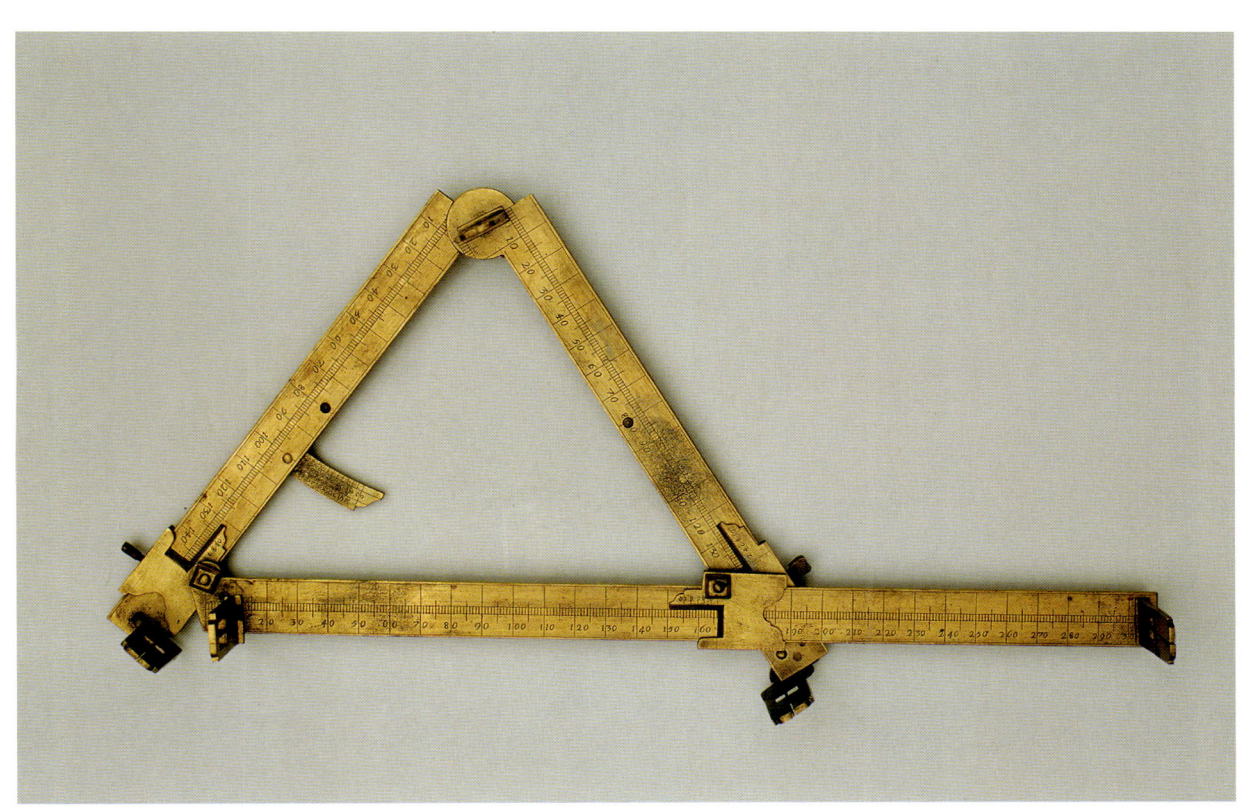

这是一件由三根直尺构成并可调节角度的三角形仪器。其中最长的直尺刻0°到300°，两端各有一立耳瞄准器，另外两尺等长，由一个带立耳的枢钮相连，其刻度均为0°到150°，在两尺的端点也各有一立耳瞄准器。

122

铜镀金定南针水平盘
18世纪
厚2厘米　盘直径22厘米
英国伦敦
清宫旧藏

Gilt-copper campass
Made in London, England
18th century
Thickness: 2cm   Disc Diameter: 22cm
Qing Court Collection

罗盘仪中为十字花纹，盘缘标有八个方向"N、NE、E、SE、S、SW、W、NW"，盘刻度沿方向分别为四个0°到90°。其盘仪盖面附清宫当年白纸墨书："卅四号带南针水平盘赤道公晷一件"，又墨书："定南针水平盘一件"。从墨书文字看，这件指南针应是某赤道公晷仪上的一个部件，早与主件分离而被单独使用了。

123 铜镀金象限罗盘仪

18世纪
盘直径8厘米
欧洲
清宫旧藏

Gilt-copper compass with quadrant graduations
Made in Europe
18th century
Compass card diameter: 8cm
Qing Court Collection

象限罗盘仪的盘内有刻度四个方向的0°到90°，盘外侧附控制指针拨动的固定锁。

124 铜圆盒指南针

18世纪
盒直径2厘米
欧洲
清宫旧藏

Round copper box inlaid with a compass
Made in Europe
18th century
Round copper box diameter: 2cm
Qing Court Collection

铜质圆盒中镶嵌直径1.6厘米的指南针，盘内有S、W、E、N字样标志四个方向。

125

象牙椭圆盘指南针

清乾隆

长6.3厘米　宽2.3厘米

清宫造办处

清宫旧藏

Compass set on an oval ivory disc
Made by the Workshops of Qing Court
Qianlong period, Qing Dynasty
Length: 6.3cm　Width: 2.3cm
Qing Court Collection

这件指南针嵌在椭圆形象牙盘上，盘面上有花卉纹饰，中间为直径1.7厘米的指南针，盘围以汉字"卯、辰、巳、午、未、申、酉"标示时刻。

126

银烧蓝珐琅蝉形指南针
清乾隆
长2.4厘米 宽1.2厘米
清宫造办处
清宫旧藏

Silver compass in the shape of a cicada inlaid with blue enamel
Made by the Workshops of Qing Court
Qianlong period, Qing Dynasty
Length: 2.4cm Width: 1.2cm
Qing Court Collection

这件指南针外形为银蝉，蝉头顶嵌珐琅，将蝉翅掀开，内嵌一直径仅0.8厘米的指南针。从设计上看，此指南针的实用性已减退，转而成为作佩饰的珍玩。

127

银烧蓝珐琅鱼形指南针
清乾隆
长2.3厘米 宽1.7厘米
清宫造办处
清宫旧藏

Silver compass in the shape of a fish decorated with blue enamel
Made by the Workshops of Qing Court
Qianlong period, Qing Dynasty
Length: 2.3cm Width: 1.7cm
Qing Court Collection

指南针外形为银鱼形，身饰蓝色珐琅，上嵌一直径0.8厘米的指南针，盘围标有"N、E、S、W"四个方向。

128

珐琅桃心形指南针
清乾隆
盘直径0.9厘米
清宫造办处
清宫旧藏

Heart-shaped enamel compass
Made by the Workshops of Qing Court
Qianlong period, Qing Dynasty
Compass card diameter: 0.9cm
Qing Court Collection

指南针为桃心形状，内嵌有"E东、S南、W西、N北"字样的指南针。

129

铜镀金盘指南针
清晚期
盘径3.5厘米
清宫造办处
清宫旧藏

Compass with a gilt-copper card
Made by the Workshops of Qing Court
The late Qing Dynasty
Compass card diameter: 3.5cm
Qing Court Collection

指南针盘内标明"东、西、南、北"红体字,在其外围注明黑体字"未、午、巳、辰、卯、寅"等时刻和刻度线。指南针小巧玲珑,附在弹簧座上,既可取下作珍玩佩饰,又可作为书案上的小陈设。

130 黑漆盒绘图仪器

清康熙
盒长25.5厘米 宽22厘米 厚5.5厘米
清宫造办处
清宫旧藏

Drawing instruments in a black lacquer case
Made by the Workshops of Qing Court
Kangxi period, Qing Dynasty
Length of case: 25.5cm　Width: 22cm
Thickness: 5.5cm
Qing Court Collection

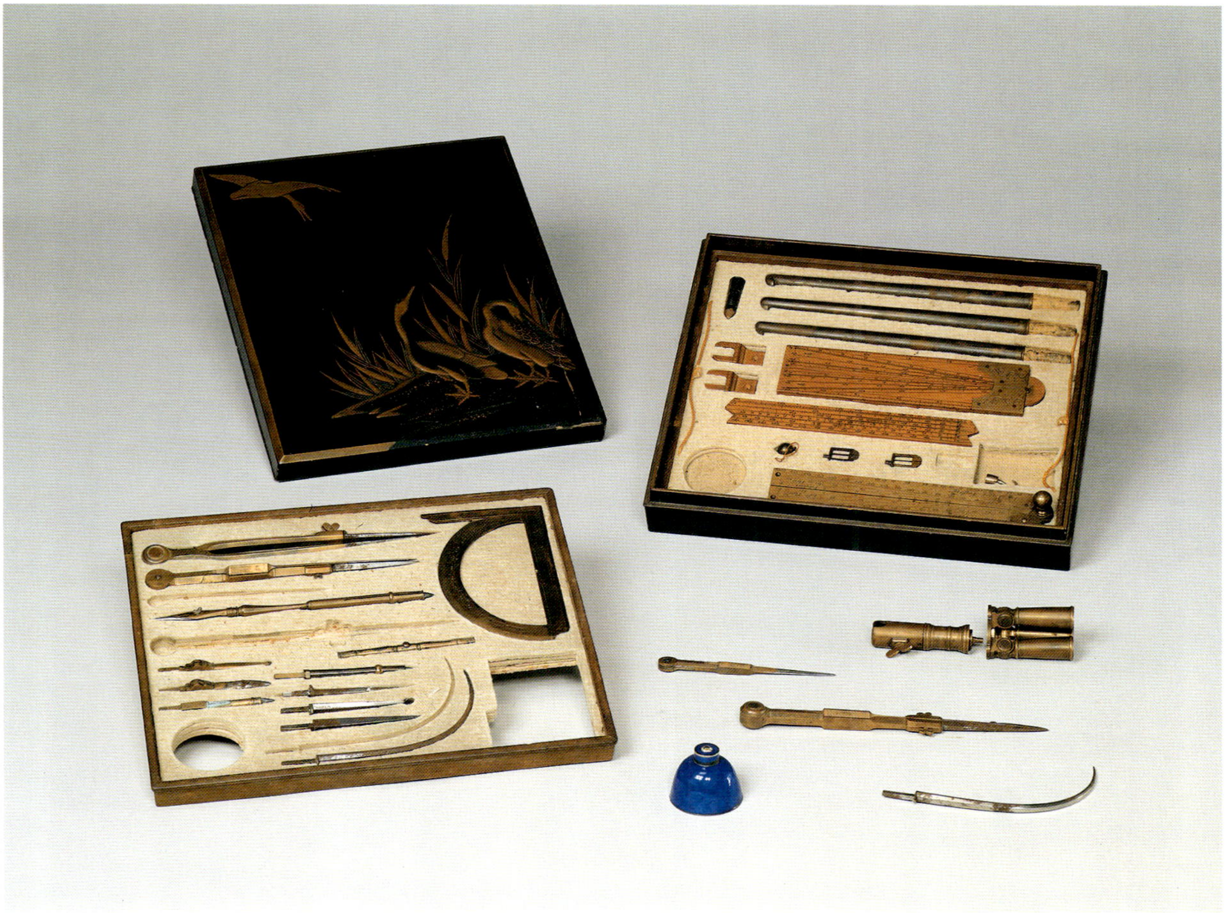

黑漆制绘图盒分上、下两层，内装绘图仪器三十余件，其中有各种大小画规，长约15厘米；圆规尺长11厘米；比例尺长16.5厘米、宽4厘米；另有距尺、直尺和可折合成三角的测角尺等。盒内还放有三角形铜镀金支架，小巧玲珑，简单实用。有一存放墨水的蓝色水丞，其底部镌"康熙年制"四字。

131

黄云缎匣绘图仪器
清康熙
匣长18厘米　宽8.5厘米　厚3厘米
清宫造办处
清宫旧藏

Drawing instruments in a yellow satin case
Made by the Workshops of Qing Court
Kangxi period, Qing Dynasty
Length of case: 18cm　Width: 8.5cm
Thickness: 3cm
Qing Court Collection

黄云缎装裱的文具匣内装有象牙计算尺、铜镀金比例规、半圆规、鸭嘴笔等仪器。在匣盒面上有清宫所贴黄条墨书："十七号同比例尺半圆规矩墨夹八线尺七件一匣"。从这件清宫遗墨的内容看，当年宫廷拥有的这类绘图仪器数量相当多，至少已排到第十七号。

木盒套十五件绘图仪器
清康熙
盒套长17厘米 宽7厘米
清宫造办处
清宫旧藏

15 pieces of drawing instruments in a wooden case
Made by the Workshops of Qing Court
Kangxi period, Qing Dynasty
Length of case: 17cm Width: 7cm
Qing Court Collection

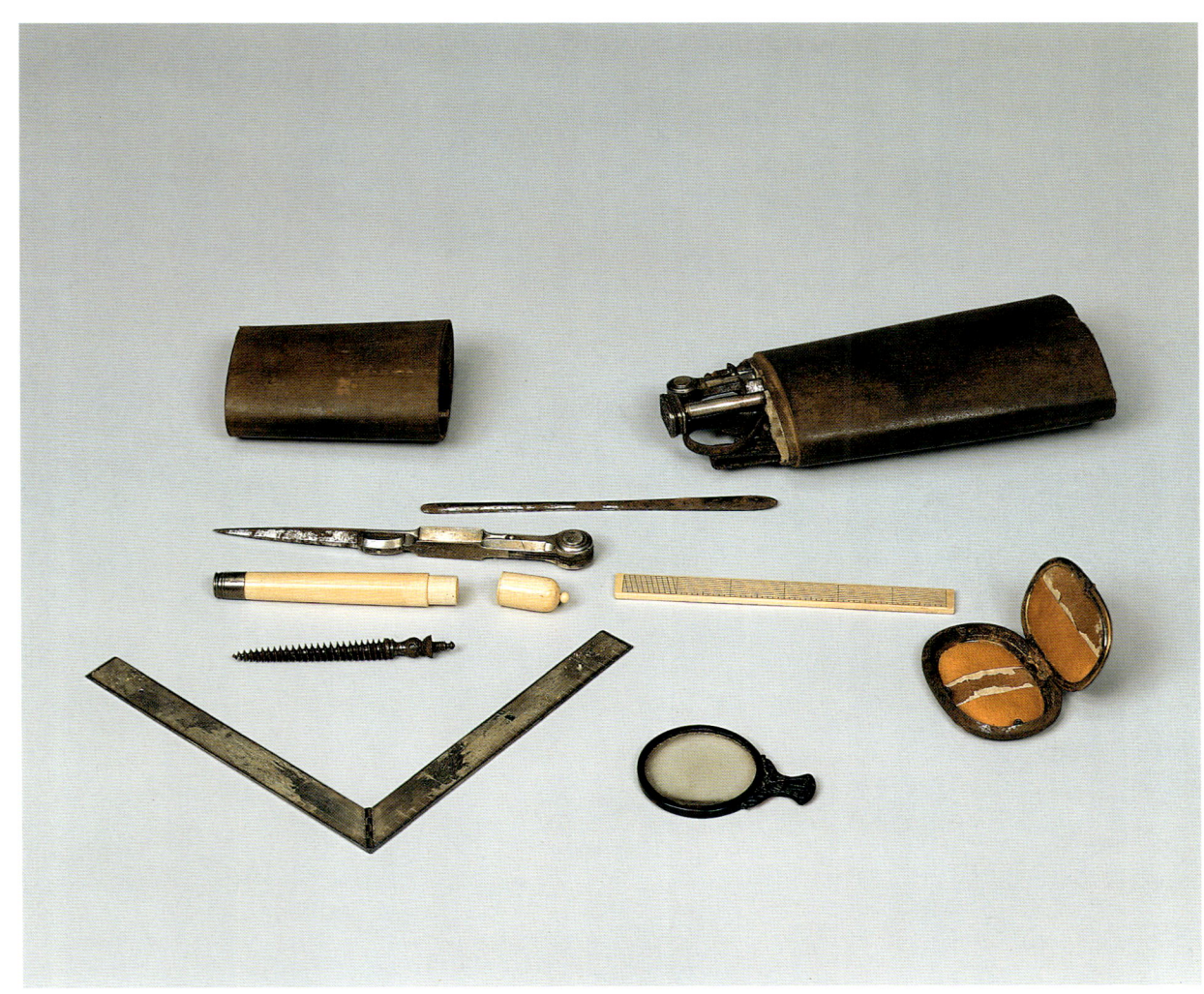

木盒套内装绘图仪器十五件,其中有象牙计算尺,长10厘米、宽1厘米;折叠角尺长11.2厘米;画规长10.1厘米;玳瑁柄放大镜,直径3.5厘米。还有适于野外作业的剪子、火燫套(一种利用棉绒取火的工具)。

133

木盒套十一件绘图仪器
清康熙
木盒长18.5厘米　宽5.5厘米　厚3厘米
清宫造办处
清宫旧藏

11 pieces of drawing instruments in a wooden case
Made by the Workshops of Qing Court
Kangxi period, Qing Dynasty
Length of case: 18.5cm　Width: 5.5cm
Thickness: 3cm
Qing Court Collection

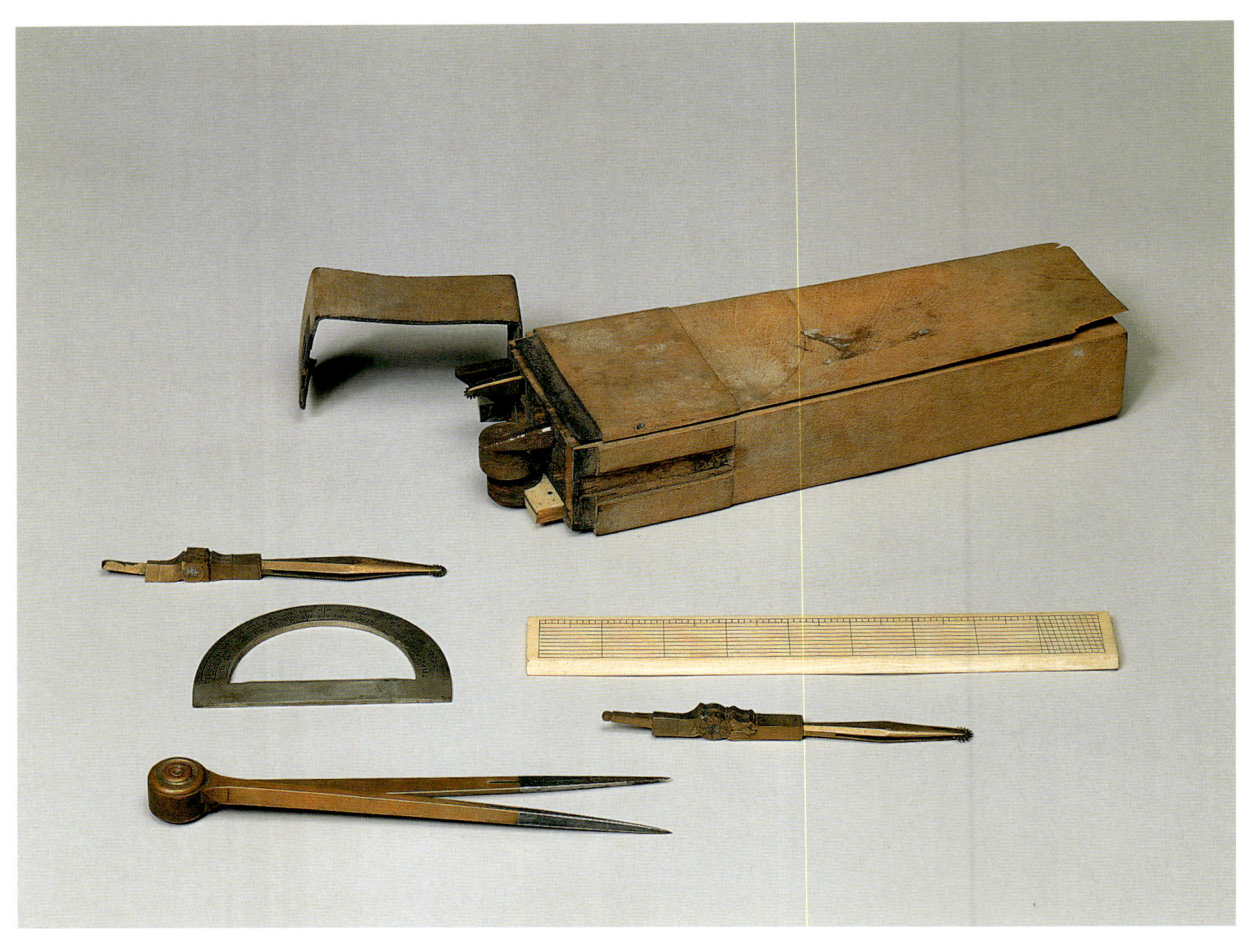

木盒套内装绘图仪器十一件。其中有象牙计算尺，长15厘米、宽2.3厘米；铜镀金折叠角尺长16.5厘米；半圆规径4.5厘米；象牙比例规尺长16厘米、宽3厘米；画规长12.7厘米。

134 牛皮套绘图仪器

清康熙
套长12厘米　宽5.7厘米
清宫造办处
清宫旧藏

Drawing instruments in an oxhide sheath
Made by the Workshops of Qing Court
Kangxi period, Qing Dynasty
Length of sheath: 12cm　Width: 5.7cm
Qing Court Collection

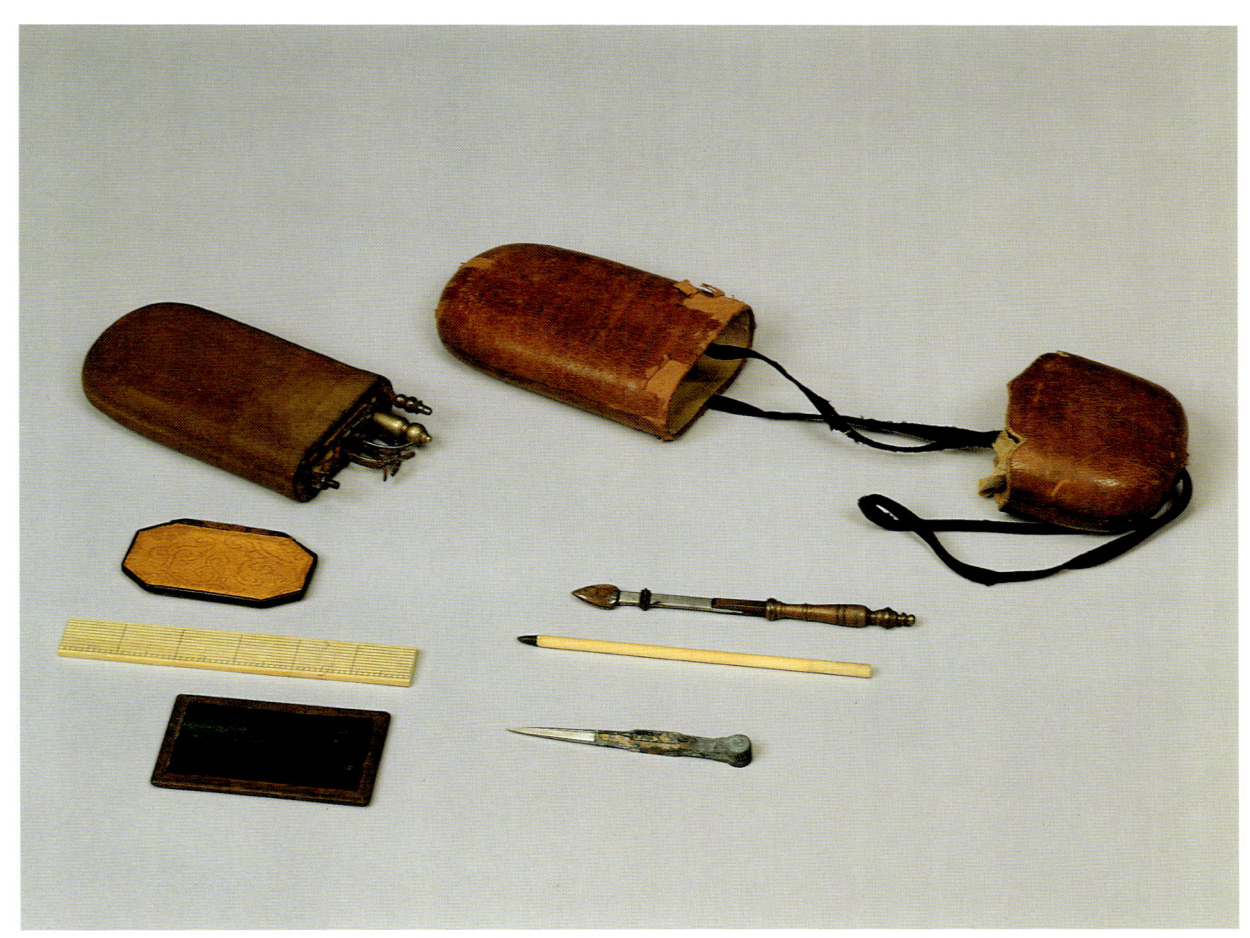

牛皮套内装绘图仪器十一件。其中有象牙计算尺，长9.5厘米；鸭嘴笔长9.5厘米；小黑板长5.5厘米、宽3.3厘米；象牙画棒长9.5厘米；火镰长5.2厘米、宽3厘米。这套绘图仪器较为完整，适合于野外作业。

135 银盒套绘图仪器

清康熙
盒长9厘米 宽2厘米
清宫造办处
清宫旧藏

Drawing instruments in a silver case
Made by the Workshops of Qing Court
Kangxi period, Qing Dynasty
Length of case: 9cm　Width: 2cm
Qing Court Collection

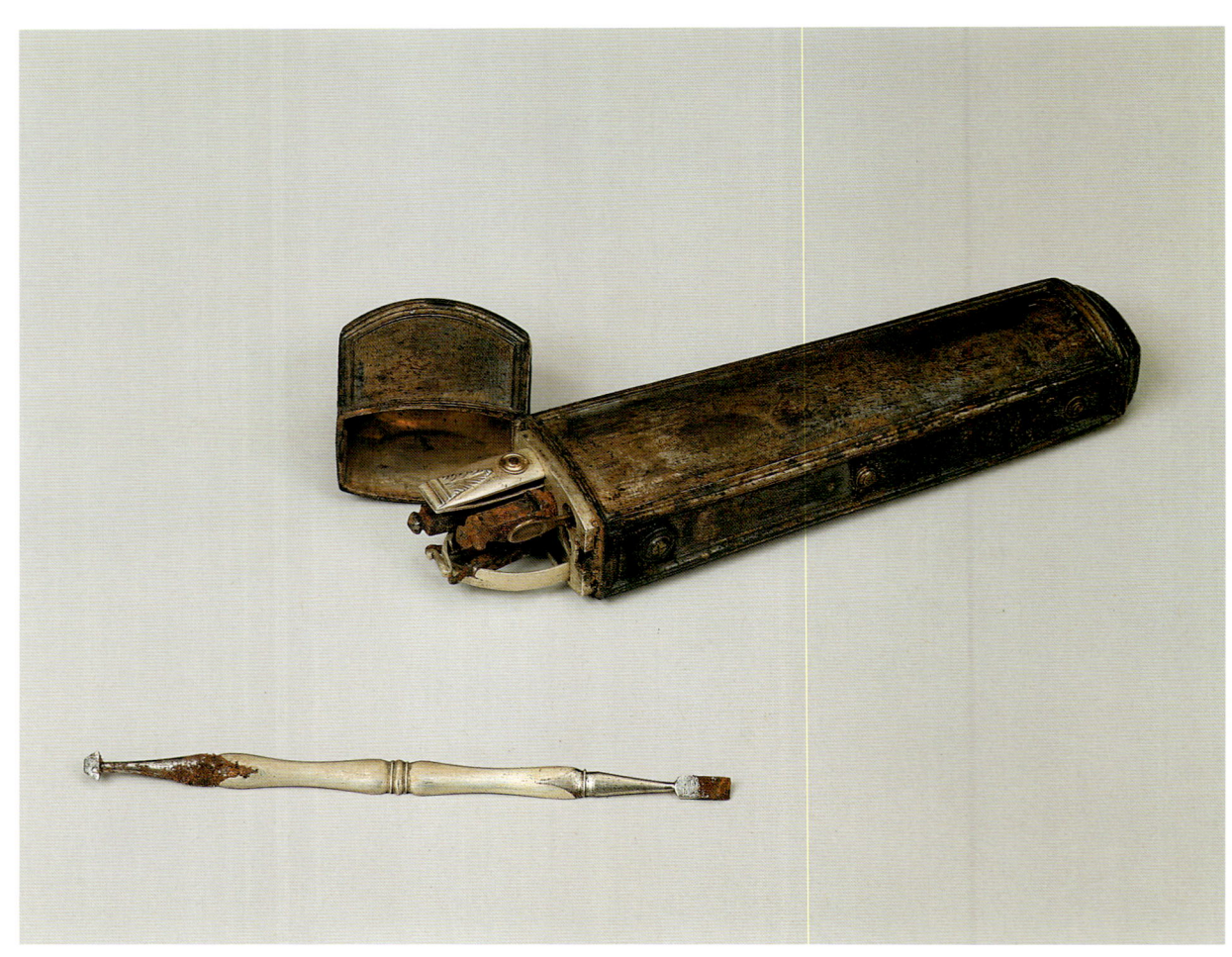

这是一组袖珍型绘图仪器，内装有卡尺、计算尺及小夹子、耳挖勺等用具，共六件。其制作精巧，但实用价值不大，多作为赠送之物。

136 黑漆木胎盒绘图仪器

18世纪
盒长20厘米 宽7.3厘米 厚2.2厘米
欧洲
清宫旧藏

Drawing instruments in a black lacquer wood-bodied case
Made in Europe
18th century
Length of case: 20cm   Width: 7.3cm
Thickness: 2.2cm
Qing Court Collection

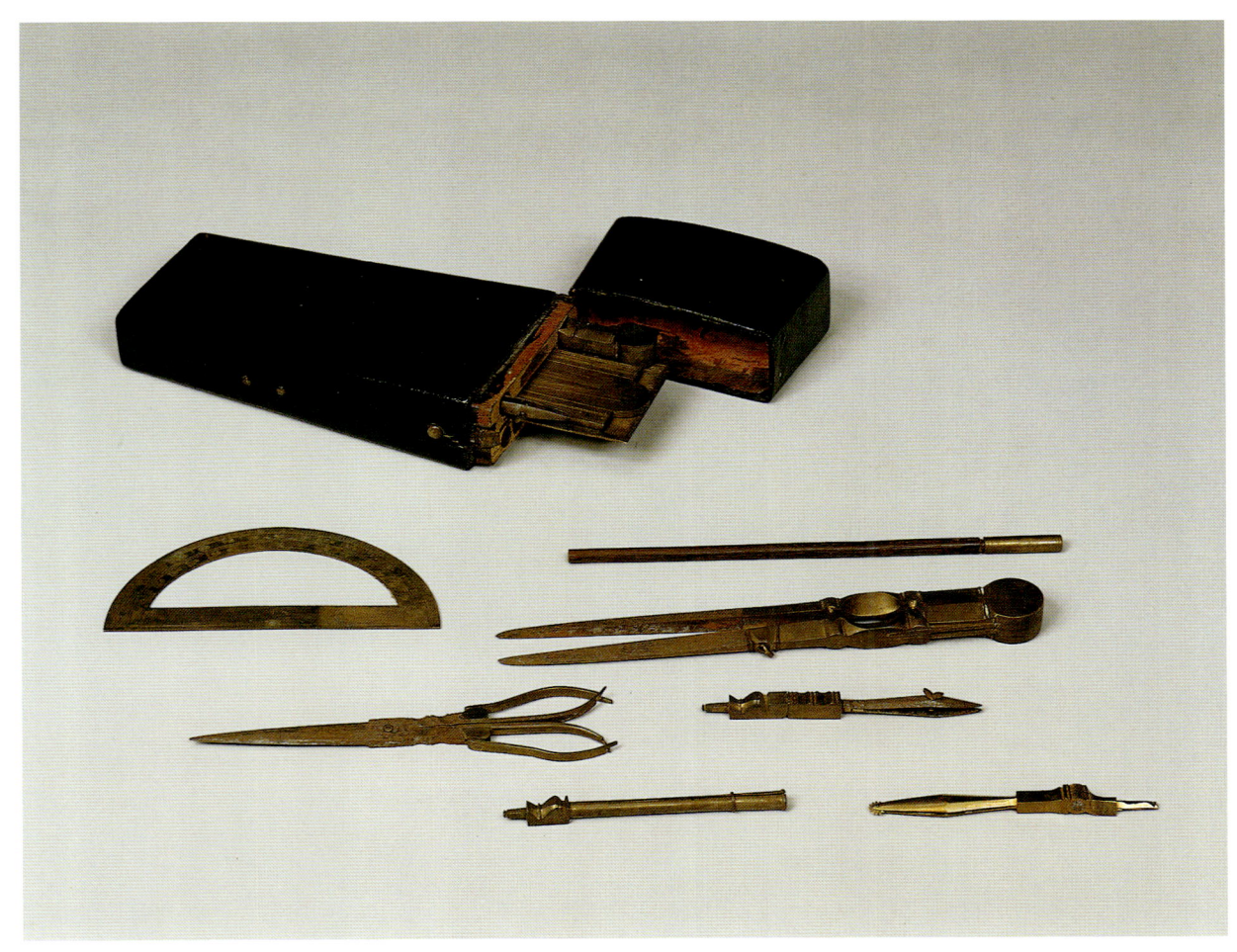

盒内装绘图仪器十一件,其中有半圆规长11厘米,画规长18厘米,鸭嘴笔长9厘米,还有各种尺子等。

137

木盒套绘图仪器
18世纪
木盒长17厘米 宽7.5厘米 厚2.5厘米
欧洲
清宫旧藏

Drawing instruments in a wooden case
Made in Europe
18th century
Length of case: 17cm Width: 7.5cm
Thickness: 2.5cm
Qing Court Collection

木盒套内装绘图仪器十一件。其中有伽俐略比例规、计算尺,各长16厘米、宽3.5厘米;鸭嘴笔长14厘米;绘图笔长8厘米;画规长13厘米。

巴黎款绘图仪器

18世纪
盒长32厘米　宽16厘米／9.5厘米／6.3厘米
法国巴黎
清宫旧藏

Drawing instruments with the mark "Paris" in three wooden cases
Made in Paris, France
18th century
Length of each case: 32cm
Respective width: 16cm/9.5cm/6.3cm
Qing Court Collection

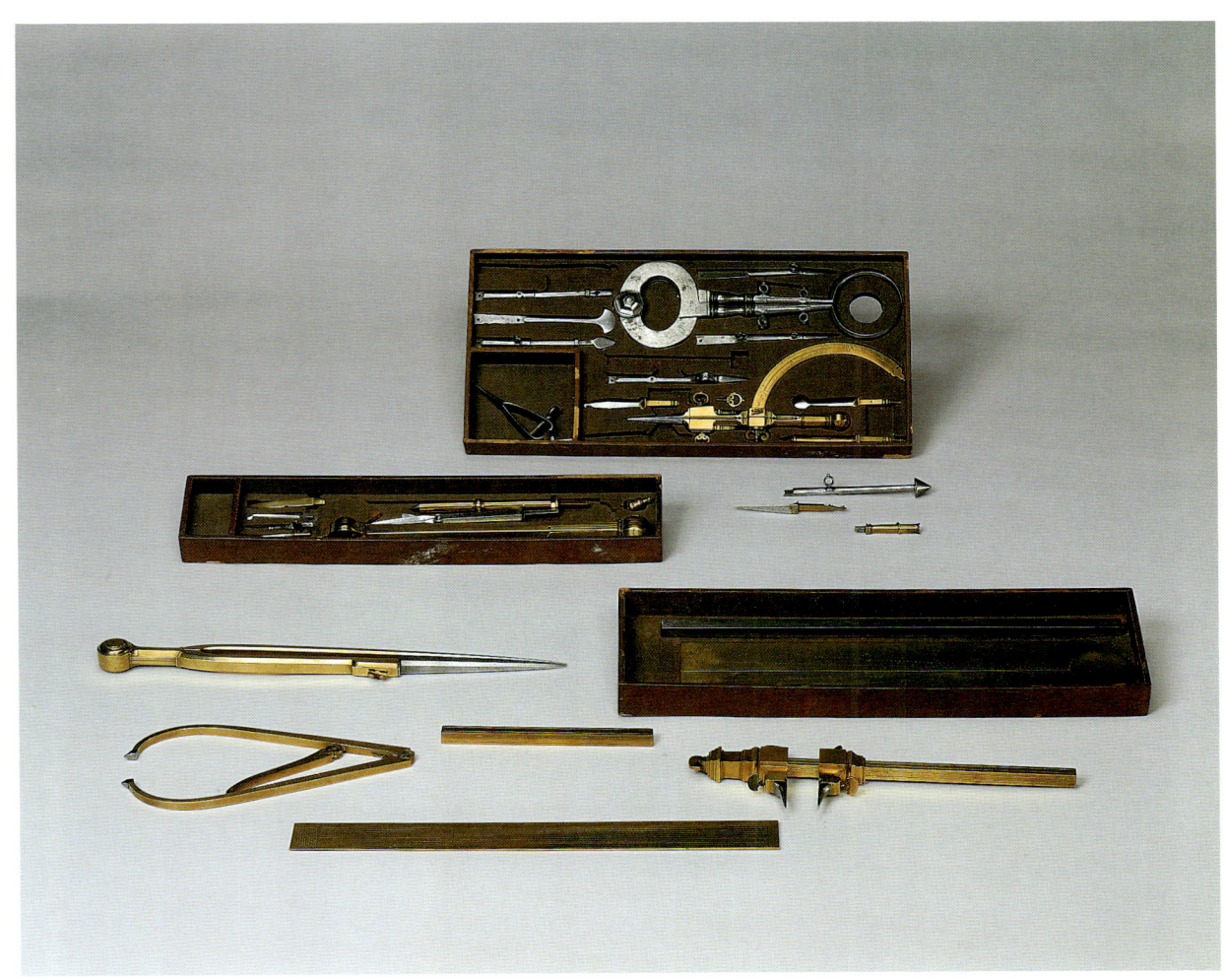

绘图仪器放在三个木匣盒内，共计二十余件。主要有铜镀金卡钳，长17厘米，为法国巴黎制造。铜镀金卡尺，长22厘米。铜镀金计算尺，长27.5厘米、宽28厘米。铜镀金比例规长27.5厘米、宽5.8厘米。画圆规长29厘米等。

139 鲨鱼皮套银质绘图仪器

18世纪
套长9.5厘米 宽5厘米
欧洲
清宫旧藏

Silver drawing instruments in a sharkskin sheath
Made in Europe
18th century
Length of sheath: 9.5cm Width: 5cm
Qing Court Collection

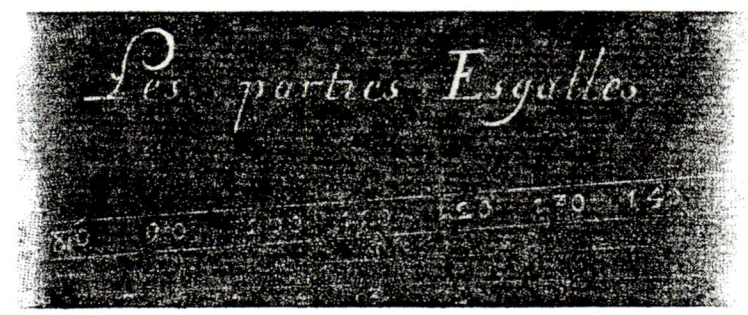

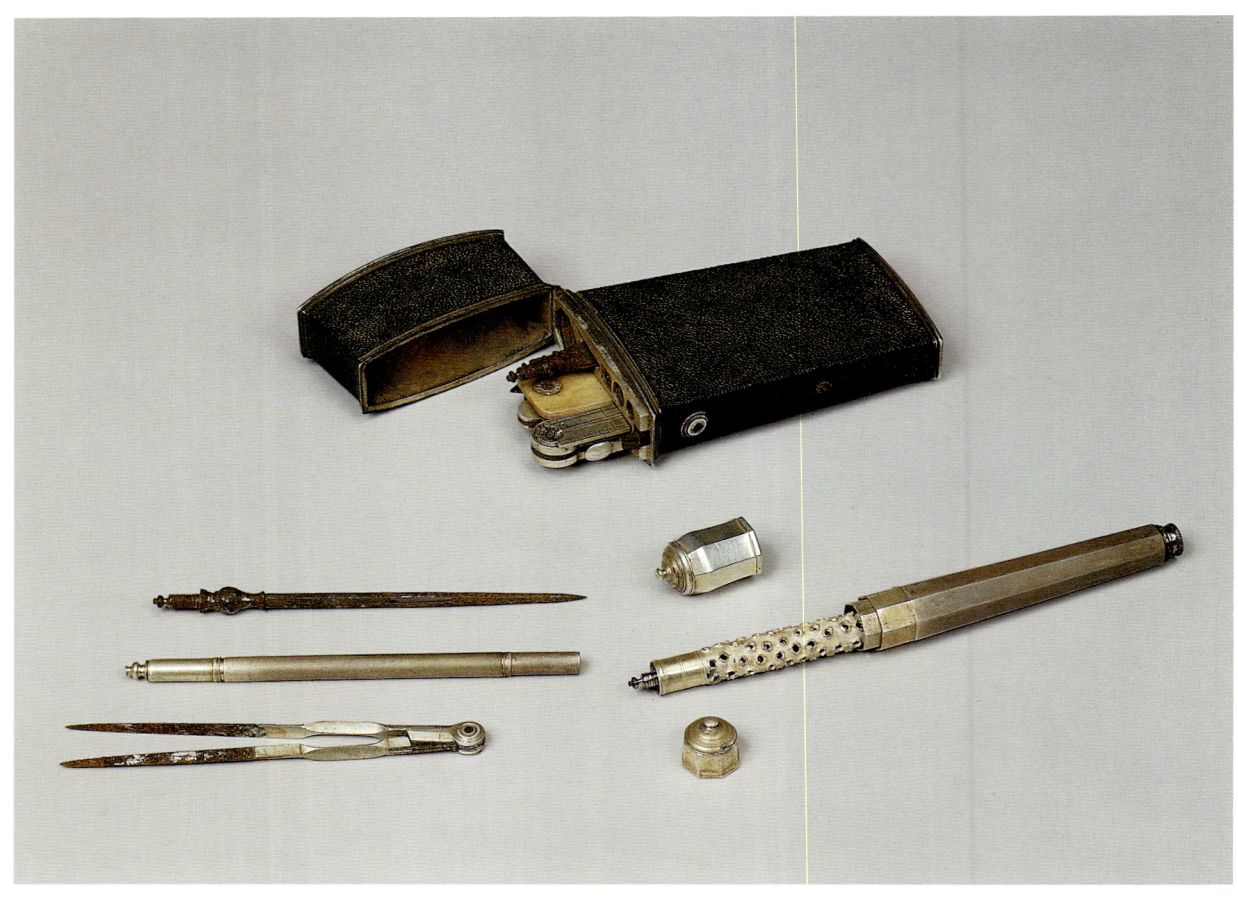

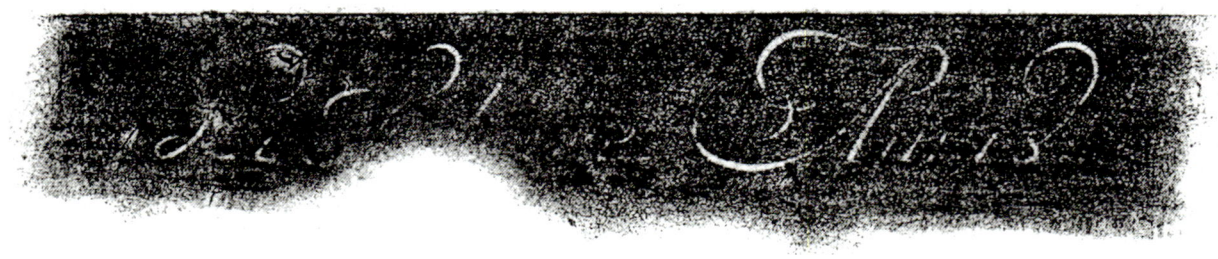

鲨鱼皮套内装有绘图仪器十二件。其中有伽俐略比例规、计算尺、两脚规、绘图笔及耳挖勺等。这是一组制作精美的小型绘图仪器。

140 绿漆木质描金花望远镜

清初期
长99厘米
清宫造办处
清宫旧藏

Green lacquer wooden telescope
with gold floral design
Made by the Workshops of Qing Court
The early Qing Dynasty
Length: 99cm
Qing Court Collection

1609年,意大利物理学家伽俐略制成的以凸透镜作物镜,以凹透镜为目镜的折射望远镜,世称伽俐略式望远镜。这两件即属此类。镜筒口径4厘米,物镜径2.6厘米,目镜径1厘米。镜筒身为木质,外罩绿漆,绘红花黄叶。

《崇祯历书》

141

棕漆木质描金花望远镜
清初期
长99厘米
清宫造办处

Brown lacquer wooden telescope with gold floral design
Made by the Workshops of Qing Court
The early Qing Dynasty
Length: 99cm
Qing Court Collection

这两件为单圆筒折射式望远镜。镜筒身为木质,外罩棕漆,绘金花。物镜径2.6厘米,目镜径1厘米。

142

红木二节望远镜
清中期
抽长57厘米　单长34.5厘米
清宫造办处
清宫旧藏

Padauk two-section telescope
Made by the Workshops of Qing Court
The Mid-Qing Dynasty
Slide-out length: 57cm
Slide-in length: 34.5cm
Qing Court Collection

这两件为单圆筒折射式望远镜,可抽拉二节筒,筒口径4厘米,物镜径1.5厘米,目镜径0.5厘米。

143

纸质象牙口望远镜
清中期
抽长162厘米　单长50.5厘米
清宫造办处
清宫旧藏

Paper-made telescope with ivory rim
Made by the Workshops of Qing Court
The Mid-Qing Dynasty
Slide-out length: 162cm
Slide-in length: 50.5cm
Qing Court Collection

此为单圆筒折射式望远镜，镜筒身为纸质，外饰欧式描金花纹，目镜孔口为象牙制作，由清宫造办处与来华西方工匠合制。镜筒径6.5厘米，物镜径4.2厘米，目镜径1.1厘米。筒面附有清宫廷为保管方便书写的黄签："西洋花皮千里眼　四年十二月　九日"。

144

黑漆描金花七节望远镜
清中期
抽长250厘米　单长68厘米
清宫造办处
清宫旧藏

Black lacquer seven-section telescope decorated with gold floral design
Made by the Workshops of Qing Court
The Mid-Qing Dynasty
Slide-out length: 250cm
Slide-in length: 68cm
Qing Court Collection

此件为单圆筒式折射望远镜，可抽拉七节。镜筒身为木质，外饰黑漆描金花，筒口径7.5厘米，物镜径2.7厘米，目镜径1.7厘米。

163

145

棕漆描金花五节望远镜
清中期
抽长207厘米　单长63厘米
清宫造办处
清宫旧藏

Brown lacquer five-section telescope decorated with gold floral design
Made by the Workshops of Qing Court
The Mid-Qing Dynasty
Slide-out length: 207cm
Slide-in length: 63cm
Qing Court Collection

此件为单圆筒折射式望远镜，可抽拉五节。镜筒身为木质，外饰棕漆描金花。镜筒径7.5厘米，物镜径2.7厘米，目镜径1.7厘米。

146

红棕漆铜镀金六节望远镜
18世纪
抽长103厘米　单长23厘米
英国伦敦
清宫旧藏

Gilt-copper six-section telescope painted with brown-redish lacquer
Made in London, England
18th century
Slide-out length: 103cm
Slide-in length: 23cm
Qing Court Collection

此件为单圆筒折射式望远镜，镜筒身为铜镀金质，外饰红棕漆描金花色。筒径6厘米，可抽拉六节，物镜径5厘米，目镜径1.2厘米，目镜管处镌英文"London"。这架望远镜配牛皮套，上附清宫当年所贴黄条墨书："大千里眼壹个"。

147

棕漆皮铜镀金六节望远镜

18世纪
抽长103厘米 单长23厘米
英国伦敦
清宫旧藏

Gilt-copper six-section telescope painted with brown lacquer
Made in London, England
18th century
Slide-out length: 103cm Slide-in length: 23cm
Qing Court Collection

这件为单圆筒折射式望远镜,可抽拉六节,筒径6厘米,物镜径5厘米,目镜径1.2厘米。望远镜的内节筒、物镜圈和目镜圈均为铜镀金质,目镜筒管处镌英文"London"。外配牛皮套,附清宫当年所贴黄条墨书:"大千里眼壹个"。

148 紫漆镀铬望远镜

18世纪
长112厘米
英国伦敦
清宫旧藏

Chrome telescope painted with purple lacquer
Made in London, England
18th century
Length: 112cm
Qing Court Collection

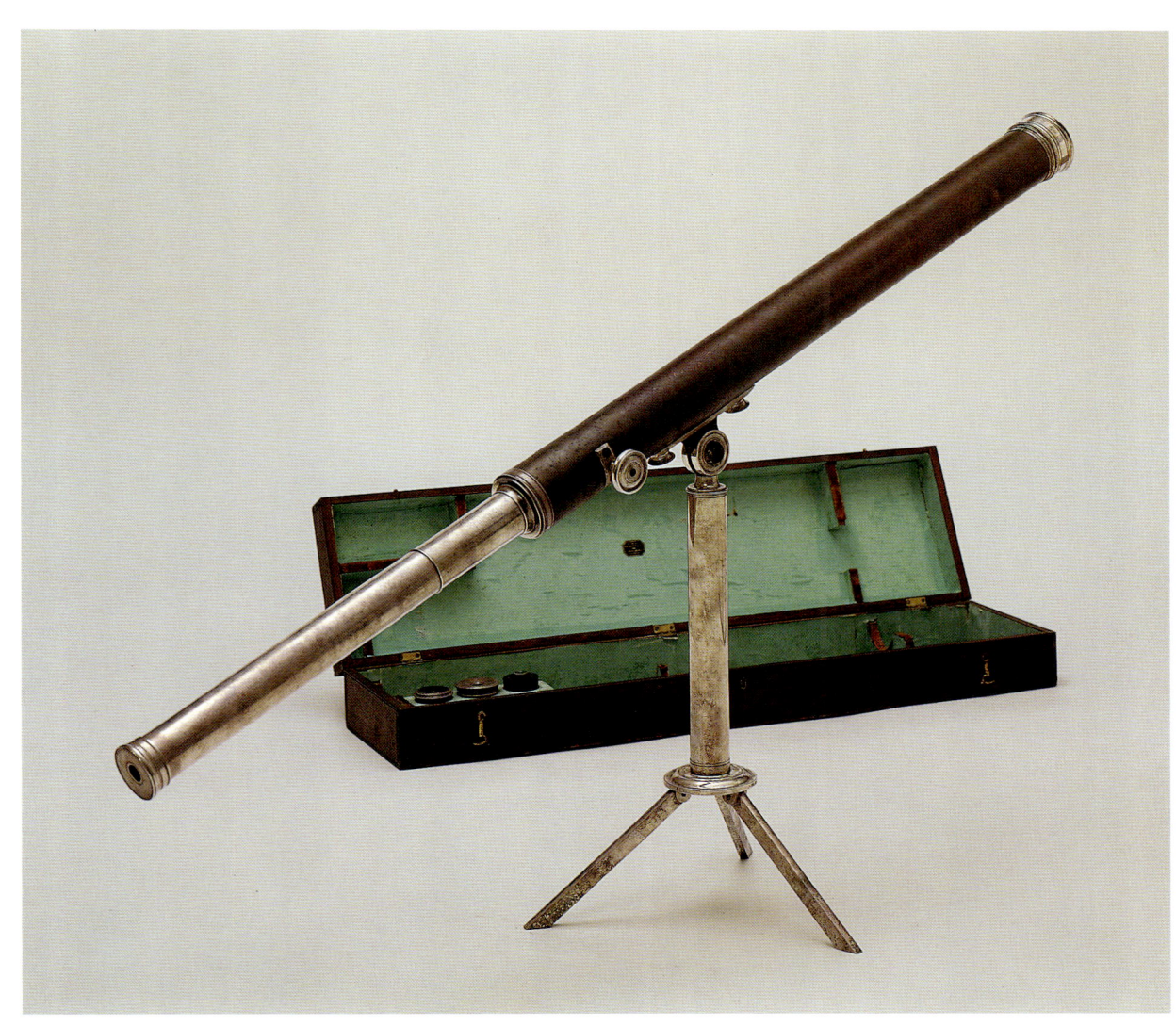

此件为单圆筒折射式望远镜，镜筒身为铜胎镀铬，前半部外饰紫漆色。筒径6.5厘米，物镜径5.5厘米，目镜径1.3厘米。此镜附三脚支架高50厘米，配原装红木匣，匣长76厘米、宽19厘米、高10.3厘米。望远镜可从目镜管处卸下装入红木匣内。目镜管上用英文刻有这件望远镜的级别和品位："Kings Patent（国王专用）GILBERT（望远镜的制作人吉尔伯特）LONDON"。

149

绿漆皮四节望远镜

18世纪
抽长94.5厘米 单长36.5厘米
英国伦敦
清宫旧藏

Four-section telescope painted with green lacquer
Made in London, England
18th century
Slide-out length: 94.5cm
Slide-in length: 36.5cm
Qing Court Collection

这件为单圆筒折射式望远镜，筒径6厘米，物镜径6厘米，目镜径1.1厘米。望远镜可抽拉四节，其内节筒、物镜圈、目镜圈为银质。在镜筒目镜管处镌英文："Kings Patent（国王专用）和GILBERT WRIGHT & HOOKE（制作者姓名）LONDON"。

150 橙漆铜镀金四节望远镜

18世纪
抽长75厘米 单长22厘米
英国伦敦
清宫旧藏

Gilt-copper four-section telescope painted with orange lacquer
Made in London, England
18th century
Slide-out length: 75cm
Slide-in length: 22cm
Qing Court Collection

此件为单圆筒折射式望远镜，可抽拉四节，镜筒身为铜镀金质，外饰橙漆色，筒径4.6厘米，物镜径4.2厘米，目镜径0.9厘米。在镜筒目镜管处用英文刻有制作者姓名、产地及性能说明："Gilbert & Wright London Best Improved"。此望远镜附三脚支架和原装红木匣，匣面贴有清宫当年的黄条墨书："五号一小洋铜千里眼一件"。

151 铜镀金条纹望远镜

18世纪
抽长58.5厘米 单长18.5厘米
英国伦敦
清宫旧藏

Gilt-copper telescope with stripes
Made in London, England
18th century
Slide-out length: 58.5cm
Slide-in length: 18.5cm
Qing Court Collection

此件为单圆筒折射式望远镜，可抽拉四节，镜筒身为铜镀金质，筒径4厘米，物镜径4厘米，目镜径0.4厘米。镜筒目镜管镌制作者名"GILBERT"和产地"LONDON"。

152 铜镀金嵌珐琅望远镜

18世纪
抽长76.5厘米 单长22.5厘米
欧洲
清宫旧藏

Gilt-copper telescope inlaid with enamel
Made in Europe
18th century
Slide-out length: 76.5cm
Slide-in length: 22.5cm
Qing Court Collection

此件为单圆筒折射式望远镜,可抽拉四节,筒径5厘米,物镜径5厘米,目镜径0.4厘米。筒面精工华丽,在铜镀金的镜身上镌花卉鸟羽纹,并嵌有花、草、鸟、蝶等珐琅彩饰。

153 银质条纹望远镜
18世纪
抽长44.5厘米　单长16厘米
英国伦敦
清宫旧藏

Silver telescope with stripes
Made in London, England
18th century
Slide-out length: 44.5cm
Slide-in length: 16cm
Qing Court Collection

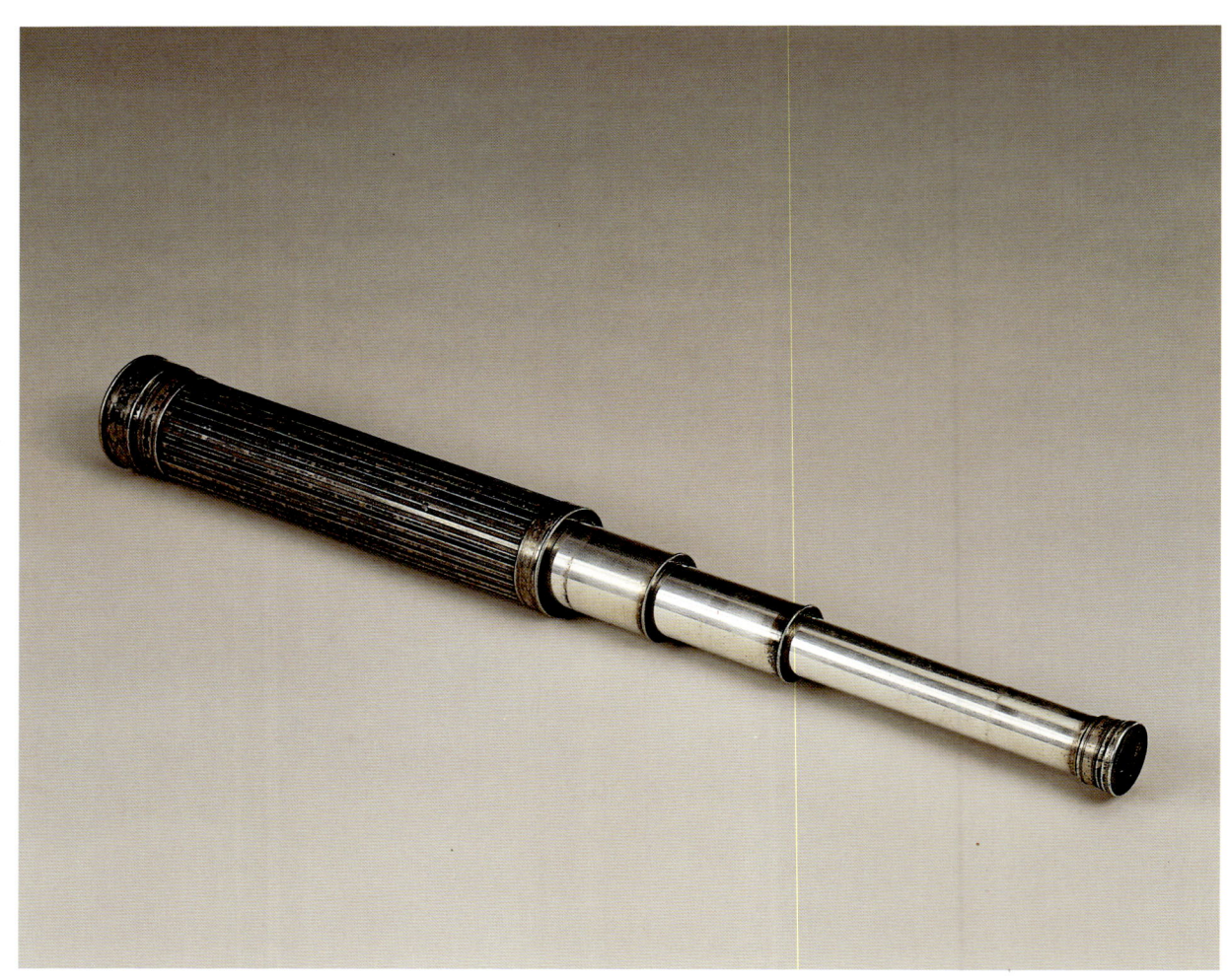

此件为单圆筒折射式望远镜，可抽拉四节，镜筒为银质，筒径3.5厘米，物镜径3厘米，目镜径0.6厘米。镜筒目镜管镌制作者名"GILBERT"和产地"LONDON"。

154 银嵌珐琅二节望远镜

18世纪
抽长20.5厘米　单长13厘米
欧洲
清宫旧藏

Silver two-section telescope inlaid with enamel
Made in Europe
18th century
Slide-out length: 20.5cm
Slide-in length: 13cm
Qing Court Collection

此件为单圆筒折射式望远镜，可抽拉二节，筒径3.5厘米，物镜径2.5厘米，目镜径1.2厘米。望远镜筒为银质，筒身饰烧蓝珐琅，面饰镂银花叶和孔雀羽纹。其物镜上罩有嵌罗盘仪的镜盖，指南针指针完好，表盘围标"N NE E SE S WS W WN"字母，表示八个方位。

155 铜镀金嵌玻璃珠望远镜
清中期
抽长28.5厘米 单长17厘米
清宫造办处
清宫旧藏

Gilt-copper telescope inlaid with glass pearls
Made by the Workshops of Qing Court
The Mid-Qing Dynasty
Slide-out length: 28.5cm
Slide-in length: 17cm
Qing Court Collection

此件为单圆筒折射式望远镜,可抽拉二节,筒径2.5厘米,物镜径2厘米,目镜径1厘米。镜筒为铜镀金质,筒身錾卷草纹饰,在物镜和目镜边缘处嵌有紫红色或红绿相间的小玻璃珠圈,物镜和目镜处附铜片罩住以防尘。

156 银质三节望远镜

18世纪
抽长51厘米 单长23厘米
欧洲
清宫旧藏

Silver three-section telescope
Made in Europe
18th century
Slide-out length: 51cm
Slide-in length: 23cm
Qing Court Collection

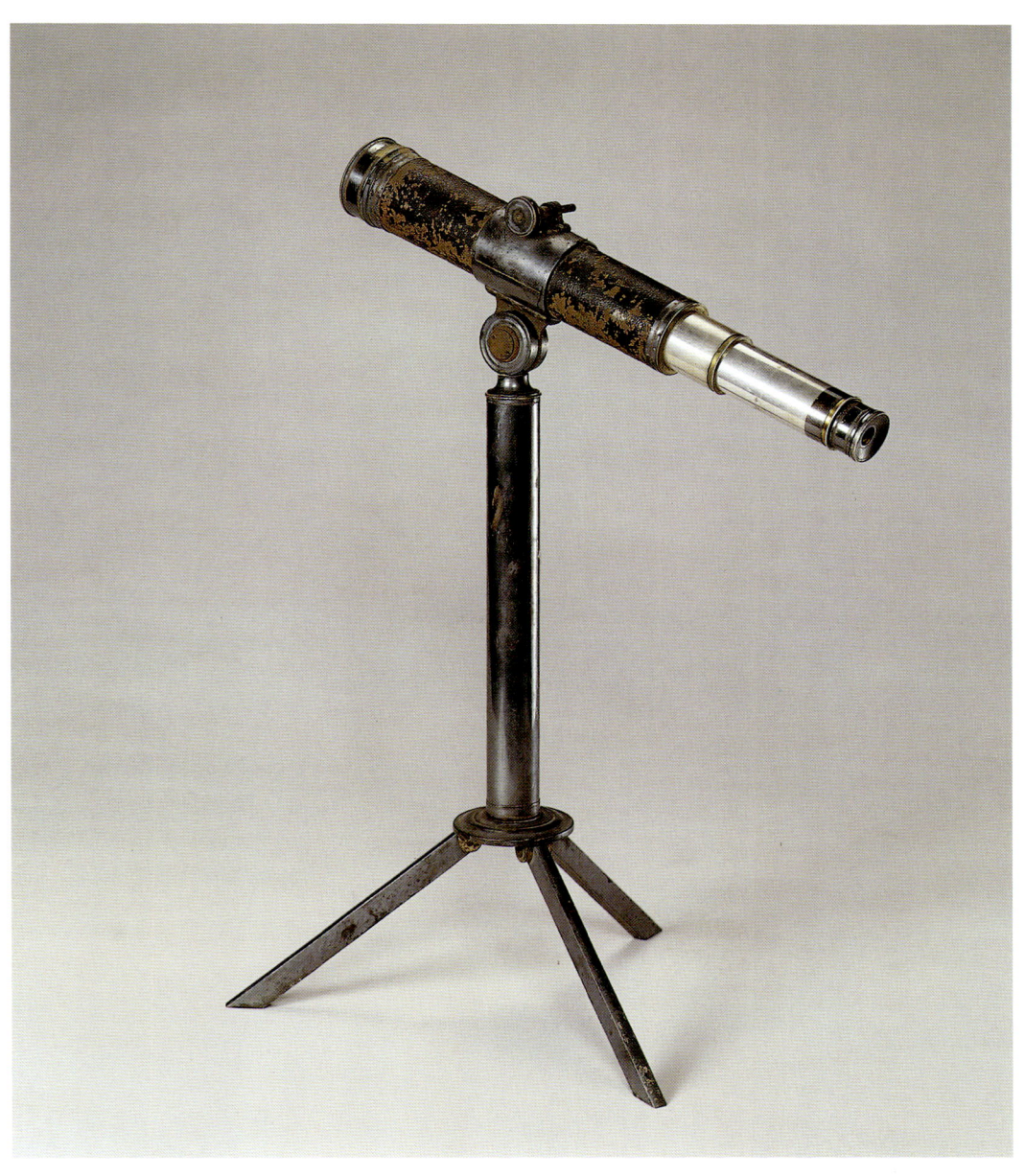

此件为单圆筒折射式望远镜,可抽拉三节,筒径5厘米,物镜径4.2厘米,目镜径1厘米。附有银质三角支架,高48厘米。

157

木制六棱形天文望远镜
18世纪
长200厘米
欧洲
清宫旧藏

Hexahedral wooden astronomical telescope
Made in Europe
18th century
Length: 200cm
Qing Court Collection

此件为单筒折射式望远镜,筒径8.5厘米,物镜孔口周围圈黑色硬纸壳,壳内物镜径2.5厘米,目镜处周围圈四层叠状黑色硬纸壳,目镜径2.5厘米。镜筒为六面棱角形状,每面髹浅棕红色漆,上錾黑色西番花草叶纹饰。观测景物成倒像,乃采用德国天文学家开普勒式折射望远镜的光路系统制成。

这架木制六棱形天文望远镜筒下置红木架,长77厘米、宽34厘米、高147.5厘米,架下设四个红木轮,便利前行后退,架上有四个滑轮和四个手摇木柄,能控制镜筒上下活动,以选择最佳观测角度。图中这个红木架子是由出生于德国,于1758年迁居英国的天文学家威廉·赫歇尔(Sir. William Herschel)所制作。

158 铜镀金反射望远镜

18世纪
长74厘米
英国伦敦
清宫旧藏

Gilt-copper reflecting telescope
Made in London, England
18th century
Length: 74cm
Qing Court Collection

在伽俐略式望远镜行时了一段时间后，德国天文学家开普勒 (Johnnes Kepler 1571－1630年) 又将望远镜的凹透目镜改造为小凸透目镜，尽管所成像为倒像，但可获及较大的视场，有利于天文观测。不过，由于不同颜色的光有不同的折射率，白光通过透镜后便产生出各种颜色的光斑，即色差，影响观测效果。17世纪的科学家经过不断探索，找出了克服这一弊端的办法，将折射望远镜改为反射望远镜。反射望远镜的光路各有不同，如英国天文学家格雷果里 (James Gergory) 和德国物理学家卡塞格林 (Cassegrain) 在制作反射望远镜时分别采用了不同的光学系统，因此，反射望远镜也就有了格雷果里式和卡塞格林式等

的区别。此件即属单圆筒格雷果里式反射望远镜，筒径11厘米，物镜径10厘米，目镜孔径0.3厘米。镜筒左侧上置一长31.5厘米、筒径2厘米的寻星镜，在筒右侧装有调节螺丝钮，是调节目镜对准焦距的设备。在镜筒目镜管处镌英文："DYEFINCH COMHILL LONDON"。此镜筒附铜镀金三角支架，高45厘米。

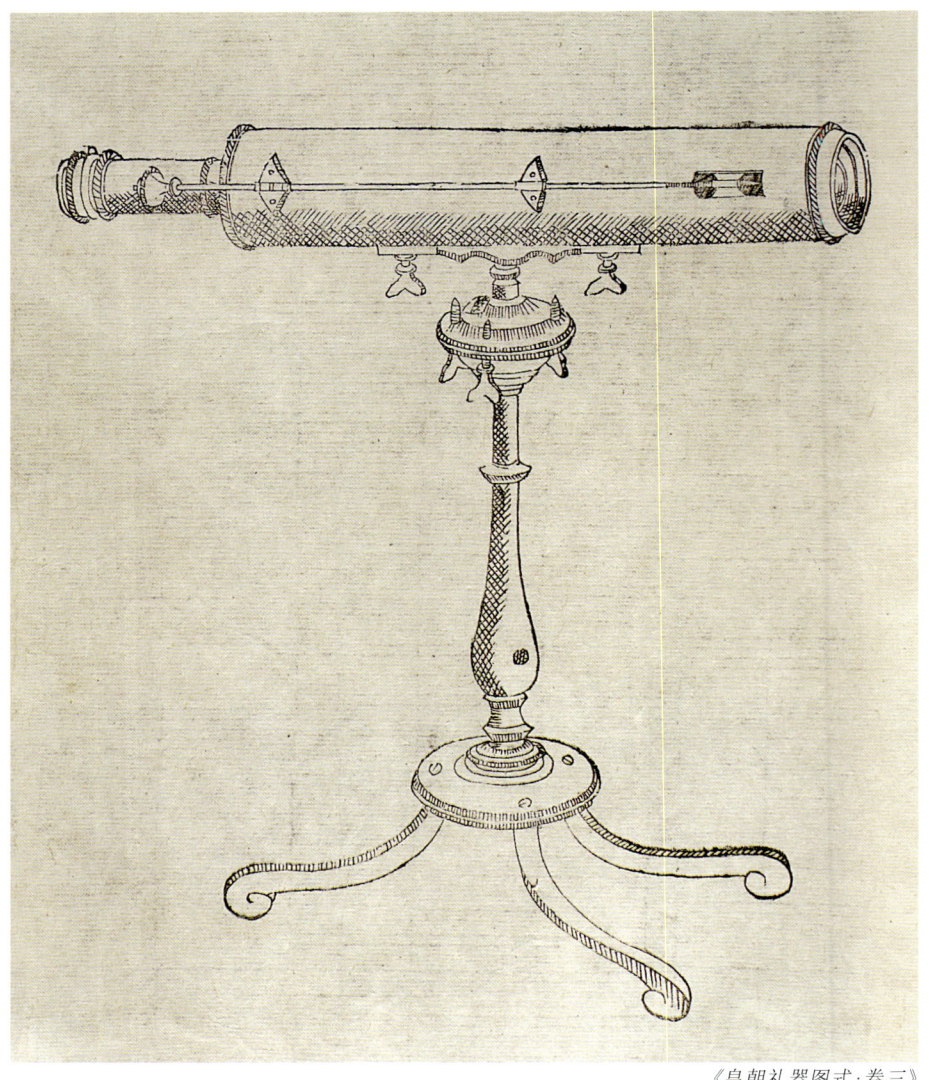

《皇朝礼器图式·卷三》

159 棕漆铜镀金反射望远镜

18世纪
长48厘米
欧洲
清宫旧藏

Gilt-copper reflecting telescope painted with brown lacquer
Made in Europe
18th century
Length: 48cm
Qing Court Collection

《古今图书集成》

此件为单圆筒格雷果里式反射望远镜，筒径6.5厘米，物镜径6厘米，目镜孔径0.2厘米。镜筒右侧装有调节目镜焦距钮，附铜镀金三角支架，高41.5厘米。

160

紫漆描金花反射望远镜
清中期
长81厘米
清宫造办处
清宫旧藏

Purple lacquer reflecting telescope with gold floral design
Made by the Workshops of Qing Court
The Mid-Qing Dynasty
Length: 81cm
Qing Court Collection

此件为单圆筒格雷果里式反射望远镜，筒径11.5厘米，物镜径10.2厘米，目镜径3厘米，附三角支架高51厘米。在镜筒与支架轴承处铜镀金板上錾有二夔龙纹饰，在故宫藏望远镜中有龙形纹饰的仅此一件。

161 铜镀金天文望远镜

19世纪
长160厘米
英国伦敦
清宫旧藏

Gilt-copper astronomical telescope
Made in London, England
19th century
Length: 160cm
Qing Court Collection

此件为单圆筒折射式天文望远镜,筒径12厘米,物镜径9.5厘米,为克服色差由凸凹两块透镜组合成。目镜筒管4.5厘米,目镜孔1厘米。在镜筒左侧上方安装一长25厘米、筒径4厘米的寻星镜。在镜筒目镜管筒处镌有制作者名及产地"NEGRETTL & ZAMBRA LONDON"。此镜又安装在一高196厘米的三角形木支架上,观测时可左右转动,上下升降。此支架轴承铁架左侧有"永昌上海HIRSBRUNNER & CO SHANGHAI";右侧有:"NEGREITL & ZAMBRA LONGON"。

162 铜镀金香港款天文望远镜

19世纪
长128厘米
香港
清宫旧藏

Gilt-copper astronomical telescope marked with "Hong Kong"
Made in Hong Kong
19th century
Length: 128cm
Qing Court Collection

此镜为单圆筒折射式望远镜，筒径11厘米，物镜径8.5厘米，由两块凸凹透镜组成，目镜孔口0.7厘米，安装在26厘米长的铜镀金管筒上，管筒可随镜筒右侧调节焦距钮伸缩。在镜筒左侧上方装有长26厘米、筒径4厘米的寻星镜。此镜筒附三角形铜镀金支架高66厘米。望远镜目镜管处镌英文："C·J·GAUPP HONG KONG"。

163 铜聚光镜

18世纪
镜直径30.5厘米
欧洲
清宫旧藏

Copper condensing lens
Made in Europe
18th century
Lens diameter: 30.5cm
Qing Court Collection

铜质，镜面凹形（但内面已失），可聚光，附饰欧式花纹木架一个，高132厘米。

1679年，法国科学家马里奥特（Edme Mariotte）发现当把火放在凹形金属聚光镜前，再把手放到由聚光镜形成的火的焦点上时，焦点上的热度最高，而用一块透明玻璃将火遮挡时，焦点处的热度下降。于是最早证明了火的幅射热与光的传播是相分离的。这件聚光镜是17世纪下半叶物理学这一新发现在中国宫廷中的回应。

傅科摆模型
19世纪
通高34.5厘米
欧洲
清宫旧藏

Model of Foucault pendulum
Made in Europe
19th century
Overall height: 34.5cm
Qing Court Collection

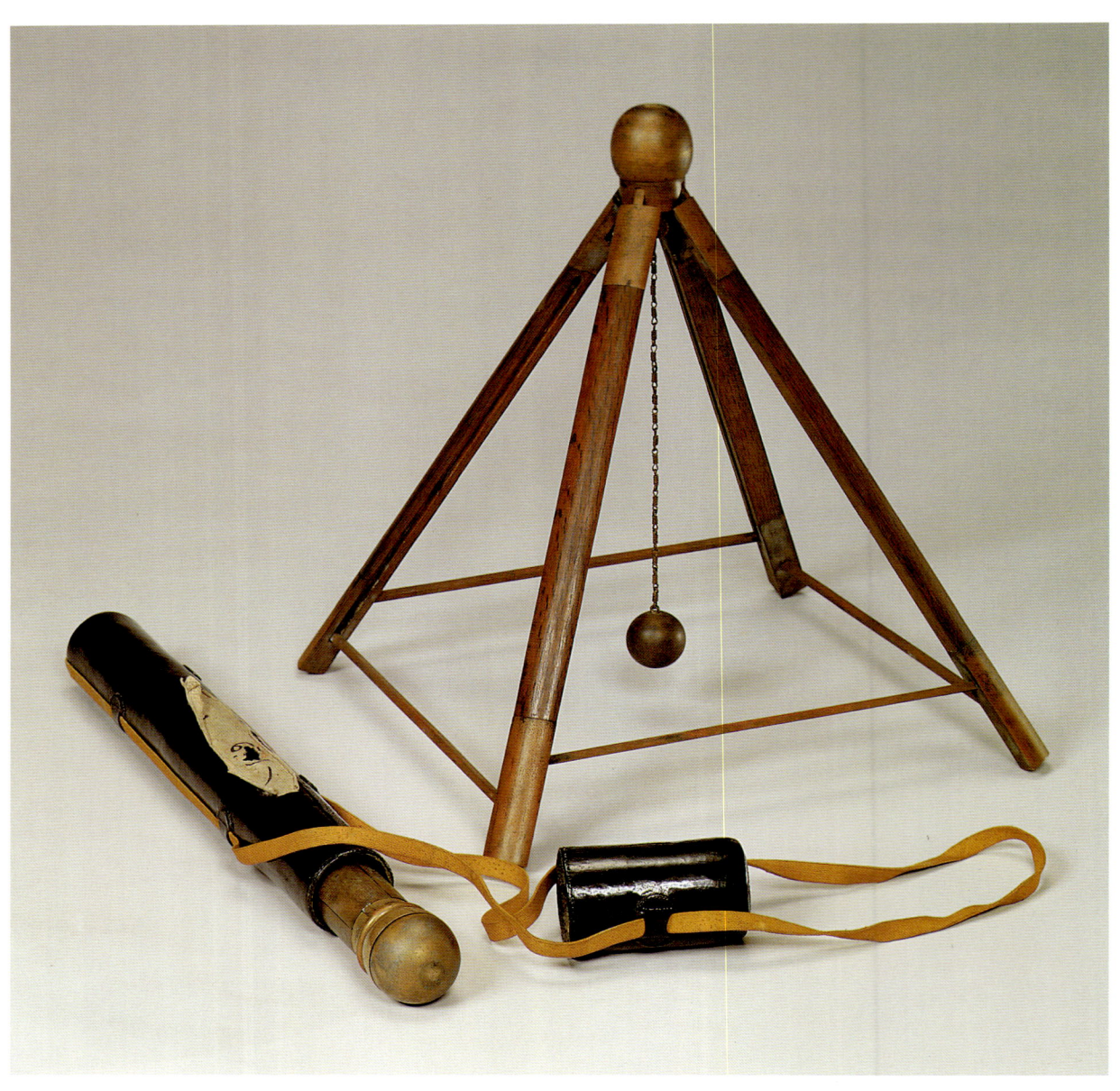

此仪器为教学用具,由四根立柱组成,合拢呈一圆柱形,附黑漆皮筒盒长44厘米,筒径4.3厘米。使用时先将四根立柱打开呈四边形,中间吊垂一直径3厘米的铜实球,可沿圆弧作往复运动,用以证明地球自转运动的道理。

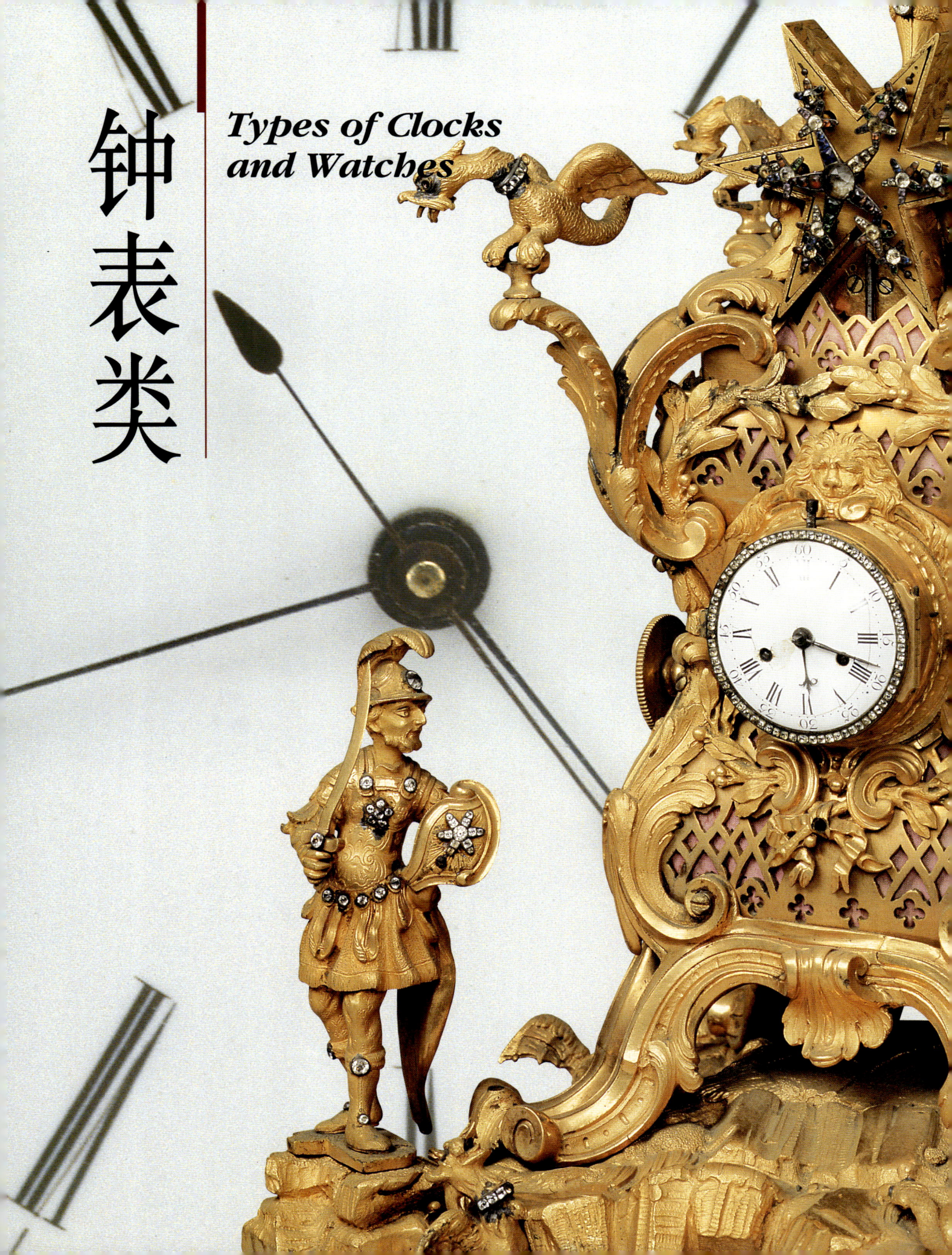

钟表类

Types of Clocks and Watches

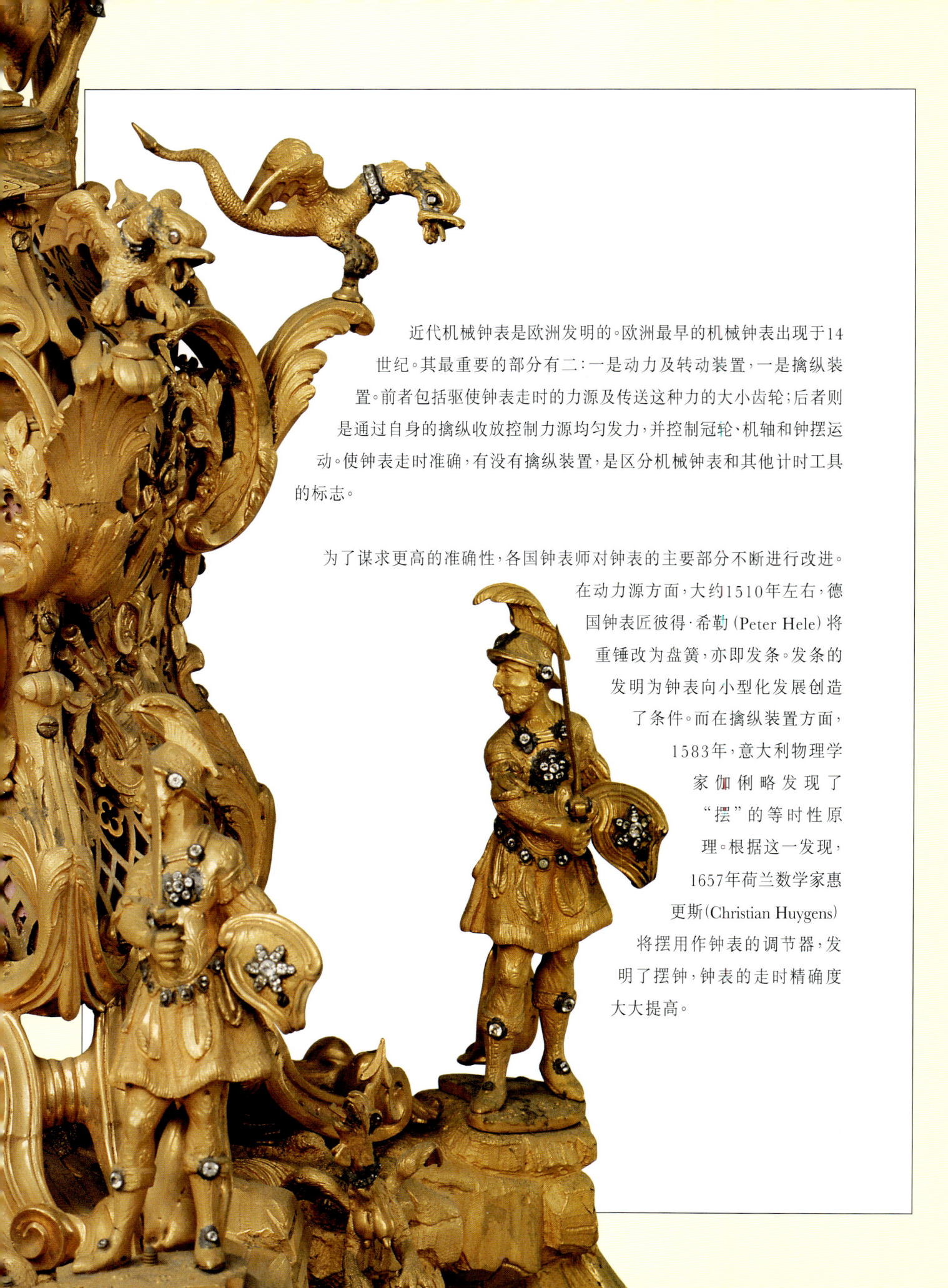

近代机械钟表是欧洲发明的。欧洲最早的机械钟表出现于14世纪。其最重要的部分有二：一是动力及转动装置，一是擒纵装置。前者包括驱使钟表走时的力源及传送这种力的大小齿轮；后者则是通过自身的擒纵收放控制力源均匀发力，并控制冠轮、机轴和钟摆运动。使钟表走时准确，有没有擒纵装置，是区分机械钟表和其他计时工具的标志。

为了谋求更高的准确性，各国钟表师对钟表的主要部分不断进行改进。在动力源方面，大约1510年左右，德国钟表匠彼得·希勒（Peter Hele）将重锤改为盘簧，亦即发条。发条的发明为钟表向小型化发展创造了条件。而在擒纵装置方面，1583年，意大利物理学家伽俐略发现了"摆"的等时性原理。根据这一发现，1657年荷兰数学家惠更斯（Christian Huygens）将摆用作钟表的调节器，发明了摆钟，钟表的走时精确度大大提高。

西方机械钟表最早传入中国是在16世纪，由于它的新奇，一开始便受到中国皇帝的垂爱。直至清代，皇宫中收藏了大量机械钟表。同时，中国自己也开始制作机械钟表，并由最初的仿制逐步形成了自己独特的风格。

故宫所藏钟表大体上可以分为外国制造和中国制造两类。

外国钟以英国和法国为主。英国钟常根据需要做成各种建筑、景观、人物、禽兽形状，并配以水法、转花、跑人等机械玩具，外表大量镀金，以各色料石镶嵌花草，给人以赏心悦目、金碧辉煌之感；法国钟则制造质朴，具有齿轮变动装置，形式上多反映近代科学的发展成果，如汽球钟、火车钟、轮船钟、灯塔钟等，既是计时工具，又是科普模型。此外，故宫也有收藏瑞士、德国、日本等国的钟表。

中国钟最具特色的要数清宫造办处、广州、苏州三地的产品。清宫造办处内有造钟处，专门负责为皇帝制作御用钟。由于有雄厚的物力财力，加之皇帝的干预，使造钟处的钟表极具皇家特色。其制作体大、料实，明确的年代标识、明摆等都是造钟处钟表的特点。在外观上，造钟处钟表多以紫檀木雕刻成楼台亭榭的建筑式样，表现出庄严尊贵、富丽堂皇的皇家气派。广州钟表的造型多为亭、台、楼、阁、塔等建筑，或葫芦、花盆、花瓶等日用器皿，钟壳多是色彩艳丽、光泽明亮的各色铜胎广式珐琅，并带有复杂的、可表现吉祥寓意的机械变动装置，如"群仙祝寿"、"龙凤呈祥"、"白猿献寿"、"双鹿呈祥"等，具有相当高的技术水平。苏州钟表的品种有摆钟、圆摆钟、三套钟、鸟音笼等，其中以木制插屏钟最著名。此外，南京、上海等地的钟表制作也达到了很高水平，其产品在清宫中亦有收藏。

165 铜镀金人指时刻分钟

18世纪
面宽60厘米 高140厘米 厚50厘米
英国
清宫旧藏

Gilt-copper clock decorated with figures pointing to the hours, quarters and minutes
Made in England
18th century
Width: 60cm Height: 140cm
Thickness: 50cm
Qing Court Collection

此钟共分三层。底层为乐箱,正面为由水法和活动人物组成的布景箱,后面为时盘。乐箱平台前、后各有三个圆墩,前面三个圆墩上分别放置时、分、秒盘,盘中心各立一持杆人,用杆指向盘面上的时间刻度。后面三个圆墩上分坐持枪猎人,眼可左右巡视。一层平台中心是七只龙头组成的水法;二层平台中心为四条游鱼组成的水法景观;三层凉亭内有一持锤报时人,顶端站立一吹号人,可左右转动。

此钟只有一个动力源,通过齿轮传动系统带动所有的活动装置。作者为英国伦敦的钟表师William Vale。

166

铜镀金象驮转蛇转花乐表

18世纪
宽69厘米 高124厘米 厚62厘米 表径5.5厘米
英国
清宫旧藏

Gilt-copper musical watch decorated with revolving snakes and flowers on elephant's back
Made in England
18th century
Width: 69cm Height: 124cm
Thickness: 62cm Watch diameter: 5.5cm
Qing Court Collection

这座钟以发条、塔轮、链条为动力源，分别带动走时、打点、活动景观和音乐等活动装置。机器安置在瓶腹中，瓶口处嵌有一针小表。上弦后，铃敲乐起，象背上花架内漆画人物转动，四条蛇首尾相衔似游动状，塔上蛇身缠绕的料石花及瓶腹五朵花卉均随音乐转动。象驮宝瓶寓意清代吉祥成语"太平有象"。

167 铜镀金月球顶人打乐钟

18世纪
面宽49厘米 高102厘米 厚30厘米
英国
清宫旧藏

Gilt-copper clock decorated with an automatical revolving moon on the top and a figure striking musical bells
Made in England
18th century
Width: 49cm　Height: 102cm　Thickness: 30cm
Qing Court Collection

在铜镀金底座上的敲钟人分击左、右两边，两边各有九个钟碗，爬满花蔓的圆柱上支架着镶嵌料石的圆钟。大钟盘内所含的两个小盘分别指示分和秒。

此钟独特之处在于钟顶上安装有半蓝半白的月球，可随着时间的变化而转动。每逢阴历朔日（初一），月球开始按逆时针方向转动，到望日（十五）球为满白，到晦日（月满）则变为满蓝。整个月球表面有三十条经线，时钟每走二十四小时，经线转动一条，从而准确地表示朔、望日。

此钟共有三组动力源，一组在底座上，负责敲钟人打乐。另两组在钟体内，负责走时、报时及月球转动。

168

铜镀金四象驮乐箱跑人犀牛表

18世纪
宽84厘米 高127厘米 厚64厘米 表径7厘米
英国
清宫旧藏

Gilt-copper watch above the rhinoceros on a musical box carried by four elephants
Made in England
18th century
Width: 84cm Height: 127cm
Thickness: 64cm Watch diameter: 7cm
Qing Court Collection

这件钟表的机械控制系统装在四象所驮的乐箱后半部。时钟有走时、打点功能。启动开关后，音乐奏响，乐箱内风景画中的人物转动，四角及上顶花、葫芦上的装饰也随音乐旋转。

169 铜镀金少年牵羊钟

18世纪
宽54厘米 高95厘米 厚37厘米 钟面直径15厘米
英国伦敦
清宫旧藏

Gilt-copper clock decorated with a boy leading a sheep
Made in London, England
18th century
Width: 54cm Height: 95cm
Thickness: 37cm Clock diameter: 15cm
Qing Court Collection

这件钟的底层内装有控制音乐及活动景物的机械系统。底层正面有三个表盘，中间为三针钟，上弦后可报时；左边为调换乐曲盘，盘上1、2、3、4、5、6、7、8表示可供选择的八种不同曲目。表盘指针与音乐机械相连，指针的拨动牵引棘滚移位，每移一下就变换一首曲目；右边是控制乐曲的起止盘。活动景观在钟座两侧。在乐曲伴奏下，两边帘幕三起三落。右边帘卷起，内有"斗鸡"之戏，背景画变换三次；左边帘卷起，有马车跑动、小花旋转。

此钟上刻制造人名"ROBT WARD"。

170 铜镀金象拉战车表

18世纪
长136厘米　高72厘米　表面直径10厘米
英国
清宫旧藏

Gilt-copper watch inlaid on a chariot drawn by an elephant
Made in England
18th century
Length: 136cm　Height: 72cm
Watch diameter: 10cm
Qing Court Collection

此表为双面表，嵌在一辆机械玩具战车上，它的走时功能由表内自身发条控制。整个战车另有四组发条齿轮系统。第一组在象腹内，可使象的眼睛睁闭，眼球转动，耳朵扇动，鼻子上下左右伸卷，尾巴摇摆。象腹下有一小轮，控制战车的运行轨迹。第二组在战车前部的铜筒内，与象腹下的小轮相连，向前驱动大象，带动车箱，是战车的主动力源。第三组在战车中部的方箱内，可使箱上的指挥官身体左右转动。第四组在战车后部车箱内，是一台小型八音盒。

若开动战车，需先将象、铜筒、方箱、车箱内的齿轮系统的发条上满，再依次启动。战车在乐声中沿着2米左右的圆周轨道行驶，同时象的眼、耳、鼻、尾及指挥官均活动，是一件精美的艺术性计时器。

171 铜镀金少年园丁钟

18世纪
宽32厘米　高82厘米　厚28厘米　钟径10厘米
英国
清宫旧藏

Gilt-copper clock decorated with
a juvenile gardener
Made in England
18th century
Width: 32cm　Height: 82cm
Thickness: 28cm　Clock diameter: 10cm
Qing Court Collection

这件钟表装有走时、打点、音乐转动三套机械系统。底层为乐箱，正面是钟盘，钟盘上除时针与分针外，在顶端和底边还各有两枚指针，能控制音乐的起止和演奏的速度。箱后有调换六首乐曲的曲盘，箱两侧圆框内是欧洲乡村风景画。箱上有一半蹲半跪少年，从他脚旁放置的铁锹和喷壶可知这是一位园丁。他右手持花，左手扶头上花盆，似在向钟表的主人进献他培植的花草。花盆上有两只镶嵌玻璃料石的蝴蝶。此钟为英国伦敦马瑞奥特（Marriott）制造。

172

铜镀金三人打乐钟
18世纪
面宽35厘米　高78厘米　厚20厘米
英国
清宫旧藏

Gilt-copper clock decorated with three children striking musical bells
Made in England
18th century
Width: 35cm　Height: 78cm
Thickness: 20cm
Qing Court Collection

钟座正面为三针时钟。钟座上屏风前跪立的三小儿前面各有一组钟碗，钟碗被镂空金色花所遮掩。当机械启动后，屏风顶端的七朵小花在自转的同时，围绕中心花转动，钟碗前的金色镂空花转动，儿童敲打钟碗伴奏。全钟有两套发条动力源，一套控制走时，一套控制转花等活动。

173 铜镀金印度乐师击乐钟

18世纪
宽37厘米　高83厘米　厚37厘米　钟径19厘米
英国伦敦
清宫旧藏

Gilt-copper clock decorated with an Indian musician striking musical bells
Made in London, England
18th century
Width: 37cm　Height: 83cm
Thickness: 37cm　Clock diameter: 19cm
Qing Court Collection

这件钟有走时、打点与音乐及活动景观三套系统。钟盘上的三个小圆盘上为阴历计时盘，左为走时盘，右为走分盘，正中心的大针为秒针。钟匣上，在四个印度人像托举的华盖下，神情自若的印度乐师作演奏准备状，机械启动后，乐师奏出音节不同的钟铃，两侧水法随之转动。

174

铜镀金山子座站人小座钟
18世纪
宽26厘米　高55厘米　厚26厘米　钟径5厘米
英国伦敦
清宫旧藏

Gilt-copper desk clock decorated with a rock pedestal and figures
Made in London, England
18th century
Width: 26cm　Height: 55cm
Thickness: 26cm　Clock diameter: 5cm
Qing Court Collection

这件钟有走时、打点和音乐及活动景观三套机械系统。铜镀金岩石座上嵌一个二针钟表，乐箱设在钟后。钟的上端有悬挂华盖的棕榈树，树下是身挎战刀的指挥官。机械开动，指挥官左右观望，原地转动，似在百倍警惕地执行自己的守护使命。

175

铜镀金亭式番人进宝钟

18世纪
宽34厘米　高65厘米　厚28厘米　钟径9厘米
英国
清宫旧藏

Gilt-copper pavilion-shaped clock decorated with a barbarian presenting treasures
Made in England
18th century
Width: 34cm　Height: 65cm
Thickness: 28cm　Clock diameter: 9cm
Qing Court Collection

这件钟的底层外饰蓝珐琅嵌铜镀金花，内置走时、打点、活动景观和音乐四套机械装置。正中间有一大二小三个表盘，小盘中一个为止打乐盘，一个为选择音乐的指示盘，大盘为可走时、打点的时钟。机器开动后，在音乐声中，顶部方亭内戏狮人的左臂及狮子头尾晃动，亭顶转花也随之旋转。

176 铜镀金转人钟

18世纪
宽38厘米　高65厘米　厚18厘米　钟径6.5厘米
英国
清宫旧藏

Gilt-copper clock with revolving figures
Made in England
18th century
Width: 38cm　Height: 65cm
Thickness: 18cm　Clock diameter: 6.5cm
Qing Court Collection

这件钟装有走时、打点、音乐及活动景观三套机械系统。它的开放设置比较隐蔽，藏在雕花瓶心的中心花内。上弦后钟表走时打点，瓶心风景画中人物、鸭子、水法转动。

177

铜镀金转人亭式大钟

18世纪
宽91厘米 高117厘米 厚91厘米
钟径7.4厘米
英国伦敦
清宫旧藏

Large gilt-copper clock in the shape of a pavilion with revolving figures
Made in London, England
18th century
Width: 91cm Height: 117cm
Thickness: 91cm Clock diameter: 7.4cm
Qing Court Collection

这件时钟有走时、活动景物和上层风车三套控制系统。当机械开启后，一层风景人物和二层的士兵交替旋转；再启动三、四层的控制系统，三层的料石花、四层的风轮及钟顶的圆球、飞鹰开始转动。

201

178 铜镀金规矩箱表

18世纪
宽54厘米 高95厘米 厚37厘米 表径5厘米
英国伦敦
清宫旧藏

Gilt-copper watch in the shape of a dressing table
Made in London, England
18th century
Width: 54cm　Height: 95cm
Thickness: 37cm　Watch diameter: 5cm
Qing Court Collection

这是件梳妆台式钟表，有音乐、活动景物和计时两套系统。表在"规矩箱"的顶端，由背面弦孔上弦。活动景物及音乐的机械装置在"规矩箱"后半部。箱前半部上下各有一门，上门的三格里，左、右放香水瓶及剪刀、眉笔等化妆用具；下门里绘风景画，人物活动其间。上弦启动后，音乐奏响，齿轮牵引固定在细线上的人物往复走动，上门中格的彩色料石柱也随之转动。

此表上刻制造人名"James cox"。

179 玳瑁楼嵌料石银花乐钟

18世纪
面宽24厘米　高48厘米　厚16厘米
英国
清宫旧藏

Pavilion-shaped musical clock inlaid with hawksbill turtle, pastes and silver flowers
Made in England
18th century
Width: 24cm　Height: 48cm　Thickness: 16cm
Qing Court Collection

木胎镶玳瑁片的楼式钟表正面为二针钟盘，钟盘下方左右的小盘分别为止打乐盘和选曲盘。钟盘上为立体漆画布景，内有活动人物。下层为装有机械装置的钟箱。上弦后，在乐曲声中布景内人物跑动，上层窗格中人物列队而行。全钟共有三套发条机械动力源，分别负责走时、打乐及人物活动。钟上刻有作者英国伦敦的钟表师"Edward Wicksteed"之名。

180

木楼嵌铜纹木哨乐钟

18世纪
宽37厘米　高89厘米　厚37厘米　钟径10厘米
英国
清宫旧藏

Wooden building-shaped musical clock inlaid with copper floral design
Made in England
18th century
Width: 37cm　Height: 89cm
Thickness: 37cm　Clock diameter: 10cm
Qing Court Collection

此钟为乌木质，有走时、打点、音乐及活动景观三套系统。开动机器后，钟表走时，带动气袋和棘滚动作，将长短粗细不一的木哨舌簧打开，使气流进入木哨，发出优美的乐声。表上画面内人物及风车、动物随之转动。此钟上镌刻制造人名"James Newton"。

181

瓷雕飞仙人座钟

18世纪
宽23厘米 高43厘米 厚14厘米
英国
清宫旧藏

Porcelain desk clock carved with flying female celestial
Made in England
18th century
Width: 23cm Height: 43cm Thickness: 14cm
Qing Court Collection

瓷质钟体在清宫的钟表收藏中极为少见。这件钟表嵌在瓷花瓶腹正中。瓶口坐一少女，手扶花篮，体态优雅，爱神丘比特飞绕上下，富于动感。此钟只有一组动力机械装在瓶中，控制钟表的走时。作者为英国伦敦的钟表师"William Howes"。

182 铜镀金马驮水法钟

18世纪
宽56厘米　高124厘米　厚51厘米
钟径16厘米
英国
清宫旧藏

Gilt-copper clock decorated with waterfall on a horse's back
Made in England
18th century
Width: 56cm　Height: 124cm
Thickness: 51cm　Clock diameter: 16cm
Qing Court Collection

此钟为铜镀金质，内有走时、打点打刻、音乐及活动景物四套机械系统。花架上一对仙鹤承举着二针钟，钟盘上的一小盘为计秒盘。启动开关，底层景内人物行走，船只航行，上层花架中骑马人奔跑，顶端塔形转花徐徐转动。上下水法似瀑布直泻。

183 铜镀金山子鹦鹉钟

18世纪
宽65厘米　高78厘米　厚42厘米　钟径14厘米
英国
清宫旧藏

Gilt-copper clock in the shape of rockery decorated with a parrot
Made in England
18th century
Width: 65cm　Height: 78cm
Thickness: 42cm　Clock diameter: 14cm
Qing Court Collection

这件钟有走时、打点、音乐及活动景观三套机械系统。三针钟嵌在假山石座正中，山间飞禽走兽，还有水中的贝壳、螺蛳。山脚下洞中设有水法，水柱直泻进玻璃造成的水池内。机器开动后，池水流动，鹦鹉展翅，于正点山顶上棕榈树丛中的小人敲钟报时。

184

铜镀金四象驮跑人日历表

18世纪
宽49厘米 高72厘米 厚49厘米 表径8厘米
英国
清宫旧藏

Gilt-copper calendar clock above a musical box carried by four elephants
Made in England
18th century
Width: 49cm Height: 72cm
Thickness: 49cm Clock diameter: 8cm
Qing Court Collection

这件铜镀金质钟底层为四象背负的乐箱，内安活动的英国乡村风光画片，两只怪兽高举的大钟盘上，除中心秒针外，还配有四个小盘，上盘走时，左盘为阴历计日，右盘走分，下盘计秒，标有1、2、3、4，表明一圈走四秒，秒针不停地跳动。开启后，底层乐箱音乐响起，景观人物跑动，中部两层人物往相反方向转动，四角花转动。

185 铜镀金孔雀开屏钟

18世纪
宽34厘米 高59厘米 厚16厘米 钟径11厘米
英国伦敦
清宫旧藏

Gilt-copper clock decorated with a peacock in his pride
Made in London, England
18th century
Width: 34cm Height: 59cm
Thickness: 16cm Clock diameter: 11cm
Qing Court Collection

钟底层是乐箱，活动景物和音乐的机械装置在其中。启动后，在音乐的伴奏下孔雀左右扭动躯体，伴以展翅、摆尾、开屏。山石下左侧有羊左右摇头，右侧有羊作咀嚼状。架在两柱间的三针钟可走时、报时，每逢整点，表端亭中报时人持铜锤敲击钟碗。

此钟由"William Son"制造。

186

铜镀金嵌玛瑙水法规矩箱表

18世纪
面宽22厘米　高26厘米　厚22厘米
英国
清宫旧藏

Gilt-copper case-shaped watch inlaid with agate and decorated with waterfall
Made in England
18th century
Width: 22cm　Height: 26cm
Thickness: 22cm
Qing Court Collection

这件钟表整体为箱式结构，箱盖上面正中嵌小表一块。箱内有刀、剪、锥、鼻烟壶、望远镜、玻璃镜、夹子等各种小型实用工具，共二十二件。箱正面中间为布景画。箱体内下半部为以发条为动力源的机械装置，机器开动后，乐箱奏乐，布景画内的水法转动。

187 铜镀金转花转人水法钟

18世纪
宽53厘米 高105厘米 厚53厘米 钟径9厘米
英国
清宫旧藏

Gilt-copper clock with the decoration of revolving waterfall, flowers and figures
Made in England
18th century
Width: 53cm Height: 105cm
Thickness: 53cm Clock diameter: 9cm
Qing Court Collection

这件钟有走时、打点、音乐、活动景观及水法四套机械系统。梯形底座内为乐箱。钟的装饰极为繁复，堆山石上站立的四只大象驮着四层水法转花钟，一层中间有可以转动的牛、马等动物，外嵌金发美女观画的珐琅画；二层是两针时钟，外有孔雀守护，花叶缠绕；三层中间为水法，外为彩漆人物画；四层是丛林、瀑布，四角武士站岗，中间有水法，顶端有花束。机器开动，各层水法自上而下转动，动物、景物随音乐活动。

188 铜镀金嵌料石升降塔钟

18世纪
宽46厘米　高95厘米　厚46厘米　钟径17厘米
英国
清宫旧藏

Gilt-copper pagoda-shaped clock
inlaid with pastes
Made in England
18th century
Width: 46cm　Height: 95cm
Thickness: 46cm　Clock diameter: 17cm
Qing Court Collection

这件升降塔钟有走时、打点、音乐、活动景观、升降四套机械系统。塔基三面均装表盘。机器开动，各层塔檐和二层塔身上的料石花及人物开始转动，五层塔身也随之升降，底层一队穿英国制服的士兵在音乐的伴奏下绕塔操练。乐止，钟塔恢复原有高度。

189 铜镀金转花翻伞钟

18世纪
宽27厘米 高70厘米 钟径6.5厘米
英国
清宫旧藏

Gilt-copper clock decorated with revolving flowers and umbrella
Made in England
18th century
Width: 27cm Height: 70cm
Clock diameter: 6.5cm
Qing Court Collection

此钟分三层。底层内装有音乐控制系统；中层是钟表，可走时、报时；最上层是金质嵌珐琅伞。钟以发条、塔轮、链条为动力源。启动开关时，随着音乐，顶部伞叶翻张，露出转动水法，伞顶螺旋锥状花转动，侧面三朵花在自转同时又随中央花束旋转。乐止，伞叶收拢，转花停止转动。

190

铜镀金水法机动座钟

18世纪
宽54厘米　高103厘米　厚50厘米　钟径10厘米
英国
清宫旧藏

Gilt-copper mechanical table clock with decoration of waterfall
Made in England
18th century
Width: 54cm　Height: 103cm
Thickness: 50cm　Clock diameter: 10cm
Qing Court Collection

这件钟底座内为乐箱与活动景观的控制系统，底层正面为嵌彩色玻璃花抽屉，拉手被巧妙地装饰为花环状。底座上铜镀金刻花四足架子中悬挂一能走时打点的三针钟。这件钟的独特之处在于钟体本身是一个大型钟摆。机器启动后，在时针、分针、秒针运转的同时钟整体摆动，钟上水法及花束也随音乐转动，所以称之为连机动钟。

191 铜镀金四象驮八方转花乐钟

18世纪
宽91厘米　高142厘米　厚87厘米　钟径14厘米
英国伦敦
清宫旧藏

Gilt-copper musical clock carried by four elephants and decorated with spinning flowers
Made in London, England
Width: 91cm　Height: 142cm
Thickness: 87cm　Clock diameter: 14cm
Qing Court Collection

这件钟有走时、报时、止打乐、换乐四套机械系统。钟体分两层。下层正面大门绘风景，门内是四壁装玻璃的大厅，厅中央立牌楼，牌楼下铸古希腊神话传说中的太阳之神阿波罗像。上层钟盘中央的蓝料石花随时针的走动而旋转。遇整点时，钟顶端的两朵嵌料石月牙形花也随之转动。钟盘上方有两小盘，左边是启止乐盘，指针拨向CHIME即奏乐，指向NO CHIME则停止。右边是乐曲名称显示盘，拨动指针即可选定乐曲。

钟上刻有制作人名"George Higginson"。

192 铜镀金嵌珐琅人物亭式水法钟

18世纪（1775年）
宽37厘米　高77厘米　厚41厘米　钟径6厘米
英国
清宫旧藏

Gilt-copper pavilion-shaped clock inlaid with enamel scene and decorated with waterfall
Made in England
18th century (1775)
Width: 37cm　Height: 77cm
Thickness: 41cm　Clock diameter: 6cm
Qing Court Collection

这件钟的底层有活动景观的机械装置。八角形钟座正面是直列的三个钟盘，分别为时、分、秒盘，其余七面交替装饰有水银镜与珐琅画。钟座上是重檐八角攒尖亭。机器开动，上层亭顶旋转，亭内水法喷涌，动物围水法转动。此钟上刻制作人名"William Sim"。

193

铜镀金塔式吐球水法钟

18世纪（1775年）

宽53厘米　高123厘米　厚48厘米　钟径6.5厘米

英国

清宫旧藏

Gilt-copper pagoda-shaped clock with decoration of waterfall spurting a ball
Made in England
18th century (1775)
Width: 53cm　Height: 123cm
Thickness: 48cm　Clock diameter: 6.5cm
Qing Court Collection

这座钟有走时、打点、活动景物及音乐四套机械系统。钟底座四面有玻璃柱水法和人物，乐箱上是一座四角三层宝塔，第一层内有水法矗立在水池中心的假山上；第二层内为螺旋形盘梯缠绕的水法，上面有一铜镀金滚球；顶层塔身上装有两针钟。机械开动，音乐响起，塔柱转动，水法似瀑布奔流，铜球自上而下滚动，掉入卧在盘梯口的铜兽嘴中，又被丝杠绞上去，再向下滚动，循环往复。同时池中小鸭、柱前人物亦转动。

铜镀金自开门蝙蝠钟

18世纪
宽45厘米 高80厘米 厚38厘米 钟径10厘米
英国
清宫旧藏

Gilt-copper pavilion-shaped clock with an automatic door decorated with bats
Made in England
18th century
Width: 45cm　Height: 80cm
Thickness: 38cm　Clock diameter: 10cm
Qing Court Collection

这件钟为三层四角攒尖阁楼式,每层均有四根龙抱柱,四角飞檐是怪兽和悬铃。十幅精美的珐琅人物画镶嵌于每层的门扉与两侧。底层后半部为乐箱;中层的门能自开,内有风景画;上层正面嵌两针钟,嵌满料石的四只蝙蝠落于顶部飞檐上。机器开动,随着乐曲声龙柱旋转,中门自开,顶部蝙蝠展翅欲翔。

195

铜镀金滚钟
19世纪
直径13厘米
法国
清宫旧藏

Gilt-copper rolling clock
Made in France
19th century
Diameter: 13cm
Qing Court Collection

这是一件没有发条的机械钟,整个钟体由外面的钟壳和里面的机芯组成。在钟壳内中心部位装有一个固定的小轮,与机芯内的偏心轮相咬合,这是钟壳和机芯的唯一接触点。在机芯两夹极的左后方装有一坠砣。当滚钟放至倾角为10°的坡板顶端时,钟壳由于重力作用开始向下滚动,钟内的小轮也随之滚动,而机芯由于偏上方坠砣的作用仍继续保持原状,不能和钟壳同步运行,这就使偏心轮保持了相对静止。小轮和偏心轮这一动一静产生了动源,带动机芯内的齿轮系统运行,从而巧妙地解决了钟表的动源问题。

放置滚钟的坡板长55厘米,每放一次走二十四小时。无论滚钟在什么位置,机芯的状态不变。十二时和六时的位置总处在垂直方向上。钟壳外夹板边缘有细微的小齿,以增加钟体与坡板的摩擦力,保证钟体匀速下滑。

196

铜镀金滚球压力钟
19世纪
面宽29厘米 高53厘米 厚25厘米
法国
清宫旧藏

Gilt-copper clock with the aid of rolling ball pressure
Made in France
19th century
Width: 29cm　Height: 53cm　Thickness: 25cm
Qing Court Collection

此钟为二针时钟，钟盘上露明摆。钟体内无发条，是以钢球重力为动源带动机芯走时。钟体后装有一个分为十二格的大轮盘，只要将四枚各重250克的钢球顺序压入格内，轮盘即可转动。钟上面是储存钢球的盒子，盒内有坡度轨道，可储存十八枚钢球。钟体下面为储存滚落下的钢球的抽屉。

当需要时钟走动时，便可将其中的四个钢球压入轮盘，其余钢球依次放入上面盒子内的坡度轨道上。轮盘在钢球重量的压迫下向顺时针方向转动，转动的轮盘带动齿轮系统走时。每隔十六小时便有一个钢球滚入下面的抽屉，同时又从上面的储存盒中滚入轮盘一球以作补充。一周以后，将下面抽屉中的钢球再次放回上面的储存盒中，循环使用。

此钟还附有风雨表和寒暑表。

铜镀金轮船模型表
19世纪末
宽44厘米 高38.5厘米 厚18厘米 表径6厘米
法国
清宫旧藏

Gilt-copper ship model with a watch
Made in France
The late 19th century
Width: 44cm Height: 38.5cm
Thickness: 18cm Watch diameter: 6cm
Qing Court Collection

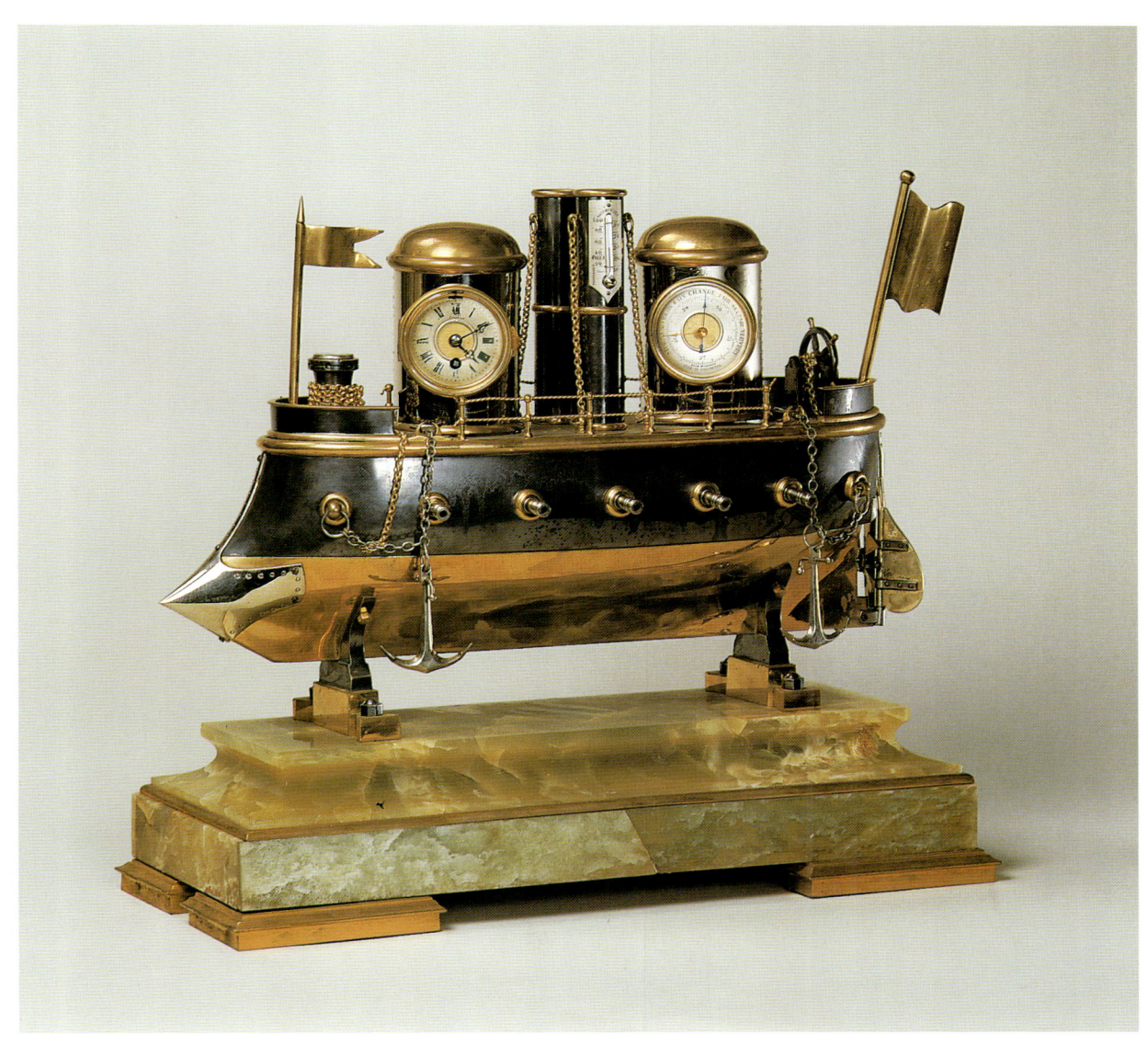

船身置于绿色大理石座上。轮船头尾插有铜镀金大小旗帜各一,大旗上刻龙纹图案,小旗上刻"万寿无疆"四字。甲板上有两个圆筒,嵌有钟表和风雨寒暑表,两筒之间烟囱侧面嵌温度计,上顶有指南针。开动船尾舵,圆筒按顺时针方向转动,船尾的驱动轮转动。这件轮船模型表应是法国专门为清帝后设计制造的祝寿礼品。

198

铜镀金活塞风轮机器模型表
19世纪末
宽36.5厘米　高47厘米　厚19.5厘米　表径17厘米
法国
清宫旧藏

Gilt-copper machine model with a watch
Made in France
The late 19th century
Width: 36.5cm　Height: 47cm
Thickness: 19.5cm　Watch diameter: 17cm
Qing Court Collection

紫色大理石座上设一套两针表；表两侧各有活塞缸，缸侧有炉。左炉上嵌风雨表，右炉上嵌温度表，钟表上有一大风轮，内有一组齿轮联动装置。开动机器，随着大风轮旋转，中间的齿轮与两旁活塞杆顶端的小齿轮互相咬合，带动活塞上下活动，显示了19世纪时盛行的蒸气机的基本原理。

铜镀金汽车式风雨寒暑表
19世纪末
宽42厘米 高28厘米 厚16厘米 表径6.5厘米
法国
清宫旧藏

Gilt-copper car model with a watch and a wind-and-rain gauge
Made in France
The late 19th century
Width: 42cm   Height: 28cm
Thickness: 16cm   Watch diameter: 6.5cm
Qing Court Collection

此表模仿十九世纪汽车，车厢上嵌瑞士乌利文两针表和风雨表。开关是方向盘侧面的手闸。开启后，表走时，车轮转动。

200 铜火车头风雨表

19世纪末
宽52厘米　高46厘米　厚24厘米　表径6.5厘米
法国
清宫旧藏

Copper locomotive with a wind-and-rain gauge
Made in France
The late 19th century
Width: 52cm　Height: 46cm
Thickness: 24cm　Gauge diameter: 6.5cm
Qing Court Collection

火车头风雨表安设于黑色大理石基座上，内装控制车轮转动的机械系统。驾驶室内门上嵌有二针表，并嵌有瑞士钟表公司ULLMANN·J& cie的商标。火车头锅炉侧面嵌风雨表，炉上挂铜铃，嵌温度表的烟囱耸立在锅炉上。启动后，车轮及驱动杆转动，如火车行驶状。

201

铜镀金灯塔式座表

19世纪末
高68厘米 底座直径25厘米
法国
清宫旧藏

Gilt-copper beacon-shaped desk clock
Made in France
The late 19th century
Height: 68cm Base diameter: 25cm
Qing Court Collection

灯塔上层的表内有两套机械系统,可走时、报时,表盘上方有调节走时快慢的拨针。表左侧为风雨表,右侧为温度计。上弦后,灯塔顶层可徐徐转动。

202 铁质转机风雨寒暑表

20世纪初
宽28厘米　高28厘米　厚24厘米
法国
清宫旧藏

Iron machine with a wind-and-rain gauge and a thermometer
Made in France
The early 20th century
Width: 28cm　Height: 28cm　Thickness: 24cm
Qing Court Collection

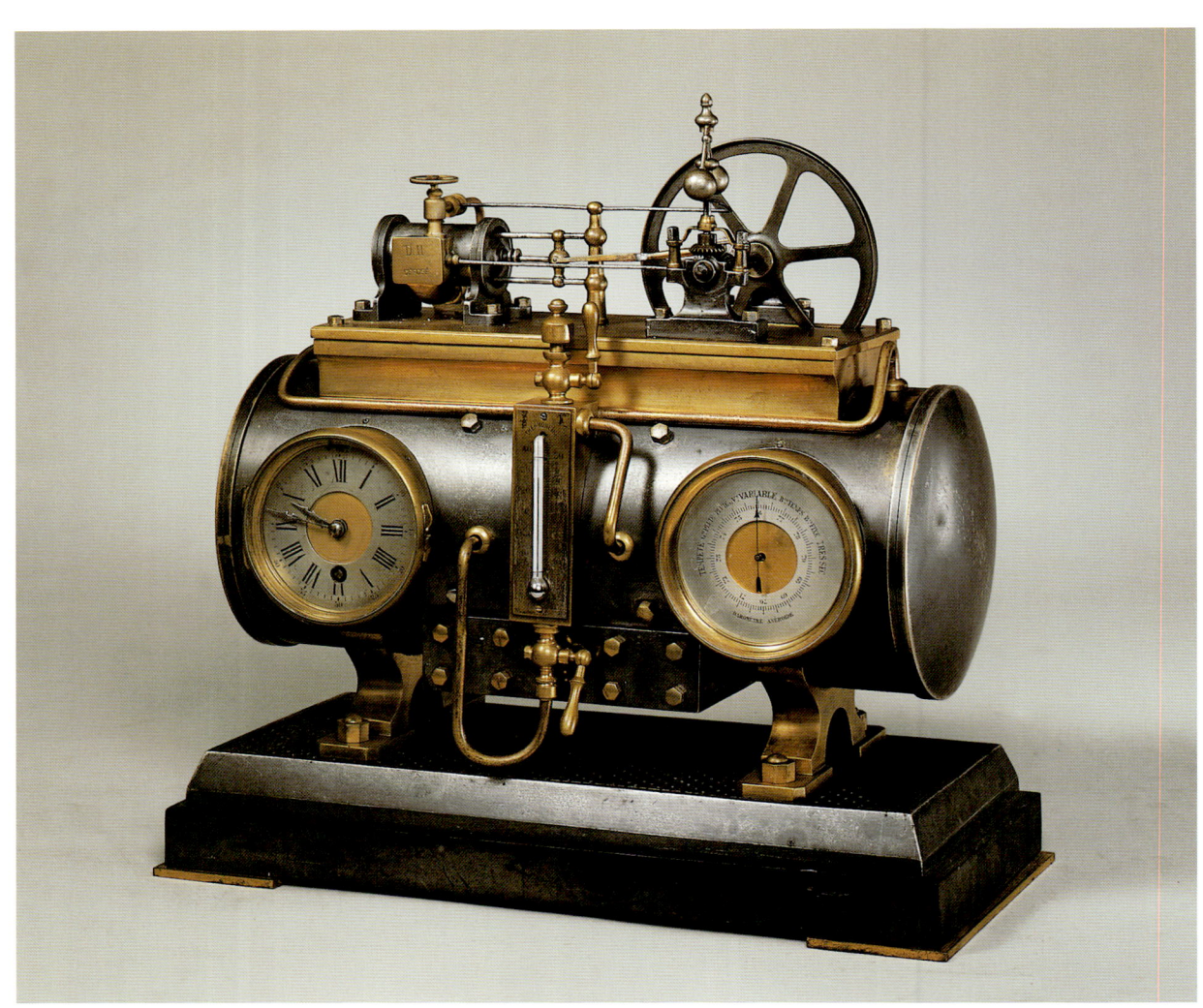

此表卧式圆筒机身上有一组活动景物，右后方竖立的大轮中心安设齿轮，与内部机械装置相咬合。上弦开启后，大轮运转并带动活塞杆滑动，两小球随之张合。大轮与活塞杆的运动由慢到快，小球由合至张，达到最高速后，小球扩张到极限，并迅速由张到收缩，大轮、活塞杆运动速度由快转慢。如此循环往复，小球的张合控制运动速度。机身前侧中间是温度计，左为二针表，右为风雨表。

203 铜镀金珐琅瓶式三面表

20世纪初
高80厘米 表径6.5厘米
法国
清宫旧藏

Gilt-copper bottle-shaped clock with a thermometer and a wind-and-rain gauge
Made in France
The early 20th century
Height: 80cm Clock diameter: 6.5cm
Qing Court Collection

这件三面表有三个表盘，其一为二针时钟；其二为寒暑表，显示气温变化；其三为气压、风雨表，显示天气的风雨阴晴变化。

表上刻制造人名"J·ullmann"。

气球式钟

19世纪末
高60厘米 球径16厘米
法国
清宫旧藏

Balloon-shaped clock
Made in France
The late 19th century
Height: 60cm
Balloon diameter: 16cm
Qing Court Collection

这件钟的动力源由发条盒、塔轮、链条组成机轴擒纵器。支架支撑气球处为活轴。上弦启动后,球内机芯动力摆带动球体摆动,球外的筐也随之同步晃动。

19世纪时,欧洲科学家多次实验乘氢气球升空探测大气奥秘,这件钟表的造型反映了欧洲当时的这一科技活动。

205 紫檀嵌珐琅重檐楼阁更钟

清乾隆
面宽70厘米　高150厘米　厚70厘米
清宫造办处
清宫旧藏

Red sandalwood tower-shaped night clock inlaid with enamel
Made by the Clock-manufacturing Department of Qing Court
Qianlong period, Qing Dynasty
Width: 70cm　Height: 150cm　Thickness: 70cm
Qing Court Collection

钟体为重檐楼阁式样。亭下正面为两针钟盘，上有"乾隆年制"铭文。钟盘上方有二小盘，左为定更盘，右为节气盘，是专为夜间打更使用的。此钟共有五组发条动力源，分别带动走时、打时、打刻、发更、打更五套齿轮传动联动系统。白日走时、报刻、报时，夜间打更，打更前先调好节气盘与定更盘。由于一年之中不同的节气起更的时间、更间的长短都不同，便要通过定更盘和节气盘起调节作用。每夜起更和亮更都敲一○八响，亮更结束后，通过人工再使打更的滚轮恢复至原处，以便次晚照常打更。更钟通过精确的机械结构，将中国传统的夜间计时方法应用在钟表上，这是清宫造钟处的创造，也是清宫造钟处的代表作品。

206 木楼嵌珐琅转八仙钟

清乾隆
宽51厘米　高88厘米　厚40厘米　钟径20厘米
清宫造办处
清宫旧藏

Wooden tower-shaped clock inlaid with enamel decorated with revolving eight immortals
Made by the Clock-manufacturing Department of Qing Court
Qianlong period, Qing Dynasty
Width: 51cm　Height: 88cm　Thickness: 40cm　Clock diameter: 20cm
Qing Court Collection

此钟由走时、报时、音乐及活动景物三套机械系统组成，装饰设计上用不同的形式反映同一主题——群仙祝寿。钟盘四角各錾蝙蝠、夔凤捧团"寿"字，上层楼阁中央是八仙围绕玉皇大帝景观。每逢整点，时钟报时，继而音乐声起，八仙转动。

207 皇极殿大自鸣钟

清乾隆
面宽260厘米　高580厘米　厚260厘米
清宫造办处
清宫旧藏

Big striking clock
Made by the Clock-manufacturing
Department of Qing Court
Qianlong period, Qing Dynasty
Width: 260cm　Height: 580cm　Thickness: 260cm
Qing Court Collection

钟体为二层楼阁式。上层正面为钟盘，楼顶倒扣上下两铜钟，钟旁各有锤，锤柄系绳与钟机相连以报时刻。钟机共有三组铜制齿轮传动系统，左边报刻，右边报时，中间走时。每组传动系统各用羊肠皮弦系一百余斤重的铅砣，三组系统相互联动。当上弦时，用辘轳绞起钟弦，铅砣被提起，由于铅砣的巨大重力，使其以基本恒定的速度下降，从而带动齿轮传动系统运行。每走一刻钟，左边的机械牵动报刻的锤绳与锤敲钟报刻。同样，每走一小时，右边的机械牵动另一锤绳与锤敲钟报时。这是现存清宫造钟处制作的最高大的自鸣钟。这件作为体现皇权礼器的大自鸣钟，原陈设于太上皇理政的皇极殿，现陈列于故宫钟表馆。

208 铜镀金嵌料石荷花缸表

清乾隆
高154厘米 缸口直径70厘米
底座直径60厘米
清宫造办处
清宫旧藏

Gilt-copper vat inlaid with a clock and pastes and decorated with lotus
Made by the Workshops of Qing Court
Qianlong period, Qing Dynasty
Height: 154cm　Vat mouth diameter: 70cm
Pedestal diameter: 60cm
Qing Court Collection

此钟是造办处用广东制錾花铜缸和法国制机芯及八音盒组装成的陈设荷花缸钟。

缸体前中嵌钟盘，前后下部装有珐琅画及水法布景，缸上几束荷花。缸内装有机芯，共有两套机械动力系统。一套负责走时、报时；一套负责奏乐、水法及荷花开合等。机械启动后，缸中乐响，水法转动，并通过拉杆使荷花开合，荷花内有白猿、童子、西王母等牙雕坐像，寓意"白猿献寿"。两套动力系统由齿轮联接，混然一体，十分雅致。

209 黑漆描金亭式钟

清乾隆
高79厘米 底座见方49厘米
清宫造办处
清宫旧藏

Black lacquer pavilion-shaped clock traced in gold
Made by the Workshops of Qing Court
Qianlong period, Qing Dynasty
Height: 79cm Pedestal: 49 × 49cm
Qing Court Collection

钟壳为仿日本庙宇建筑，外饰髹漆亦仿自日本工艺。珐琅钟盘上有"乾隆年制"四字。钟盘上半部左右各有一半圆形洞，分别装有更数调节盘和节气调节盘，可通过其上部的钥孔调节。机芯内装五组动力系统，分别负责走时、打时、打刻、发更、打更。动力系统之间由齿轮联接。

210

铜镀金嵌料石迎手钟

清乾隆
高31厘米 底见方36厘米 钟径8.5厘米
清宫造办处
清宫旧藏

Gilt-copper block-shaped clock inlaid with paste diamonds
Made by the Clock-manufacturing
Department of Qing Court
Qianlong period, Qing Dynasty
Height: 31cm bottom: 36 × 36cm
Clock diameter: 8.5cm
Qing Court Collection

这是一件迎手和钟表合二为一的作品，常放置于宝座旁或炕上。迎手为铜镀金委角墩式，正面安一圆形钟，钟由表盘弦孔上弦，机械装置由发条、塔轮、链条、机轴擒纵器、侧向冠轮、游丝摆轮等组成。音乐装置亦是以盒装发条、塔轮、链条为动力源，带动齿轮传动系统。此外还有充气袋及与之相连的一排金属哨。当齿轮转动时，气袋由一端充气，气体从另一端流出冲激哨子发出不同音响。此钟特别之处在于启动其音乐装置的方式，用肘部压迫顶部的软垫，垫下的金属接触杆即触及开关，随之响起乐声。

211 黑漆描金楼式钟

清中期
面宽49厘米　高70厘米　厚33厘米
清宫造办处
清宫旧藏

Black lacquer tower-shaped clock traced in gold
Made by the Clock-manufacturing
Department of Qing Court
The Mid-Qing Dynasty
Width: 49cm　Height: 70cm　Thickness: 33cm
Qing Court Collection

这是件二针时钟，钟盘为珐琅质，上书"乾隆年制"。机芯为三组盒装发条，分别配合塔轮、链条组成动力源，带动走时、打时、打刻三套齿轮系统。钟楼上部铜架中扣着重叠的三个铜钟，每个铜钟旁都有铁锤。当分针走到整刻时，绳索牵动下面的两个锤敲击下边的两个铜钟，发"叮、啮"声报刻；当时针、分针走到整点时，牵动上边的锤绳与锤敲上边的铜钟，发出"啮"的报时声，几点钟便敲几下。

钟楼为铜骨架木包镶结构，外表为仿日本黑漆地描金花。

212

硬木转八仙塔式乐钟
清中期
宽52厘米 高145厘米
清宫造办处
清宫旧藏

Hardwood musical clock in the shape of pagoda decorated with revolving eight immortals
Made by the Clock-manufacturing Department of Qing Court
The Mid-Qing Dynasty
Width: 52cm Height: 145cm
Qing Court Collection

钟体由基座和塔身组成。基座正面有二针时钟，表盘上有一上弦孔。钟表机芯动力源为两组盒装发条、塔轮、链条，分别负责走时和报时，基座内还有一组发条和齿轮装置负责打乐和转人的启动。

塔为十三层，中心有饰金圆柱支撑塔身。塔身各层内有可转动的走廊，立有手持宝物的八仙。上弦后，乐声起，奇数层内的八仙绕圆柱做顺时针旋转，偶数层则相反。音乐与活动人物同行同止。

213

金漆木楼嵌珐琅盘二针钟
清乾隆
面宽22.7厘米　高36厘米　厚16厘米
清宫造办处
清宫旧藏

Gold lacquer wood tower inlaid with an enamel-dial clock
Made by the Clock-manufacturing Department of Qing Court
Qianlong period, Qing Dynasty
Width: 22.7cm　Height: 36cm　Thickness: 16cm
Qing Court Collection

这件钟以仿日本金漆木质为钟壳，全钟共有三套发条动力源，分别负责走时、报时和报刻。钟盘上有"乾隆年制"铭文。钟底座的抽屉内有乾隆御制诗三册，分别为"御制祈谷斋居诗"、"御制雩祭斋居诗"、"御制南郊斋居诗"，可知此钟为乾隆到天坛举行祭祀大礼时携带之物。

214

铜镀金冠架钟
清乾隆
高30厘米 底径14厘米 钟径12厘米
清宫造办处
清宫旧藏

Gilt-copper cap stand with a clock
Made by the Clock-manufacturing
Department of Qing Court
Qianlong Period, Qing Dynasty
Height: 30cm Base diameter: 14cm
Clock diameter: 12cm
Qing Court Collection

此钟上部为尖顶，专为放置帽子而设计，称为"冠架钟"。钟体内共有走时、报时、报刻三套机械系统。

215 铜镀金转八宝亭式表

清乾隆
面宽23厘米 高50厘米 厚17厘米
清宫造办处
清宫旧藏

Gilt-copper pavilion-shaped watch decorated with Buddhist eight treasures
Made by the Clock-manufacturing Department of Qing Court
Qianlong period, Qing Dynasty
Width: 23cm Height: 50cm Thickness: 17cm
Qing Court Collection

这件钟的主体为铜镀金嵌宝石重檐亭。亭内有六字真言（唵、嘛、呢、叭、咪、吽）梵文经柱，柱内装满经卷。柱旁为佛供八宝。亭座内有发条动力机械装置，带动经柱沿顺时针方向转动，八宝沿逆时针方向转动。亭顶端嵌小表一块，有一套发条动力源负责走时。

216

童托漆画玻璃门座柜表
清乾隆
面宽60厘米 高85厘米 厚30厘米
清宫造办处
清宫旧藏

A watch on the cabinet with glass door decorated with lacquer painting
Made by the Clock-manufacturing Department of Qing Court
Qianlong period, Qing Dynasty
Width: 60cm Height: 85cm Thickness: 30cm
Qing Court Collection

这件钟安放在两童子手托漆画玻璃门的座柜顶部。打开柜门，里面是一多宝格。底座及柜体是清宫造办处的作品。座柜顶部所嵌二针钟表，表后板刻"Geo, Beefield, London"的铭文，为英国制作。此表为典型的中西合璧作品。

217 铜镀金珐琅水法仙人钟

清乾隆
宽31厘米　高75厘米　厚27厘米　钟径7厘米
中国广州
清宫旧藏

Gilt-copper clock inlaid with enamel and decorated with landscape and figures
Made in Guangzhou, China
Qianlong period, Qing Dynasty
Width: 31cm　Height: 75cm
Thickness: 27cm　Clock diameter: 7cm
Qing Court Collection

这件铜镀金质钟有走时、打点、音乐、景物活动三套机械系统，外观共分三层。机器开动后，在乐曲声中底层玻璃柜内的水法转动，似瀑布倾泻，人在桥上行走，顶层蝴蝶颤翅，花闭花开，现出手托瓷瓶盘坐于花蕊上的观音。

218

铜镀金珐琅楼倒球卷帘钟

清中期
宽39厘米 高104厘米 厚31厘米 钟径16.5厘米
中国广州
清宫旧藏

Gilt-copper building-shaped clock with the scene of acrobatic showing and ball-rolling game
Made in Guangzhou, China
The Mid-Qing Dynasty
Width: 39cm   Height: 104cm
Thickness: 31cm   Clock diameter: 16.5cm
Qing Court Collection

钟分三层，底层正面镂空背景中有转动的水法和建筑画，中间立一持杖绅士，旁边各跪一人，手持小瓶。二层的欧洲乡村风景画帘幕后有杂技表演与献宝活动人。三层为三针时钟，由背面弦孔上弦。

此钟有活动景物和计时两套机械系统。活动景物和音乐的机械装置在底层乐箱里。钟弦开动后，伴随乐声铜球由左边人手中瓶口倒出，沿脚下轨道滚进右侧人手中瓶内，再经麻花轴杆搅入左瓶，由瓶口倒出，周而复始，循环滚球。中间绅士左右摆头，似欣赏状。与此同时，中层帘幕卷起，攀杆人做翻杆表演，献宝人转动，座钟上珐琅柱、角花、顶花等装饰也随之转动。

219

铜镀金嵌珐琅内置升降塔钟

清乾隆
宽45厘米　高100厘米　厚39厘米　钟径12厘米
中国广州
清宫旧藏

Gilt-copper pavilion-shaped clock inlaid with enamel decorated with a rising pagoda
Made in Guangzhou, China
Qianlong period, Qing Dynasty
Width: 45cm　Height: 100cm
Thickness: 39cm　Clock diameter: 12cm
Qing Court Collection

这件铜镀金质钟设有走时、打点、音乐、活动景观三套机械系统。底层是乐箱，箱正面置白珐琅钟盘；二层中间拱门内置九层佛塔，两旁有西洋式羽翅人在合什参拜；三层珐琅柱六角攒尖顶方亭内有一手捧奏折人。机器开动。亭中持折人向前一步展开奏折，现出"千秋永固"四字，珐琅柱及花束随乐曲声转动，二层拱门内九层佛塔升降，直到曲终停止。

这件钟表的装饰集东西方儒、释、耶人物与景物于一体，生动地反映了18世纪时广东地区文化驳杂、活跃的状况。

220

铜镀金嵌珐琅葫芦顶渔樵耕读钟

清中期
宽46厘米　高87厘米　厚38厘米　钟径10.5厘米
中国广州
清宫旧藏

Gilt-copper calabash-shaped clock inlaid with enamel and decorated with the working scene of fisherman, woodcutter, farmer and literary-man
Made in Guangzhou, China
The Mid-Qing Dynasty
Width: 46cm　Height: 87cm
Thickness: 38cm　Clock diameter: 10.5cm
Qing Court Collection

钟分三层。内有三套机械系统，分别控制音乐、活动景物和时钟计时。弦开动后，下层水法转动，渔翁于池畔垂钓，鱼杆上下挥动，樵夫扛柴，农夫扶犁出入山洞，文人于亭内摇扇读书，以表现中国传统的"渔樵耕读"景象。与此同时，上层葫芦门自开，活动人物转花，角转花亦随之旋转。

221 铜镀金水法白猿献寿乐钟
清乾隆四十五年（1780）
宽46厘米　高108厘米　厚46厘米　钟径12厘米
中国广州
清宫旧藏

Gilt-copper musical clock with the decoration of waterfall and the scene of monkeys presenting peaches
Made in Guangzhou, China
45th year of Qianlong's reign, Qing Dynasty (1780)
Width: 46cm　Height: 108cm
Thickness: 46cm　Clock diameter: 12cm
Qing Court Collection

这件铜镀金时钟有走时、打点、音乐活动景观三套机械系统，外观分为三层。机械开动后，底层大朵料石花自内向外层层转出，中层仙猿下跪献桃，龙首吐水，顶层四角转花，伞盖转动。音乐止，祝寿表演结束。此钟为广州官员于1780年为乾隆皇帝七十寿辰特制进贡的。

222

铜镀金嵌珐琅群仙祝寿钟
清乾隆
高103厘米 底见方35厘米
中国广州
清宫旧藏

Gilt-copper clock inlaid with enamel and decorated with the scene of fairies celebrating birthday
Made in Guangzhou, China
Qianlong period, Qing Dynasty
Height: 103cm Bottom: 35 × 35cm
Qing Court Collection

此钟分为方形底座和水上仙阁两部分，底座正面居中为二针时钟，两侧为水法布景。钟面皆蓝地金花珐琅。

此钟有走时、打乐及活动景观三套机械系统。从底座后面上弦后，所有水法启动，水法柱中间的铜柱与仙阁上的门帘、人物相连，从而带动门帘及人物活动。

223 铜镀金三猿献宝钟

清中期
宽44厘米 高104厘米 厚39厘米 钟径18.5厘米
中国广州
清宫旧藏

Gilt-copper clock with the scene of three monkeys presenting treasures
Made in Guangzhou, China
The Mid-Qing Dynasty
Width: 44cm Height: 104cm
Thickness: 39cm Clock diameter: 18.5cm
Qing Court Collection

此钟共有走时、报时、音乐及活动景物装置三套系统。弦满开动后,亭内瓶腹部四朵转花及瓶周围献宝人随乐转动,同时,钟盘下方的帷幕自动卷起,幕内三仙猿跪地献宝。三猿身后的小帷幕也同时卷起,内有小鸟鸣叫摆身。献宝后,猿起身复原位,乐止,帷幕落下。

224 紫檀嵌螺甸群仙祝寿钟

清晚期
宽48厘米 高85厘米 厚24厘米 钟径20厘米
中国广州
清宫旧藏

Red sandalwood clock inlaid with mother-of-pearl decorated with the scene of fairies celebrating birthday
Made in Guangzhou, China
The late Qing Dynasty
Width: 48cm Height: 85cm
Thickness: 24cm Clock diameter: 20cm
Qing Court Collection

此钟由走时、报时、活动景物三套系统组成，是广东官员为慈禧太后六十寿辰进献的祝寿礼品。在纹饰设计上紧扣主题，钟下部由螺甸镶嵌两个团寿字，边框镶嵌万代葫芦，寓意福寿绵长。钟盘上方有舞台布景，台幕上有"圣寿无疆"、"尧天"、"舜日"三券门，中门内立有一手持杖、一手托佛手的寿星。门旁分立牵象人，象背负插花宝瓶。每逢整点，机芯内小锤敲击钟碗报时，报时系统中一凸轮拨动活动景物系统中的齿轮，在乐曲声中寿星手臂摆动，瓶内插花也随之转动。

225 紫檀木北极恒星图节气时辰钟

清晚期
宽32厘米　高60厘米　厚23厘米
钟径32厘米
中国苏州

Red sandalwood clock with the map of constellations, the names of solar terms, and the names of Earthly Branches
Made in Suzhou, China
The late Qing Dynasty
Width: 32cm　Height: 60cm
Thickness: 23cm　Clock diameter: 32cm

黑色钟盘中心描金北极恒星图，有三垣、二十八宿诸星座，图边缘写黄道十二宫名。图缘外一铜圈上镌刻二十四节气名，每一节气划分为十五格，一格代表一天。节气圈外的铜圈上刻十二时辰。钟有长、短两针，长针每走一圈为一小时，短针每走一圈为二十四小时。钟盘外缘有齿，和走时系统的齿轮相咬合转动。显示天球星座的移动变化。此钟有走时、报时两套系统，上一次弦可走七天。

226

铜镀金自开门变戏法水法钟

清光绪
面宽40厘米 高72厘米 厚30厘米
中国苏州
清宫旧藏

Gilt-copper clock with magical robot
Made in Suzhou, China
Guangxu period, Qing Dynasty
Width: 40cm   Height: 72cm
Thickness: 30cm
Qing Court Collection

此钟共分三层。底层为乐箱,其正面为水法行人布景。中层当中为自动闭开门,门内方桌后跪立变戏法人,手握铜铃,可以变出四种不同的鲜花。上层为三针时钟。全钟共有三套发条动力源,一套在底层乐箱内,负责水法行人布景和变戏法人的活动,另外两套在时钟内,负责走时和报时。此钟制作工艺水平较高,是故宫所藏清代苏州钟表中的精品。

227 珐琅珠花表

19世纪
厚2.3厘米 表径6.5厘米
瑞士
清宫旧藏

Enamel clock inlaid with pearls
Made in Switzerland
19th century
Thickness: 2.3cm
Watch diameter: 6.5cm
Qing Court Collection

此表可走时、问时。问时系统结构较特别，是由两条长短不一的并列钢条替代钟碗：长钢条音频低，发出声音低沉，短钢条音频高，发出声音高亢。钢条俗称"簧"，故称这类表为"打簧表"。欲知时刻，只要按一下表把，小锤即可敲击钢条发出声响，"叮"声报时，"叮咚"声报刻。

228 镀金嵌珠仕女图怀表

19世纪末
厚1.9厘米 表径5.2厘米
瑞士
清宫旧藏

Gilt-copper pocket watch inlaid with pearls and decorated with a painting of beautiful women
Made in Switzerland
The late 19th century
Thickness: 1.9cm   Watch diameter: 5.2cm
Qing Court Collection

此表为装有两根簧的"打簧表"。问时装置在表壳左侧，是一弓形拨钮，用力向下拨动即可打簧，报时、报刻、报分，同时又是计算短暂时间间隔的秒表。按动表把，秒针停止走动，再按表柄，秒针弹回至零秒。表以发条为动力源带动走时齿轮系统，工字轮擒纵器，转动表把上弦。

表上标有制造者姓名"Landor LocLe"。

229

铜镀金壳动画怀表（一对）

19世纪
厚1.5厘米　表径5.6厘米
法国
清宫旧藏

A pair of gilt-copper pocket watch decorated with cartoon
Made in France
19th century
Thickness: 1.5cm　Watch diameter: 5.6cm
Qing Court Collection

这对表为"动画表"。所谓"动画表"即在表的外壳或表盘上装有动画形象，这些形象在机芯发条带动下可活动自如。两块表的问时拨钮均在六点钟位置。启动后，左侧女士敲钟报时，右侧女士敲钟报分，左右两侧女士轮流报刻，一小男孩手持锤上下挥动敲击。

这对表的动画形象是围绕时刻显示盘排列的，为使表盘布局生动，把秒针分离出来，置于时、分盘下方。

铜镀金扇形表

19世纪末
长4.5厘米 宽4厘米 表径2.5厘米
瑞士
清宫旧藏

Gilt-copper watch in the shape of a fan
Made in Switzerland
The late 19th century
Length: 4.5cm Width: 4cm
Watch diameter: 2.5cm
Qing Court Collection

此表表盘不直露,按动表把,前表盖打开,始露出二针表。表以发条为动力,带动走时齿轮传动系统,以表柄上弦。

231

画珐琅双鹅图怀表

19世纪
厚1.5厘米　表径6.4厘米
瑞士
清宫旧藏

Pocket watch decorated with the design of two geese in painted enamel
Made in Switzerland
19th century
Thickness: 1.5cm　Watch diameter: 6.4cm
Qing Court Collection

这件怀表以发条为动力源带动走时齿轮系统，工字轮擒纵器，以表把上弦。

232

铜镀金珐琅钻石怀表
19世纪
厚1.1厘米　表径6.6厘米
英国伦敦
清宫旧藏

Gilt-copper pocket watch inlaid with enamel and diamonds
Made in London, England
19th century
Thickness: 1.1cm　Watch diameter: 6.6cm
Qing Court Collection

此表为"打簧表"。在机芯后板用钥匙上弦,可走时、问时。掀动表把,即可打簧报时、报刻。

表上刻有制作人名"Ilbery"。

233

珐琅镶钻石石榴别针表

19世纪末
石榴径1.6厘米 表径1厘米
瑞士
清宫旧藏

Enamel brooch-and-pomegranate-shaped watch inlaid with diamonds
Made in Switzerland
The late 19th century
Pomegranate diameter: 1.6cm
Watch diameter: 1cm
Qing Court Collection

此表上半部分为一别针花,下半部分为一镶钻石红色石榴,花托处用一链条将上下部相连。机芯以发条为动力带动齿轮走时系统,马式擒纵器。此表的上弦方式较特别,依顺时针方向转动石榴上半部即为上弦。

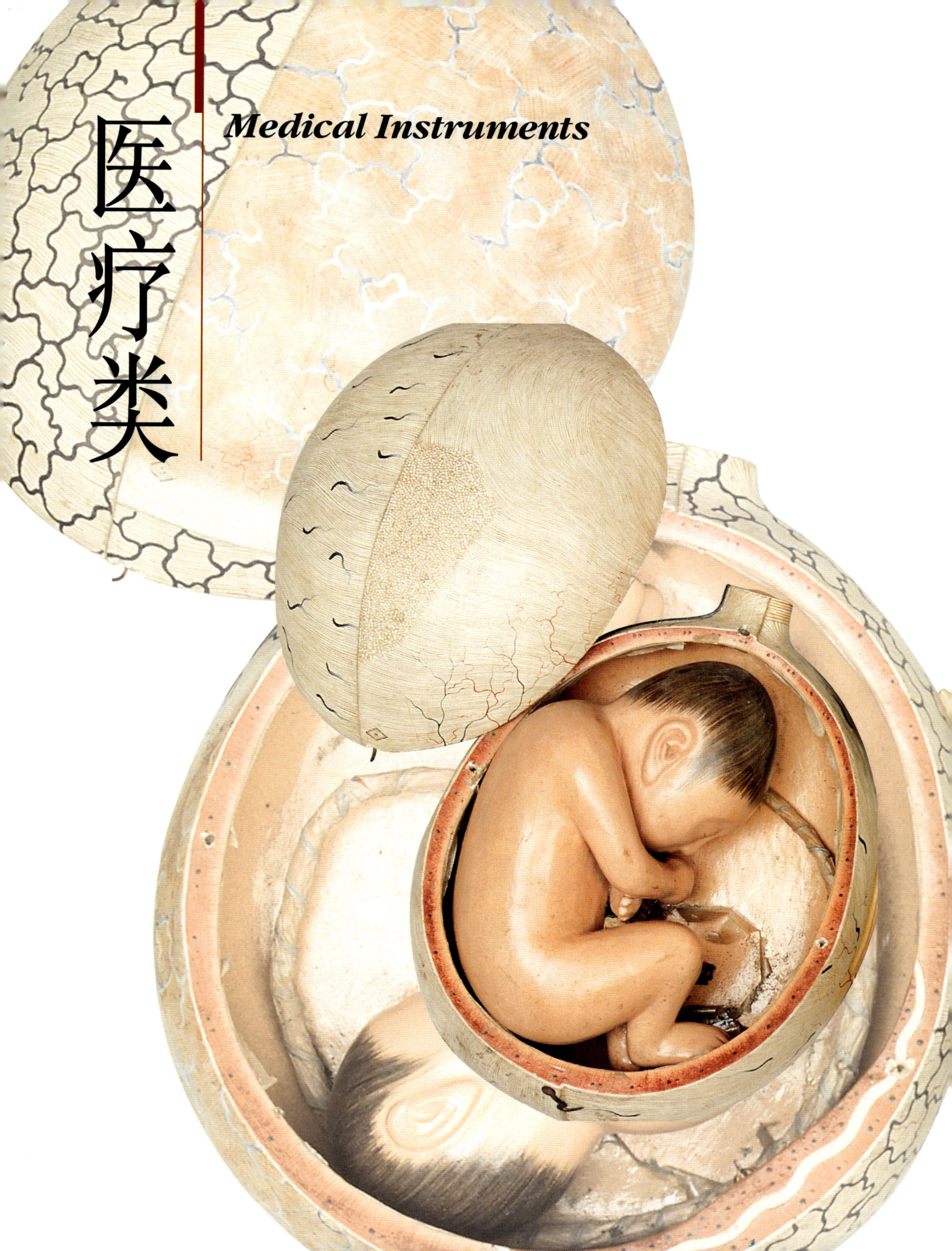

医疗类
Medical Instruments

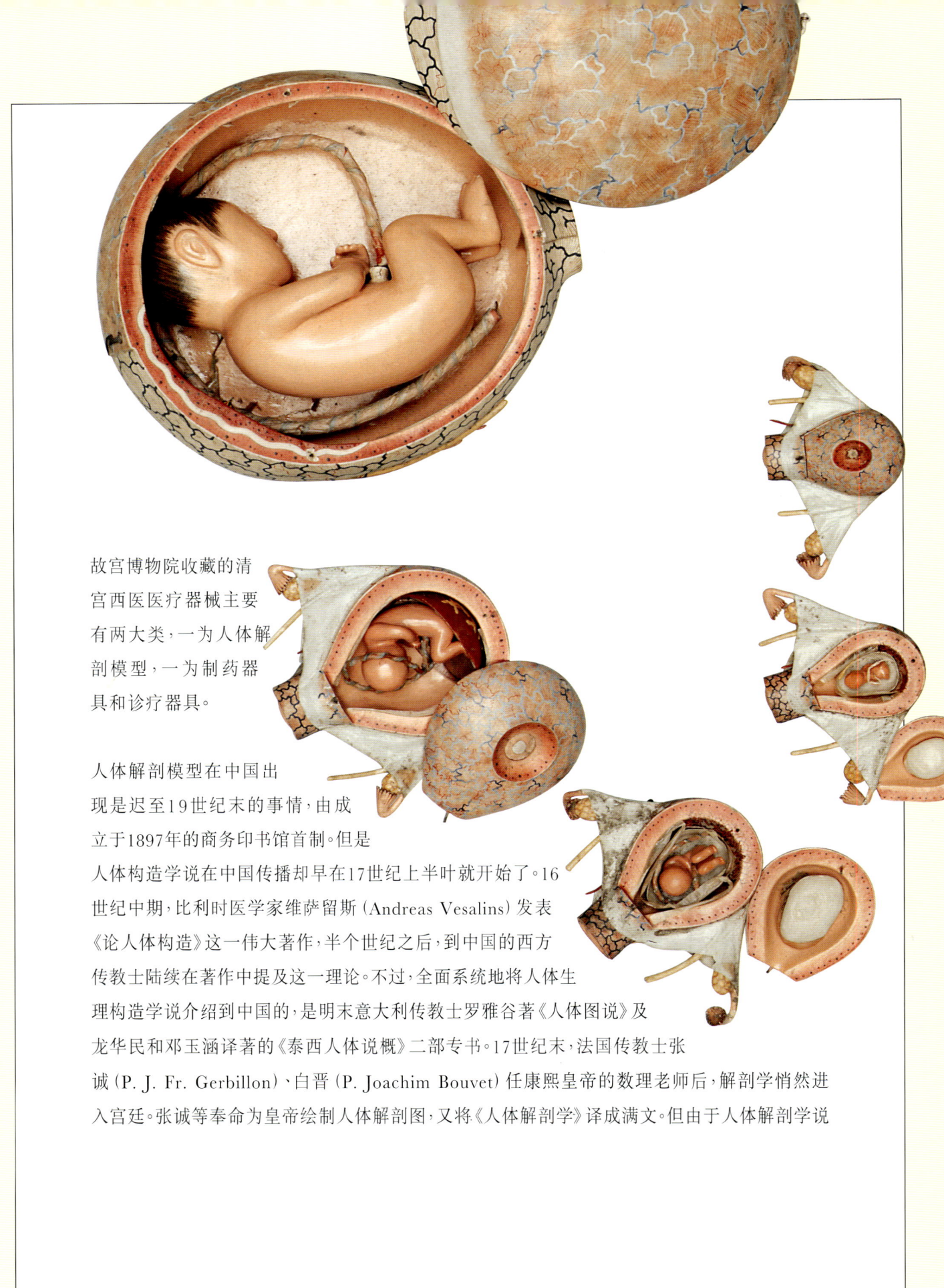

故宫博物院收藏的清宫西医医疗器械主要有两大类，一为人体解剖模型，一为制药器具和诊疗器具。

人体解剖模型在中国出现是迟至19世纪末的事情，由成立于1897年的商务印书馆首制。但是人体构造学说在中国传播却早在17世纪上半叶就开始了。16世纪中期，比利时医学家维萨留斯（Andreas Vesalins）发表《论人体构造》这一伟大著作，半个世纪之后，到中国的西方传教士陆续在著作中提及这一理论。不过，全面系统地将人体生理构造学说介绍到中国的，是明末意大利传教士罗雅谷著《人体图说》及龙华民和邓玉涵译著的《泰西人体说概》二部专书。17世纪末，法国传教士张诚（P. J. Fr. Gerbillon）、白晋（P. Joachim Bouvet）任康熙皇帝的数理老师后，解剖学悄然进入宫廷。张诚等奉命为皇帝绘制人体解剖图，又将《人体解剖学》译成满文。但由于人体解剖学说与儒家经典倡导的"身体发肤，受之父母，不敢毁伤"的思想相抵牾，康熙皇帝在学解剖学时也不得不叮咛他的外国老师要格外谨慎。解剖学在宫内的传播实际上也就到对此感兴趣的康熙为止。至19世纪下半叶，随着西学在中国的再度兴起，解剖学也重新进入宫廷。同治四年（1865）清廷所设立的同文馆开始增设医科，聘英籍医师主讲生理学和解剖学。光绪二十四年（1898）为谋求维新变法，光绪皇帝积极学习西学，在朝臣孙家鼐奏请设医学堂折上明谕："医学一门关系至重，极应另立医学堂，考求中西医理，归大学堂兼辖，以期医学精进。"清宫收藏的几件医用人体解剖模型应是在此背景下进入宫廷的。

清宫的西医治药器具最早出现于康熙时期。康熙皇帝在学习西医学时，曾在宫内设实验室，利用化学方法制药。当时颇盛行西洋传来的蒸馏制露法："凡物之有质者，皆可取露……其法取于大西洋，传入中国，大则用瓶，小则用壶，皆可蒸取。"诸种药露，如薄荷露、玫瑰露、茉莉露等，在民间也很有市场，如《红楼梦》中就有"玫瑰露引出茯苓霜"的章节。因之宫廷中遗有实验室中所用制药蒸馏器便不足为奇。不过，大多数医疗器械都是晚清宫廷的。

西医药物在清宫中最早得到认可的是法国传教士带来的17世纪欧洲很流行的金鸡纳（亦称奎宁）。由于此药对发烧、疟疾的特殊疗效而成为御用药品。清宫档案中曾有过康熙派人给病危的江南织造曹寅送金鸡纳的记载。其他西药如玫瑰露、鼻烟等，至今在故宫中也仍有保留。

234

银质制药器具（一盒）
清康熙
盒长39厘米 宽34.5厘米 高14厘米
中国
清宫旧藏

A box of silver medical instruments
Made in China
Kangxi period, Qing Dynasty
Length of box: 39cm　Width: 34.5cm
Height: 14cm
Qing Court Collection

银质制药具一套二十二件，盒上下共两层。有银漏斗四件、银药铲二把、银长铲刀一件、银勾三件、银叉子一把、银药匙七件、拈子三件，一层中间原缺一件。

关于康熙宫中的西医器具，法国传教士白晋在他给法王路易十四的报告中说："在皇帝指定的一个宫殿里建立了一个实验室，在那里排放着各种不同式样的炉灶、化学制药用的工具和器皿。这位皇帝竟不惜开支，指令所有的工具和器皿都要用银制。"

235

铜蒸馏器
清中期
宽15.5厘米 通高31.8厘米
清宫旧藏

Copper distiller
The Mid-Qing Dynasty
Width: 15.5cm
Overall height: 31.8cm
Qing Court Collection

此铜质蒸馏器，把其玻璃罩拿下，里面有小网，往下浇水，底下用酒精炉加热，产生水蒸气，水流下，打开水龙头，即可放出蒸馏水。器底有款："PAVARLA 3/10"。

236

银蒸馏器
清中期
长9.5厘米　宽5.8厘米
高34厘米
清宫旧藏

Silver distiller
The Mid-Qing Dynasty
Length: 9.5cm　Width: 5.8cm　Height: 34cm
Qing Court Collection

质地为白铁，手柄可拧下，打开盖可灌水。用火加热，从壶嘴可倒出蒸馏水。

237 体温计

19世纪末
长12厘米 宽1厘米
日本
清宫旧藏

Thermometer
Made in Japan
The late 19th century
Length: 12cm Width: 1cm
Qing Court Collection

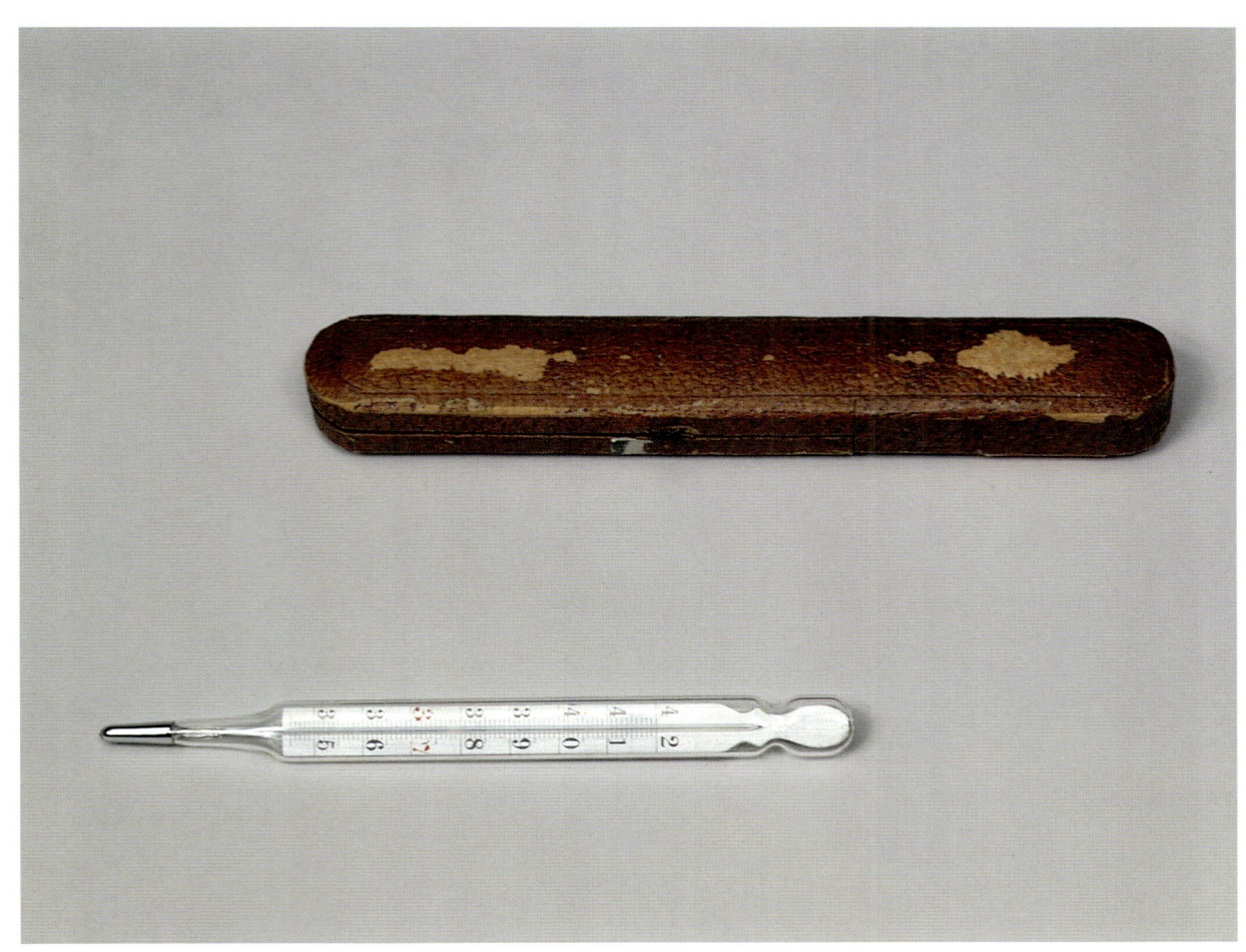

1654年,意大利托斯卡纳的费尔迪南大公首次制作了医用体温计。1869年,德国的耶律发明了使用水银的最高体温计。

清宫遗留的这件体温计与现代体温计基本一样,37°为红色,是发烧标志,外有驼色鱼子纹纸盒,内为绿色绒布,背面有"柏木特制"款。

238

血压计
19世纪末至20世纪初
表盘直径5.1厘米
清宫旧藏

Sphygmomanometer
The late 19th century-the early 20th century
Dial diameter: 5.1cm
Qing Court Collection

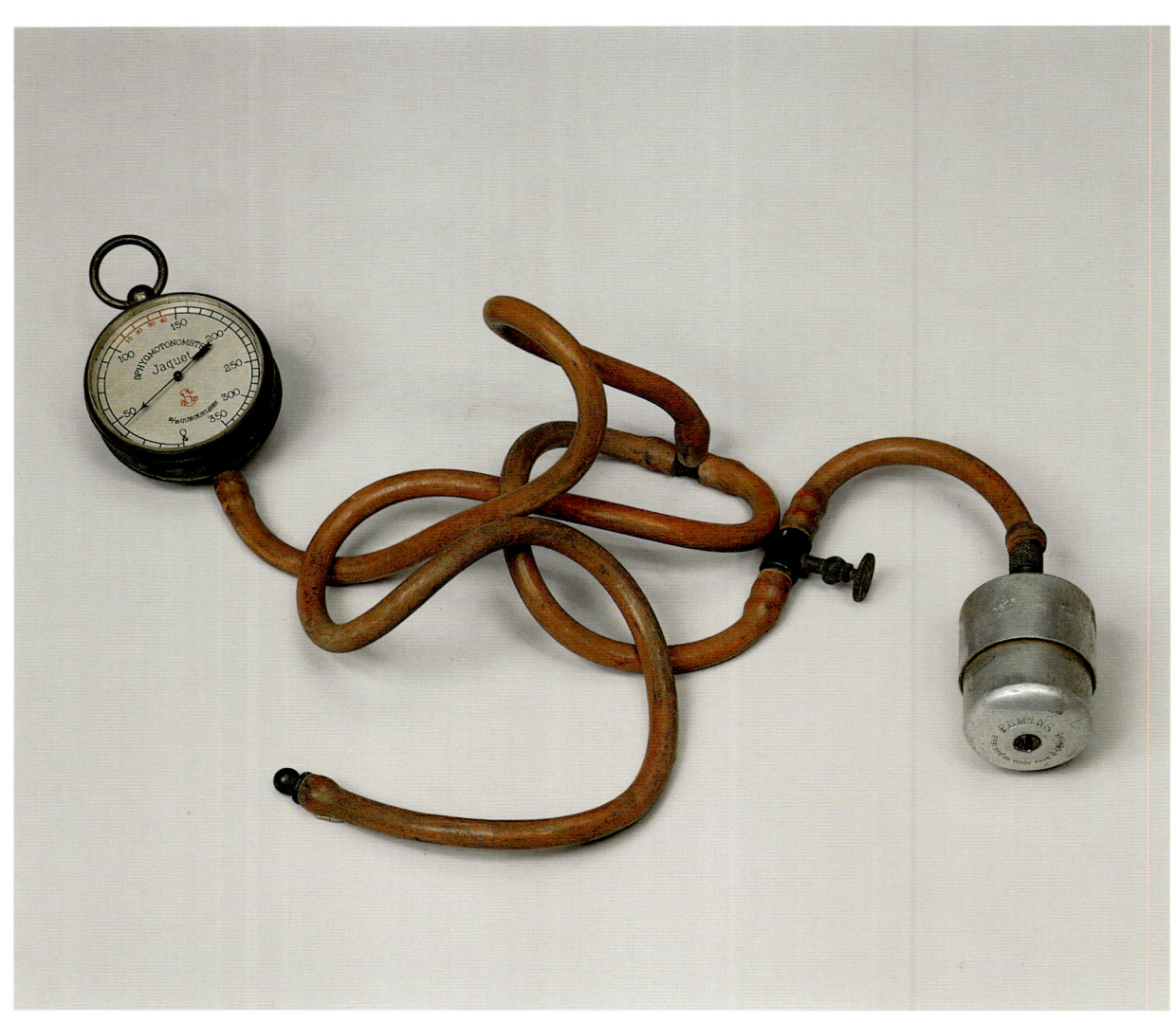

这件血压表表盘上从0至350为一圈的刻度，并有橡皮管止血带，压气包为锡质。

239

医用开口器
长13.8厘米　宽7.3厘米
医用开鼻器
长9.5厘米　宽4.4厘米
铁耳镜
长3.6厘米　上口直径1.5厘米
下口直径0.3厘米
19世纪末
清宫旧藏

Medical mouth gag
Length: 13.8cm　Width: 7.3cm
Medical opening nostril utensil
Length: 9.5cm　Width: 4.4cm
Medical iron aural speculum
Length: 3.6cm
Upper mouth diameter: 1.5cm
Lower mouth diameter: 0.3cm
The late 19th century
Qing Court Collection

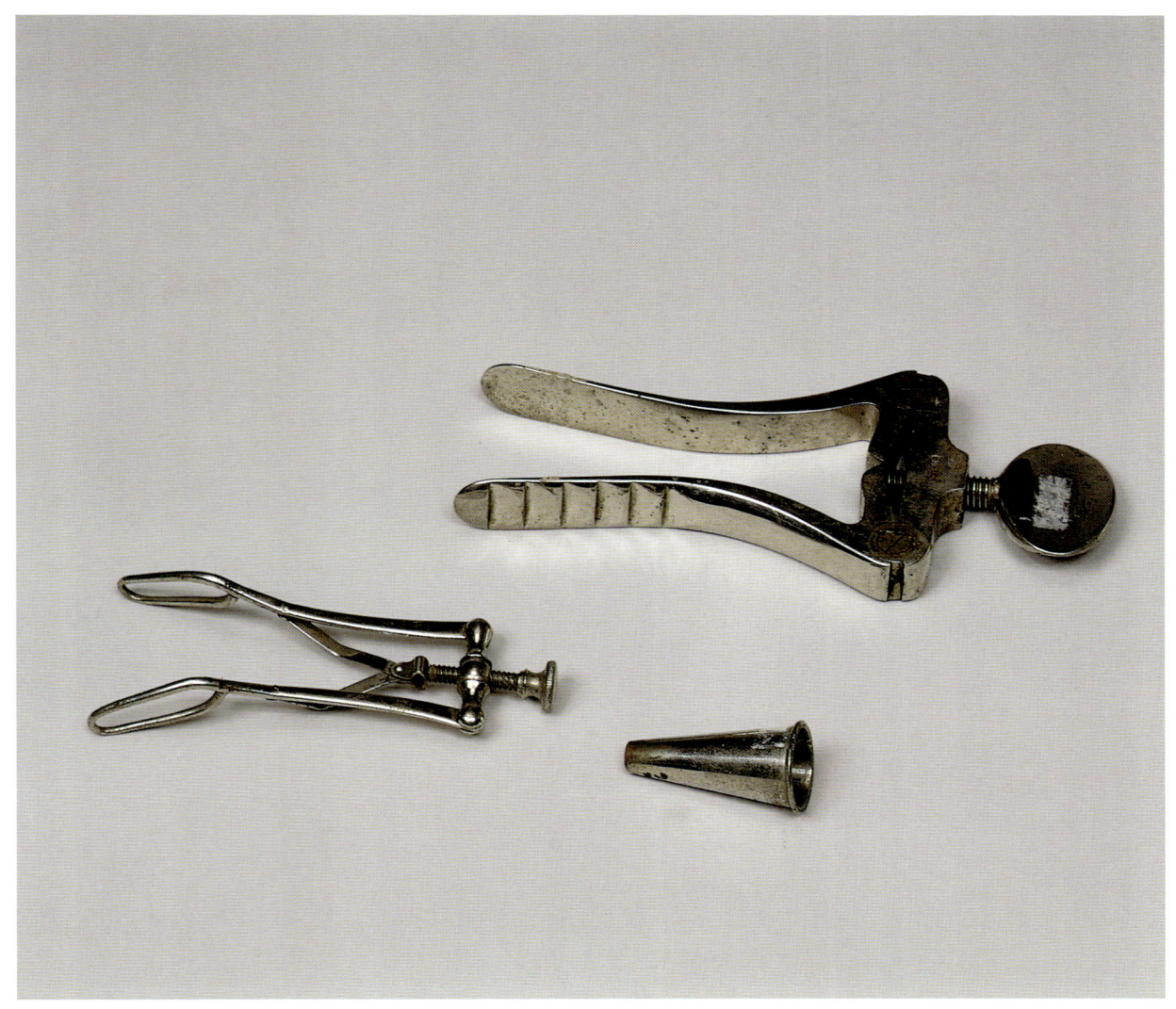

开口器、开鼻器、铁耳镜质地为金属，均为耳鼻喉科西医诊疗器械。

240

医用反光镜
19世纪末
直径9.2厘米
清宫旧藏

Medical reflector
The late 19th century
Diameter: 9.2cm
Qing Court Collection

这件反光镜镜面平滑完好,配有带子,镜中有一孔,后背为铝质。

241 眼科手术器械（一套）

20世纪初
盒长24.5厘米　宽18.5厘米　高5.5厘米
日本
清宫旧藏

A set of oculist's operating instruments in a box
Made in Japan
The early 20th century
Length of box: 24.5cm　Width: 18.5cm
Height: 5.5cm
Qing Court Collection

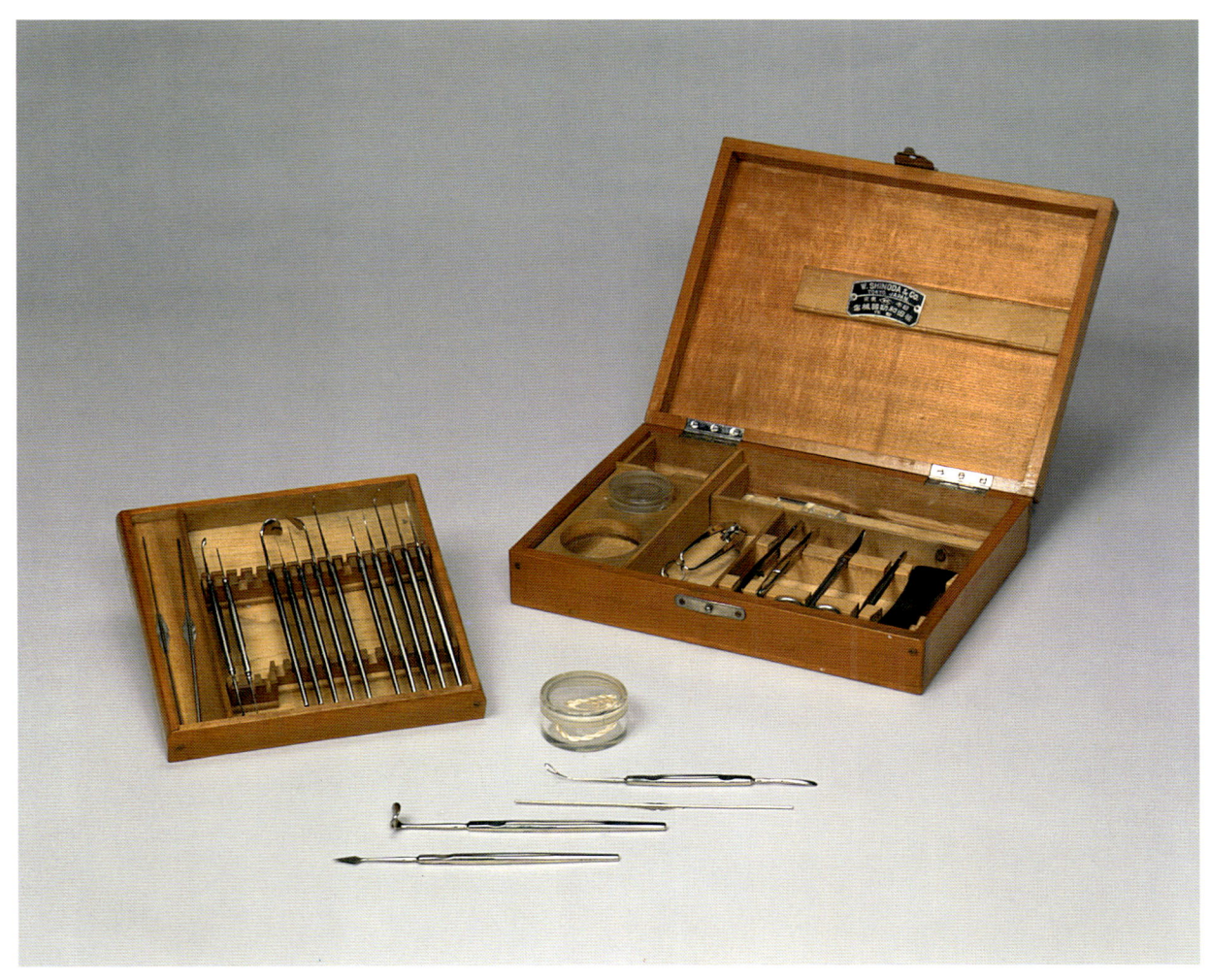

这套器械为不锈钢质，木盒分上、下两层，内有器械二十四件：镊子三把、勾圈一件、撑子一件、剪子一把、化学压板一块、刀十把、板勾二件、勾二件、探针三支，并附玻璃圆盒二个、缝合针六枚。盒盖内有一黑牌，上有"W·SHINODA & CO TOKYO JAPAN 日本·东京篠田和助器械店制作"款。

242

医牙用具（一套）
20世纪初
清宫旧藏

A set of dental instruments
The early 20th century
Qing Court Collection

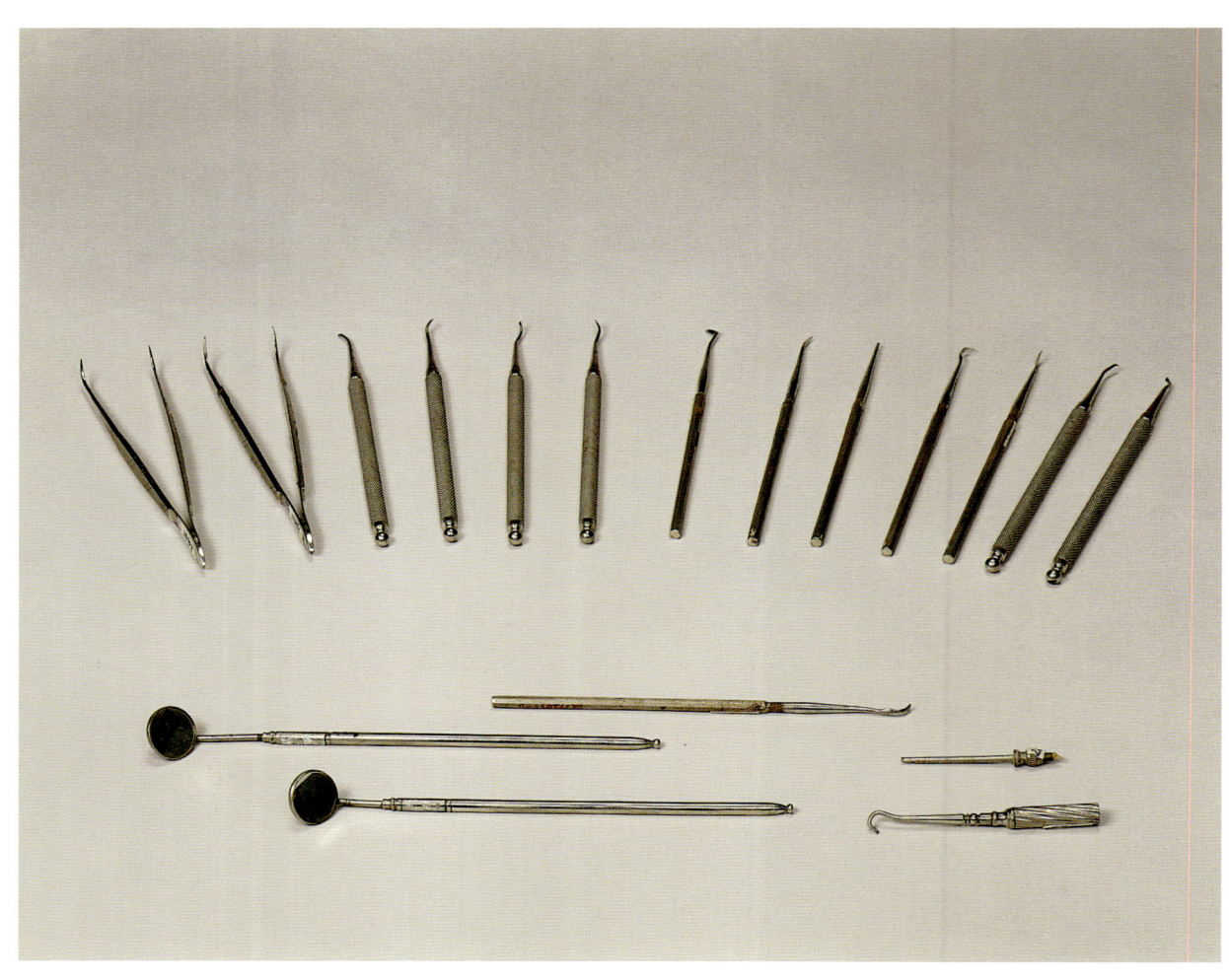

医牙用具为金属镀铬质，共十八件：有反光镜二件，各长17.8厘米，镜直径2厘米；镊子二把，各长15厘米；勾刀八把，各长15.3厘米；刷子一把，长5.5厘米；勾一件，长7.7厘米；刀一把，长14.8厘米；针三枚，各长14.7厘米。有的用具手握处有滚花。

243 男性人体解剖模型

19世纪末
通高97.5厘米　肩宽29.5厘米　腿长47厘米
中国
清宫旧藏

Model of dissected man body
Made in China
The late 19th century
Overall height: 97.5cm
Width of shoulders: 29.5cm　Length of leg: 47cm
Qing Court Collection

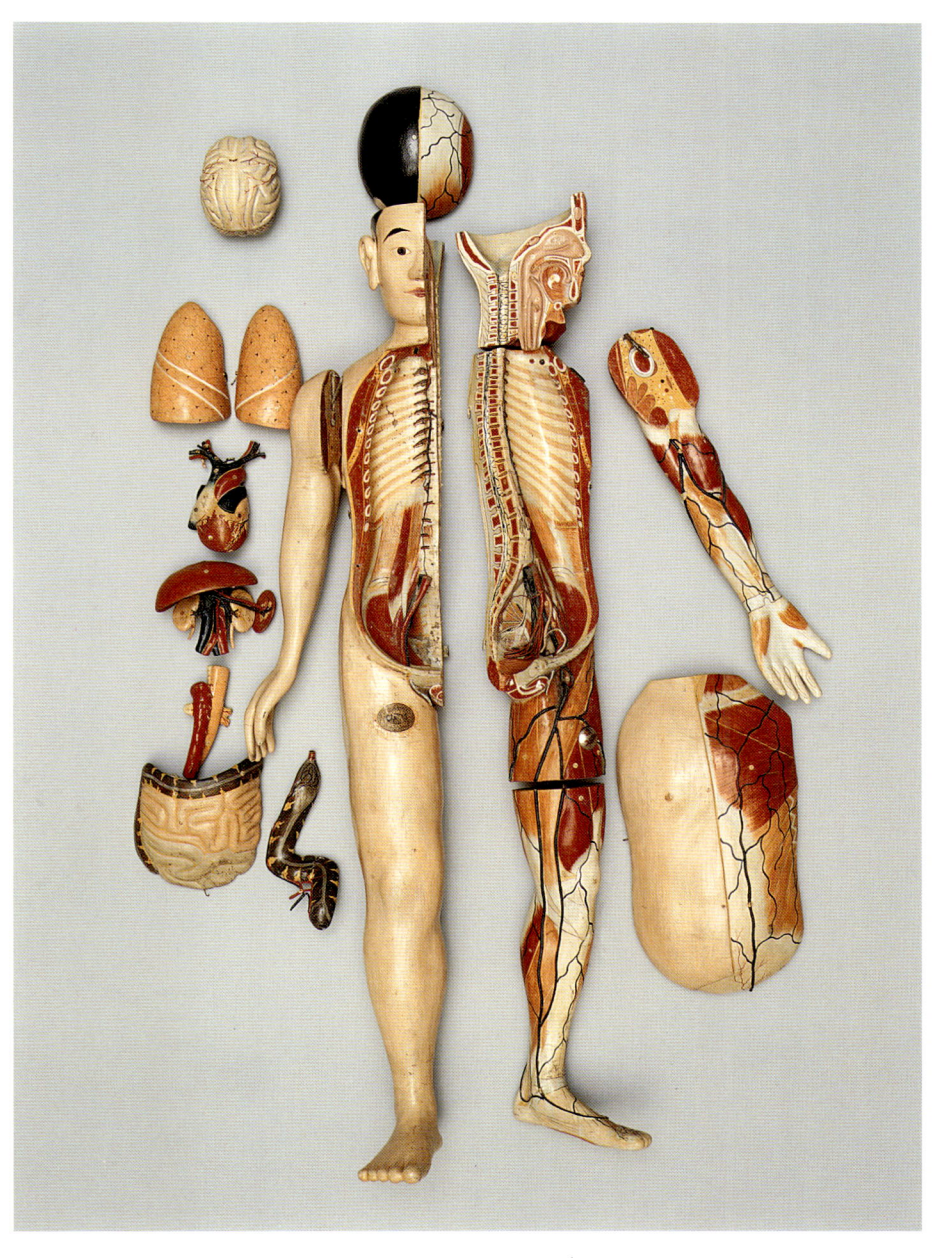

这件人体解剖模型为男性，上身胸腹部盖可打开，内脏可分七件拿出。头部为侧剖，脑一件、脸一件。两臂可拿下，右腿膝上有一铜牌，上有"上海棋盘街，商务印书馆有限公司，教育用品制造所"款。

244 女性人体解剖模型

19世纪末
通高87厘米 肩宽28厘米 腿长36厘米
中国
清宫旧藏

Model of dissected woman body
Made in China
The late 19th century
Overall height: 87cm
Width of shoulders: 28cm
Length of leg: 36cm
Qing Court Collection

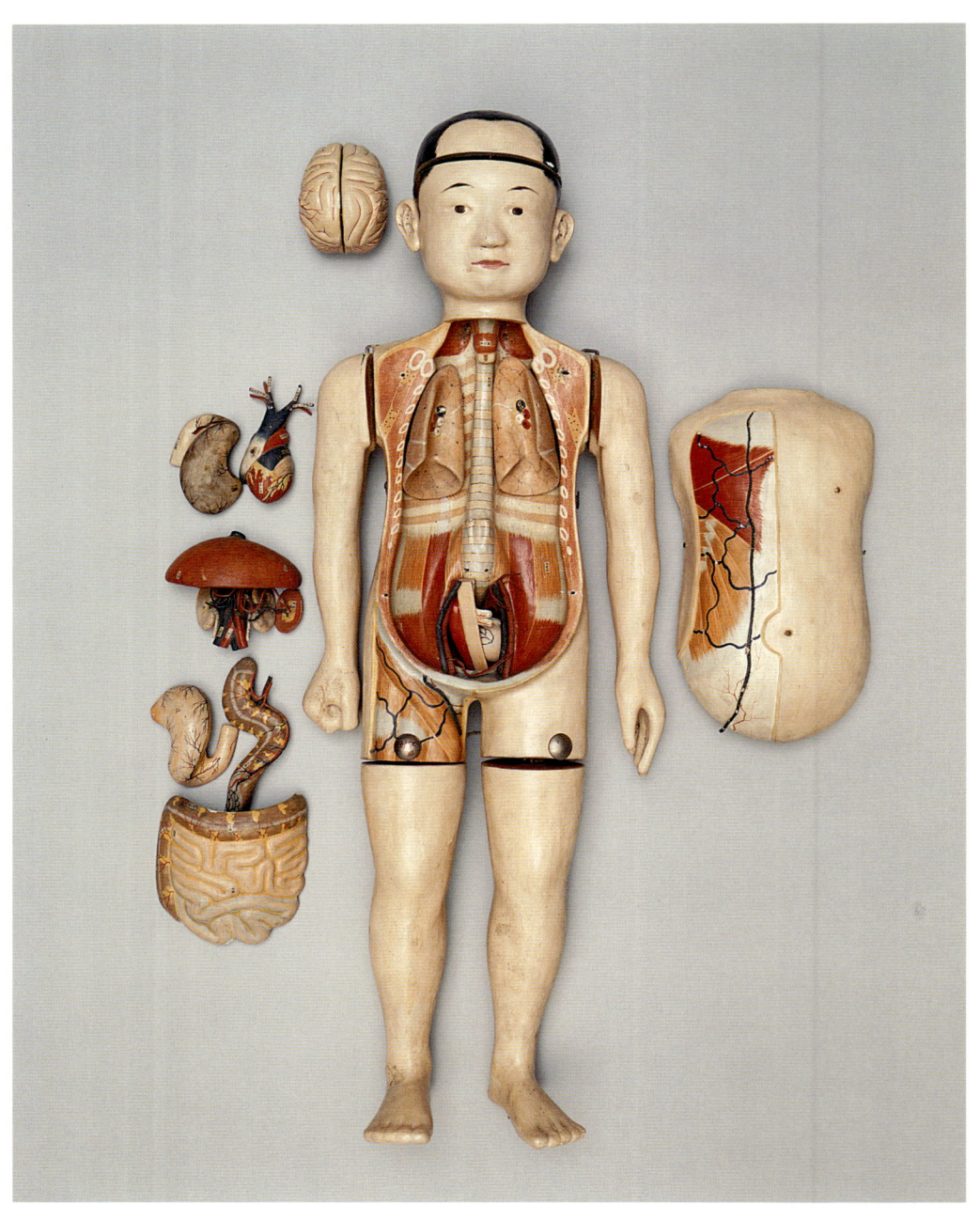

模型质地为纸胎，外饰油漆，为女性，上画人体血管。人头盖打开，可拿出人脑。胸部盖子打开，内五脏分十件。两臂及双腿膝也可拿下。

245

妊娠模型
19世纪末
最长31厘米 宽28厘米
中国
清宫旧藏

Models of woman reproductive organs in gestation
Made in China
The late 19th century
Length of largest model: 31cm　Width: 28cm
Qing Court Collection

妊娠模型一套六件，前四件子宫两侧带卵巢。质地均为纸胎，外饰油漆，上面画有人体血管。模型从小到大，子宫内有小孩，周身粉红色。其中最小胎儿约三个月。

子宫外孕模型
19世纪末
长8.1厘米 宽17.5厘米
中国
清宫旧藏

Models of ectopic pregnancy
Made in China
The late 19th century
Length of one model: 8.1cm
Width: 17.5cm
Qing Court Collection

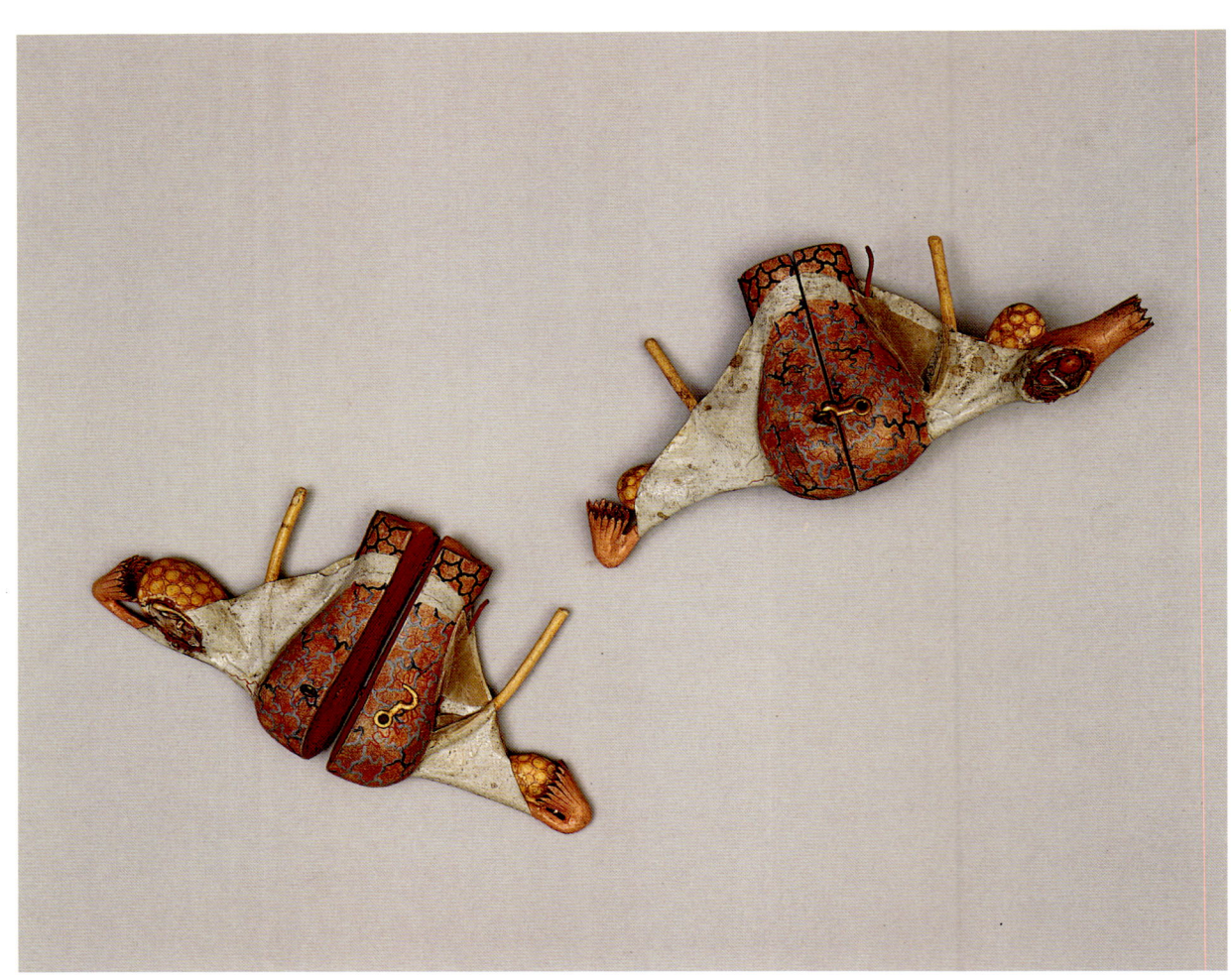

子宫外孕模型与妊娠模型前四个基本一样，尺寸稍小，子宫内空。第一件长8.1厘米，宽17.5厘米，在其左侧卵巢内有一胎儿。第二件长8.2厘米，宽19.5厘米，在其右侧卵巢内有一胎儿，反映孕妇怀孕异位的情况。

247 显微镜

19世纪末至20世纪初
宽19.2厘米 通高29.4厘米
美国
清宫旧藏

Microscope
Made in U. S. A.
The late 19th century–
the early 20th century
Width: 19.2cm Overall height: 29.4cm
Qing Court Collection

这件显微镜为金属制外饰黑漆，上面有款"SPENCER LENSCO BUFFALON.Y. 47929 16MMNA·O25 USA"。

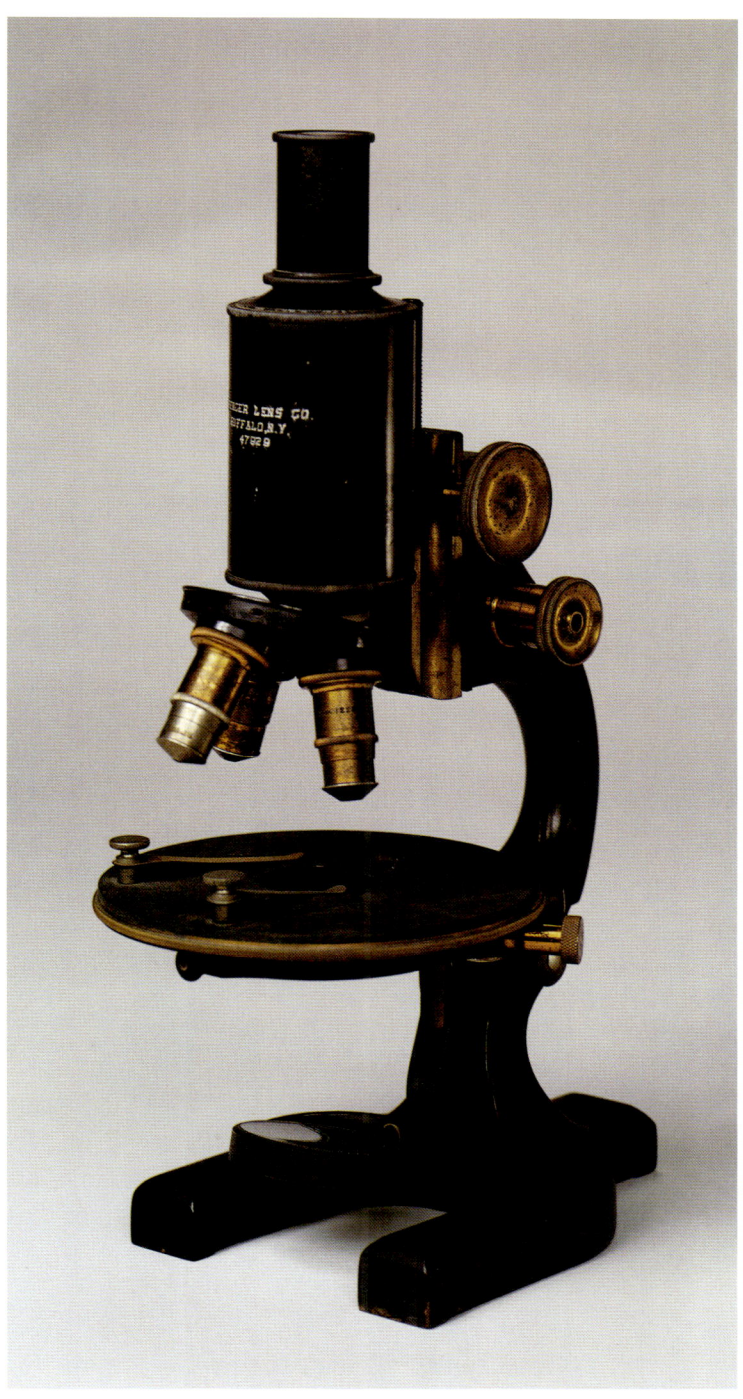

名词解释

天体：在地球以外，天空中可见之物体，如太阳、月球、行星及其卫星、流星、恒星、星系等，都称为天体。

天球：用以描述天象和确定天体位置而假想的圆球，通常以观测者为中心，无限长为半径。所有天体均投影在球面上，天体在球上的位置，即观测者视线所见之点，并非天体在天空中的实际位置。

天体仪：现在通常叫做天球仪；中国古代叫做浑象，又叫做浑天象。

天顶：在观测者看来，天球上正对头顶的一点，即从地平圈量起，纬度向上90°的点。

天底：与天顶相对的一点叫天底。

天顶距：由天顶沿地平经圈量至天体的角距离，即90°减去天体的纬度，所得为天体的天顶距。

子午圈：在地球表面上，通过某地点和地球南北极的大圆叫做子午圈。在天文学上通常以这个圈投影于天球上，也就是通过天顶、天底、地平的南北点的天球上的大圈，叫做该地方的子午圈。

卯酉圈：通过天顶且与子午圈正交的垂直圈。卯酉圈、子午圈和地平圈互相垂直。

地平圈：天球上连结和天顶天底等距离的点所形成的大圈，或通过观测地垂直于该地点的重力方向的平面和天球相交的大圈，叫做地平圈。

赤道：天球或地球上，连结距离两极90°之点所形成的大圈，叫做赤道。包含地球中心和地球赤道的平面和天球所交成的大圈，就是天球的赤道。

黄道：太阳在天球上一年间所移行的大圈叫做黄道，这是地球轨道面和天球相交成的大圈。

白道：月球绕地球公转的轨道在天球上的投影。它是天球上的一个大圆。白道和黄道的交角平均为5°9'。

黄道坐标：以黄道面为基准，用黄经黄纬来表示天球上位置的坐标系，叫黄道坐标。黄道以春分点为0°，一周全天为360°，黄纬以黄道为0°，南北各90°，用以研究行星月亮的运动比较便利。

赤道坐标：以赤道面为基准，用赤经赤纬来表示天球上位置的坐标系，叫做赤道坐标。赤经以春分点为0时，计算到24时；赤纬由赤道算起，南北各90°，北为正，南为负。决定恒星及其他天球上的位置，多用这个坐标。

地平坐标：以地平面为基准，用平经平纬来表示天球上位置的坐标系，叫做地平坐标。平经又叫做方位角，从正南向东西计算，一般以东为负，西为正。平纬又叫做高度，从地平算起，南北各90°，或用它的余角，叫做天顶距。

黄道带：黄道两测各8°以内的部分，共宽16°，称为黄道带。

星等：表示天体相对亮度的数值。星等最初是由喜帕恰斯提出的，他把全天人眼可见的星，按亮度分为六等，最亮的二十颗定为一等星，而刚刚能看见的定为六等星。

中天的星：也就是通过子午圈的星，叫做中星。

周日视运动：由于地球自转，地面上的观测者看到天体于一恒星日内在天球上自东向西沿着与赤道平行的小圆转过一周。这个圆称为天体的周日平行圈。这种直观的运动称为天体的周日视运动。

地平盘：四周标有刻度，在装置上与地平面相平行的盘，为地平盘。

纬度弧：标有地理纬度的表，形如弧，故名纬度弧。标有90°的纬度弧，通常叫象限弧，标有60°的纬度弧，又叫纪限弧。

天常赤道圈：即指固定不动的赤道圈。

游旋赤道圈：指能绕周圈转动的赤道圈。

过极游圈：以南北极为轴，可作东西旋转的圈为过极游圈。

定标：仪器上用于观测目标，固定不动的指示器。它常与游标配合使用。

游标：仪器上用于观测且可游动的指示器。

直表：标有刻度，并在观测时可提供所需刻度的直立式指示器。

罗盘：标有方位刻度的指南针，即是罗盘。

立耳：固定于仪器上，内有觇视孔的照准器。

窥衡：仪器上内有觇视孔的长方形照准器。

钟碗：钟表奏乐、或被报时系统中的小锤敲击时，它可发出声响，因其形状似碗而得名，多为铜质。

问时：钟表上受人控制的报时系统，按动这一装置，钟表即以不同声响报出时、刻、分。

塔轮：塔轮一词源于法文fusee，意思是重叠盘起来的槽，外形底大顶小，看似一座宝塔，因此，中国人直呼其为塔轮。塔轮与发条、链条组成钟表的动源。

问乐：每个钟表的开关及上弦孔不统一，有时想临时听音乐，可以按下开关（或用拉绳或用钥匙开动），称问乐。但必须是在有表有弦时，如没弦，可用钥匙单独上弦。

棘滚：在钟表的乐箱中，有以发条为动力的铜质滚子，上有按乐曲的音乐规律而排列的小钉，称棘滚。在开动机器后，棘滚随之转动，小钉碰撞弹簧钢片发出悦耳的声音。

擒纵器：擒纵器是钟表走时的关键，擒纵即一擒一纵一收一放之意，把齿轮一个齿跟着一个齿有节奏地放过去，保持一定速度，使钟表走时准确。

清帝在位年表

时期	皇帝	在位年份	世纪
清前期	顺治	1644-1661年	17世纪
	康熙	1662-1722年	
	雍正	1723-1735年	
清中期	乾隆	1736-1795年	18世纪
	嘉庆	1796-1820年	
	道光	1821-1850年	
清晚期	咸丰	1851-1861年	19世纪
	同治	1862-1874年	
	光绪	1875-1908年	
	宣统	1909-1911年	20世纪

清宫西洋仪器简表

图号	图片名称	产地/年份(世纪)			传入中国年代及人物	清宫制造年代
		英国	法国	其他		
1	铁錽金天体仪					顺治十四年(1657)
2	铜镀金天体仪					清晚期
3	纸制天体仪					光绪
4	银镀金南怀仁款浑天仪					康熙八年(1669)
5	铜镀金月象演示仪		巴黎(1721)		1721－1744年	
6	铜镀金浑天合七政仪	18世纪				
7	铜镀金七政仪	18世纪				
8	铜镀金乾隆甲子年款三辰公晷仪					乾隆九年(1744)
9	铜镀金乾隆戊戌年款三辰公晷仪					乾隆四十三年(1778)
10	铜镀金乾隆庚子年款三辰公晷仪					乾隆四十五年(1780)
11	铜镀金乾隆丙寅年款三辰仪					乾隆十一年(1746)
12	铜镀金万寿天常仪					乾隆十五年(1750)
13	汤若望款新法地平式日晷仪			德国	德国传教士汤若望于顺治元年(1644)七月九日呈多尔衮和顺治帝	

14	铜镀金八角形地平公晷仪		18世纪		
15	御制铜镀金半圆地平日晷仪				康熙四十年(1701)
16	铜镀金方形地平公晷仪		18世纪		
17	铜镀金定南针指时刻日晷仪	18世纪			
18	嵌珐琅地平式日晷仪				清中期
19	嵌珐琅孔雀尾形地平式日晷仪				乾隆
20	嵌珐琅带铅垂线地平式日晷仪				清中期
21	纸制圆形地平式日晷仪			日本(19世纪)	
22	铜镀金巴黎款提环赤道公晷仪		巴黎(18世纪)		
23	铜镀金刻世界名城提环赤道公晷仪		18世纪		
24	铜镀金巴黎款提环公晷仪		巴黎(18世纪)		
25	铜镀金计分式提环赤道公晷仪	18世纪			
26	铜圆形时刻盘赤道公晷仪		巴黎(18世纪)		
27	铜镀金测分时赤道公晷仪	18世纪			
28	铜镀金八角立表赤道式公晷仪	18世纪			
29	铜镀金八角形赤道公晷仪		18世纪		
30	铜镀金八角立表赤道公晷仪		18世纪		
31	铜镀金腰果形赤道公晷仪				乾隆
32	铜镀金提环赤道式日晷仪		18世纪		
33	铜镀金赤道式日晷仪		18世纪		
34	铜镀金方赤道式日晷仪	18世纪			
35	铜镀金经纬赤道公晷仪	18世纪			
36	地平经纬赤道公晷仪	伦敦(18世纪)			
37	铜圆盘日月星晷仪			德国科隆(16世纪)	
38	御制铜镀金星晷仪				康熙五十三年(1714)
39	铜镀金方月晷仪				乾隆九年(1744)
40	铜镀金日月晷仪				乾隆十年(1745)
41	铜镀金圆形月晷仪				乾隆四十三年(1778)
42	铜镀金月晷仪				乾隆四十五年(1780)
43	铜镀金赤道圭表合璧仪	伦敦(18世纪)			
44	铜镀金测时圭表合璧仪	伦敦(18世纪)			
45	磁青纸制简平仪				康熙

46	御制铜镀金简平仪				康熙二十年(1681)
47	御制银镀金简平地平合璧仪				康熙三十年(1691)
48	看朔望入交仪				乾隆九年(1744)
49	铜镀金星象插屏				道光
50	铜镀金星象插屏				道光
51	竹比例尺				康熙
52	玉比例尺				康熙
53	象牙分厘尺				康熙
54	铜镀金分厘尺				康熙
55	铜镀金雕镂空纹分厘尺				康熙
56	铜镀金综合算尺				康熙
57	铜镀金折叠矩尺		巴黎(17世纪)		
58	铜镀金折叠矩尺				康熙
59	铜镀金平行尺				康熙
60	银质康熙角尺				康熙
61	银镀金康熙角尺				康熙
62	铜镀金半圆仪		巴黎(17世纪)		
63	游标卡尺				康熙
64	伽俐略比例规			意大利(17世纪)	
65	铜镀金刻平分线比例规				康熙
66	铜镀金刻五金线比例规				康熙
67	铜镀金刻分体线比例规				康熙
68	铜镀金带半圆仪比例规				康熙
69	铜镀金比例规		巴黎(17世纪)		
70	铜镀金尖脚比例规			欧洲(17世纪)	
71	铜镀金刻几何体比例规				康熙
72	铜镀金刻比重表比例规	18世纪			
73	黑漆木匣测算套尺				康熙
74	象牙假数尺				康熙
75	象牙刻正弦切线假数尺				康熙
76	铜镀金折叠假数尺				康熙
77	包银带滑标假数尺				清中期
78	虬角质纳白尔算筹			算筹因英国数学家纳白尔著书，明崇祯元年(1628)意大利传教士罗雅谷著《筹算》一书介绍	康熙
79	象牙质纳白尔算筹				康熙

80	象牙质竖式斜格算筹					康熙
81	象牙质半圆格式算筹					康熙/由中国大数学家梅文鼎于1678年把纳白尔算筹改成半圆格式直格式
82	铜镀金盘式手摇计算机					康熙
83	铜镀金十位盘式手摇计算机					康熙
84	铜镀金十二位盘式手摇计算机					康熙
85	纸筹式手摇计算机					康熙
86	铜镀金纳白尔筹式手摇计算机					康熙
87	铜镀金筹式手摇计算机					康熙
88	铜镀金带游标筹式手摇计算机					康熙
89	几何多面体模型					康熙
90	楠木雕花框镶银刻比例表炕桌					康熙
91	康熙用数学用表					康熙
92	顺治朝地球仪					顺治
93	康熙朝地球仪					康熙
94	光绪朝地球仪					光绪
95	乾隆内府舆图铜版					乾隆
96	木象限仪					康熙
97	御制矩度象限仪					康熙
98	御制方矩象限仪					康熙
99	康熙御制款铜镀金象限仪					康熙
100	铜镀金象限仪			欧洲(18世纪)		
101	铜制测高弧象限仪					康熙
102	铜镀金双千里镜象限仪	伦敦(18世纪)				
103	铜千里镜象限仪					乾隆
104	测炮象限仪					乾隆
105	木质单游标半圆仪					康熙
106	四游标半圆仪					康熙五十三年(1714)
107	银质单游标半圆仪					康熙
108	铜单游标半圆仪					康熙

109	铜镀金单游标半圆仪			欧洲(18世纪)		
110	铜镀金巴黎款单游标半圆仪		巴黎(18世纪)			
111	铜镀金单游标女神像半圆仪		巴黎(18世纪)			
112	铜镀金单游标半圆仪			欧洲(18世纪)		
113	四游千里镜半圆仪			欧洲(18世纪)		
114	铜镀金全圆仪	18世纪				
115	铜镀金四定标全圆仪					18世纪
116	铜镀金矩度全圆仪			欧洲(18世纪)		
117	铜镀金双千里镜全圆仪		巴黎(18世纪)			
118	铜镀金单千里镜全圆仪			欧洲(18世纪)		
119	铜镀金小花全圆仪					乾隆
120	绘图平板仪		巴黎(18世纪)			
121	三角形测量仪					康熙
122	铜镀金定南针水平盘	伦敦(18世纪)				
123	铜镀金象限罗盘仪			欧洲(18世纪)		
124	铜圆盒指南针			欧洲(18世纪)		
125	象牙椭圆盘指南针					乾隆
126	银烧蓝珐琅蝉形指南针					乾隆
127	银烧蓝珐琅鱼形指南针					乾隆
128	珐琅桃心形指南针					乾隆
129	铜镀金盘指南针					清晚期
130	黑漆盒绘图仪器					康熙
131	黄云缎匣绘图仪器					康熙
132	木盒套十五件绘图仪器					康熙
133	木盒套十一件绘图仪器					康熙
134	牛皮套绘图仪器					康熙
135	银盒套绘图仪器					康熙
136	黑漆木胎盒绘图仪器			欧洲(18世纪)		
137	木盒套绘图仪器			欧洲(18世纪)		
138	巴黎款绘图仪器		巴黎(18世纪)			
139	鲨鱼皮套银质绘图仪器			欧洲(18世纪)		
140	绿漆木质描金花望远镜					清初期
141	棕漆木质描金花望远镜					清初期
142	红木二节望远镜					清中期
143	纸质象牙口望远镜					清中期
144	黑漆描金花七节望远镜					清中期
145	棕漆描金花五节望远镜					清中期
146	红棕漆铜镀金六节望远镜	伦敦(18世纪)				
147	棕漆皮铜镀金六节望远镜	伦敦(18世纪)				

148	紫漆镀铬望远镜	伦敦(18世纪)			
149	绿漆皮四节望远镜	伦敦(18世纪)			
150	橙漆铜镀金四节望远镜	伦敦(18世纪)			
151	铜镀金条纹望远镜	伦敦(18世纪)			
152	铜镀金嵌珐琅望远镜		欧洲(18世纪)		
153	银质条纹望远镜	伦敦(18世纪)			
154	银嵌珐琅二节望远镜		欧洲(18世纪)		
155	铜镀金嵌玻璃珠望远镜				清中期
156	银质三节望远镜		欧洲(18世纪)		
157	木制六棱形天文望远镜		欧洲(18世纪)		
158	铜镀金反射望远镜	伦敦(18世纪)			
159	棕漆铜镀金反射望远镜		欧洲(18世纪)		
160	紫漆描金花反射望远镜				清中期
161	铜镀金天文望远镜	伦敦(19世纪)			
162	铜镀金香港款天文望远镜		香港(19世纪)		
163	铜聚光镜		欧洲(18世纪)		
164	傅科摆模型		欧洲(19世纪)		
165	铜镀金人指时刻分钟	18世纪			
166	铜镀金象驮转蛇转花乐表	18世纪			
167	铜镀金月球顶人打乐钟	18世纪			
168	铜镀金四象驮乐箱跑人犀牛表	18世纪			
169	铜镀金少年牵羊钟	伦敦(18世纪)			
170	铜镀金象拉战车表	18世纪			
171	铜镀金少年园丁钟	18世纪			
172	铜镀金三人打乐钟	18世纪			
173	铜镀金印度乐师击乐钟	伦敦(18世纪)			
174	铜镀金山子座站人小座钟	伦敦(18世纪)			
175	铜镀金亭式番人进宝钟	18世纪			
176	铜镀金转人钟	18世纪			
177	铜镀金转人亭式大钟	伦敦(18世纪)			
178	铜镀金规矩箱表	伦敦(18世纪)			
179	玳瑁楼嵌料石银花乐钟	18世纪			
180	木楼嵌铜纹木哨乐钟	18世纪			
181	瓷雕飞仙人座钟	18世纪			
182	铜镀金马驮水法钟	18世纪			
183	铜镀金山子鹦鹉钟	18世纪			
184	铜镀金四象驮跑人日历表	18世纪			
185	铜镀金孔雀开屏钟	伦敦(18世纪)			

186	铜镀金嵌玛瑙水法规矩箱表	18世纪			
187	铜镀金转花转人水法钟	18世纪			
188	铜镀金嵌料石升降塔钟	18世纪			
189	铜镀金转花翻伞钟	18世纪			
190	铜镀金水法机动座钟	18世纪			
191	铜镀金四象驮八方转花乐钟	伦敦(18世纪)			
192	铜镀金嵌珐琅人物亭式水法钟	1775年			
193	铜镀金塔式吐球水法钟	1775年			
194	铜镀金自开门蝙蝠钟	18世纪			
195	铜镀金滚钟		19世纪		
196	铜镀金滚球压力钟		19世纪		
197	铜镀金轮船模型表		19世纪末		
198	铜镀金活塞风轮机器模型表		19世纪末		
199	铜镀金汽车式风雨寒暑表		19世纪末		
200	铜火车头风雨表		19世纪末		
201	铜镀金灯塔式座表		19世纪末		
202	铁质转机风雨寒暑表		20世纪初		
203	铜镀金珐琅瓶式三面表		20世纪初		
204	气球式钟		19世纪末		
205	紫檀嵌珐琅重檐楼阁更钟				乾隆
206	木楼嵌珐琅转八仙钟				乾隆
207	皇极殿大自鸣钟				乾隆
208	铜镀金嵌料石荷花缸表				乾隆
209	黑漆描金亭式钟				乾隆
210	铜镀金嵌料石迎手钟				乾隆
211	黑漆描金楼式钟				清中期
212	硬木转八仙塔式乐钟				清中期
213	金漆木楼嵌珐琅盘二针钟				乾隆
214	铜镀金冠架钟				乾隆
215	铜镀金转八宝亭式表				乾隆
216	童托漆画玻璃门座柜表				乾隆
217	铜镀金珐琅水法仙人钟			广州	乾隆
218	铜镀金珐琅楼倒球卷帘钟			广州	清中期
219	铜镀金嵌珐琅内置升降塔钟			广州	乾隆
220	铜镀金嵌珐琅葫芦顶渔樵耕读钟			广州	清中期
221	铜镀金水法白猿献寿乐钟			广州	乾隆四十五年(1780)
222	铜镀金嵌珐琅群仙祝寿钟			广州	乾隆

223	铜镀金三猿献宝钟			广州		清中期
224	紫檀嵌螺甸群仙祝寿钟			广州		清晚期
225	紫檀木北极恒星图节气时辰钟			苏州		清晚期
226	铜镀金自开门变戏法水法钟			苏州		光绪
227	珐琅珠花表			瑞士(19世纪)		
228	镀金嵌珠仕女图怀表			瑞士(19世纪末)		
229	铜镀金壳动画怀表(一对)		19世纪			
230	铜镀金扇形表			瑞士(19世纪末)		
231	画珐琅双鹅图怀表			瑞士(19世纪)		
232	铜镀金珐琅钻石怀表	伦敦(19世纪)				
233	珐琅镶钻石石榴别针表			瑞士(19世纪末)		
234	银质制药器具(一盒)					康熙
235	铜蒸馏器					清中期
236	银蒸馏器					清中期
237	体温计			日本(19世纪末)		
238	血压计					19世纪末至20世纪初
239	医用开口器、医用开鼻器、铁耳镜					19世纪末
240	医用反光镜					19世纪末
241	眼科手术器械(一套)			日本(20世纪初)		
242	医牙用具(一套)					20世纪初
243	男性人体解剖模型					19世纪末
244	女性人体解剖模型					19世纪末
245	妊娠模型					19世纪末
246	子宫外孕模型					19世纪末
247	显微镜			美国(19世纪末至20世纪初)		